丛书 中原 记忆

梦华宋都 开封

总主编 赵素萍
执行主编 苏长青
本册主编 孟冉

河南科学技术出版社
·郑州·

图书在版编目（CIP）数据

梦华宋都：开封 / 孟冉主编. — 郑州：河南科学技术出版社，2018.9

（记忆中原丛书 / 赵素萍主编）

ISBN 978-7-5349-9213-1

Ⅰ. ①梦… Ⅱ. ①孟… Ⅲ. ①文化史－开封 Ⅳ. ① K296.13

中国版本图书馆 CIP 数据核字（2018）第 065364 号

出版发行： 河南科学技术出版社

地址：郑州市经五路 66 号　　邮编：450002

电话：（0371）65737028　65788613

网址：www.hnstp.cn

策划编辑： 李喜婷　汪林中　冯俊杰

责任编辑： 王莉香

责任校对： 崔春娟

责任印制： 张　巍

书籍设计： 赵　钧

排　　版： 蔡　凤

印　　刷： 河南博雅彩印有限公司

经　　销： 全国新华书店

开　　本： 787 mm × 1092 mm　1/16　**印张：** 15.25　**字数：** 228 千字

版　　次： 2018 年 9 月第 1 版　　2018 年 9 月第 1 次印刷

定　　价： 108.00 元

《记忆中原丛书》编委会

不忘本来　开创未来

《诗经·小雅·吉日》曰："瞻彼中原，其祁孔有。"

中原，本意为天下至中的原野，后来逐渐演化为泛指黄河中下游地区，也称中土、中州、华夏。在某些特定的语境中，中原又是"中国"的代名词。

中原文化是中原地区，主要是河南省的物质文化和精神文化的总称。中原文化是中华文化的母体和主干，在漫长的中国历史中长期居于正统、主流地位，中原文化一定程度上代表着中国传统文化。

河南人爱说"中"。一个"中"字，尽显中原文化的正大气象和源远流长。

中原这块沃土，不仅是东亚现代人类的主要起源地，而且自上古时期就形成了发达的农业文明，并率先跨过了"文明的门槛"。

从夏代到北宋的3 000多年间，先后有22个朝代、200多位帝王在河南建都。全国十大古都河南有其四。河南曾长期是全国政治、经济、军事、文化的中心，中国古代创造发明的中心，向全国和世界传播交流文明的中心。

中华文明丰富的文化景观、文化遗存、历史文物、文化典籍和艺术珍品在中原大地比比皆是，使河南如同一座浩瀚的历史博物馆，一本看得见、摸得着的中国历史文化教科书。河南的馆藏文物、国家历史文化名城和全国重点文物保护单位数量，均居全国前列。甲骨文在这里发现，四大发明与河南关系密切，连接东西享誉世界的丝绸之路从这里起步。

水有源，树有根，人有姓。河南是中国姓氏的重要发源地，依人口数量排名的100个大姓中，有70余个起源于河南。中华传统文化通过姓氏家族延续传承，跟随姓氏漂洋过海。"贵姓""仙乡何处"的寻常问候常常引起游子无限的乡思乡愁，也成为近年来河南根亲文化的"重头戏"。

天下名人，中州过半。在《二十四史》中，立传的名人共5 700余人，仅汉、唐、宋、明四个朝代，河南籍名人就达912人。在耳熟能详的文化圣人当中，出生于河南或长期在河南活动的近30位。谋圣姜太公、道圣老子、墨圣墨子、商圣范蠡、医圣张仲景、科圣张衡、字圣许慎、诗圣杜甫、画圣吴道子、律圣朱载堉，等等，都是中华文化发展史上的不朽丰碑。

中原文化门类齐全，博大精深。文学星空，河南人星光璀璨；武术杂技，少林太极称双雄；婚丧嫁娶，人生礼仪在斯；梆弦声里，地方戏风靡大河南北。洋洋洒洒，中原书风千载传承；丹青妙手，河南画苑代有佳作……

中原文化之于中华文化，就内容讲，是最基础、最基本的部分；就特点讲，是最具代表性的部分；就历史发展过程讲，是最具贯穿性的部分；就地域讲，是最具影响力的部分。中原文化具有根源性、原创性、包容性、开放性等诸多特质，开放与包容使得中原文化具有绵绵不绝的生命力与创造力。

中原地处“天地之中”、华夏腹地，九州通衢的独特地理位置决定了中原文化始终处于与外部文化的交流融合当中，这种交流与融合影响到中原文化的方方面面。

早在新石器时代，中原文化便成为推动中国境内各种文化交汇的强大动力，加快了中华文明的进程。

夏、商、周三代是中国历史上的重要时期，其时中原和周边地区交流融合、相互促进，奠定了中华文明形成和发展的基础。汉代，中外贸易频繁，形成了后人熟知的丝绸之路，洛阳成为丝绸之路的东方起点。隋唐时期，洛阳是当时的国际性大都市之一，成为了东西方文化、贸易交流和传播的中心。以开封为中心的北宋文化，以丰厚的底蕴、深邃的思想、恢宏的气势、绚丽的色彩，把中原历史文化推向高峰。唐宋之际，中原文化通过丝绸之路、大运河及海上丝绸之路跨出国门，影响波及亚洲乃至世界。

古往今来，无数中原的思想家，用自己的思考深刻地影响着历史的进程，成为中国思想文化的主干，并对世界文化产生了很大影响。西方许多杰出人物如伏尔泰、狄德罗、托尔斯泰等都曾受到《道德经》的影响。而在中原的腹地嵩山脚下，儒、释、道“三教合流”，经过千百年的融汇发展，儒、释、道三种文化已经深深熔铸在我们民族的生命力、凝聚力和创造力之中。

中华文化革故鼎新、生生不息的生命力，源于中华文化与周边文化持续不断的碰撞和融合。

梁启超先生曾指出，中原的中国经过秦汉一统，成为中国的中国；中国的中国经由与印度、日本等接触，成为亚洲的中国；近世以来，中国进入世界舞台，与欧美竞争，而成为世界的中国。

从世界范围来看，不同文明之间的碰撞与交流成为世界历史发展的主要动力；从中国范围内来看，中原文化与周边文化的互动奠定了中华文化的根基；从中原范围内来看，以嵩山周围为核心的河洛文化与周边文化的融合助推中原文化茁壮成长。

八方风雨会中州。目前河南共有18个省辖市，每个市都有其独特的文化，尤其是一些与外省接壤的省辖市，更是中原文化与周边文化交流碰撞的前沿。南阳的“楚风汉韵”、信阳的“豫风楚韵”久负盛名，三门峡与秦晋文化的交汇，安阳、鹤壁与燕赵文化的融通，濮阳、商丘与齐鲁文化的交融，周口、驻马店与江淮文化的互动，焦作、济源与三晋文化的交流等，都形成了地域文化的独特小环境。这些区域文化之间的开合、融通铸就了中原文化的生命力。

冠八枢而奠中原，得中原者得天下。

中原文化，出彩千年！

习近平总书记提出，让中原更加出彩。

河南在全面建成小康社会的快车道上，始终不忘提升中原文化的整体实力和影响力。从“加快文化资源大省向文化强省跨越”，到 “加快建设文化强省”，再到 “加快构筑全国重要的文化高地”，这种渐次提升既契合党中央关于强化文化发展的新理念、新思想、新战略，又体现了河南省委对文化建设的高度重视。

从中原崛起到建设经济强省，博大精深的中原文化始终是河南最为倚重的资源之一；从华夏历史文明传承创新区到全球华人精神家园和心灵故乡的打造，中原文化已经、正在，而且还将要以更加丰富多彩的形式、手段被挖掘、整理，传承和创新。

党的十九大报告指出：推动中华优秀传统文化创造性转化、创新性发展，继承革命文化，发展社会主义先进文化，不忘本来、吸收外来、面向未来，更好地构筑中国精神、中国价值、中国力量，为人民提供精神指引。

多年来，依托厚重的中原文化，河南的文史研究、新闻出版、广播影视等部门进行了卓有成效的工作，取得了丰硕的成果。经过充分调研，中共河南省委宣传部决定组织全省各省辖市市委宣传部编纂大型精品文化普及读物“记忆中原”丛书，一套19卷，分为《品读中原》以及18个地市卷。丛书围绕中原文化精华这条主线，选择各地文化经典和精要，系统梳理河南地域文化特色，全面展示中原文化风貌，讲好中原故事，传播中华文化，凝聚中国力量。“记忆中原”丛书作为一种融媒体出版物，融合多种媒体形式，书籍与文创产品并重，文化与旅游资源嫁接，这种创新的出版方式是中原文化更加出彩的一种生动体现，也为中原更加出彩提供精神力量。

天下中原，老家河南。

中原是一座“文化的活态博物馆”。河南堪称全球华人的根亲文化圣地。与其在远处仰望，不如到中原走访。真诚希望读者朋友能从书中感受到中原文化的魅力，更期望朋友们以这套丛书为“路标”，到河南走走，回老家看看。厚重河南欢迎您，壮美中原欢迎您。

“记忆中原”丛书编委会

2018年7月

开封赋

高树田

八朝古都，文化名城。位处中州腹地，立夏商旧畿之上，皇天后土，群雄逐鹿场；背临九曲黄河，怀千里平川沃野，华夏摇篮，农耕文明地。察更替兴衰，或曰，得中原者得天下；叹世事变迁，人云，知开封者知河南。开封者，开“封”也。

维我开封，辉煌帝都，文脉传承。黄河扬波，述说几度沧桑巨变；中原逐鹿，成就多少豪杰英雄。春秋五霸，郑庄公修仓城，启拓封疆；战国七雄，魏惠王迁都邑，又为帝京。五代四国，后周奠治世基业；双龙二帝，北宋成天下一统。人逾百万，商贾云集，富丽天下无；八方争凑，万国来朝，鼎盛举世惊。《清明上河图》，张择端一幅长卷，描出世间万象；《东京梦华录》，孟元老数篇短文，写尽盛世繁荣。四海涛声，响不过包龙图打坐开封府；千秋岁月，埋不住苏东坡高歌大江东。

维我开封，菊光水色，毓秀钟灵。陈桥兵变处，系马槐，槐系马，阅尽千年兴衰故事；宋祖旧居地，双龙巷，卧双龙，铭刻二帝创世奇功。书画之城，家家能书苏黄米蔡；宋词之都，人人工吟《水调歌头》。中国四大发明，三项在宋，领科技之先；神州唐宋八家，六人居汴，开美文之端。风情万种，集南北之秀，铁塔行云，繁台春色，相国霜钟，隋堤烟柳，金池夜雨，州桥明月，梁园雪霁，汴水秋声，更有，清园宋韵，龙亭远眺，会馆三雕，翰园碑林，包公祠，开封府，延庆观，岳飞庙，满城风景如画；海纳百川，容东西之学，宫廷文化，府衙文化，民俗文化，宗教文化，名人文化，饮食文化，园林文化，戏曲文化，更有，木版年画，汴京刺绣，北宋官瓷，开封盘鼓，祥符调，二夹弦，古城墙，斗鸡场，遍地宋韵古风。半城清波，黄河为源，杨家湖、潘家湖、铁塔湖、阳光湖、包公湖，五湖相连，北方水城，尽现小桥流水；满城菊花，宋韵为根，千头菊、大理菊、九龙菊、魏紫菊、姚黄菊，开封市花，都道菊香天下。

维我开封，名人荟萃，灿若群星。仓颉造字，造字台五千年今遗址犹在；师旷断琴，断琴处三千载闻天籁余音。窃符救赵，信陵君方显本色；提耳训告，雍丘令关注民声。蔡邕蔡琰，父女皆称大师；宋祁宋庠，兄弟同为状元。江郎才尽，江淹留《恨赋》；抚琴唱丧，阮籍歌啸台。才高八斗，曹子建七步成诗；技通六艺，李清照词冠群芳。孟子游梁，以“五十步笑百步”，劝魏惠王广施仁政；千金买壁，李白十年客梁园，与杜甫、高适称三贤。王安石力变旧法，改革换新制；包龙图倒坐南衙，百姓称青天。司马光编《资治通鉴》，论治国兴邦大道；沈存中著《梦溪笔谈》，述数学地理天文。欧阳修善诗文辞赋，开一代文坛新风；范仲淹写《岳阳楼记》，传万世“忧乐”佳篇。岳飞大战朱仙镇，宗泽三呼“过黄河”。杨家将保家邦，血洒疆场，满门忠烈，千秋垂名；史可法抗顽敌，泪染征袍，恨裂肝胆，万世流芳。“祥符调”，高腔雅韵，陈素真豫剧称皇后；《李自成》，鸿篇巨制，姚雪垠妙笔生华章。辛亥革命，刘青霞，北方女杰；穆青笔下，焦裕禄，当代榜样。

维我开封，坚守本色，宠辱不惊。中原文化个性之代表，华夏民族精神之缩影。立足中州，与东西南北友善，知足常乐，与世无争；珍惜故土，和前后左右为邻，和睦相处，女织男耕。几番番，被异族占领，无败者之态，无奴隶之相，依然我行我素；几番番，将来者同化，地因此而广，人因此而增，不战屈人之兵。

维我开封，坚韧不拔，顽强英勇。大昌大盛，居荣华而不骄；大起大落，处逆境而不馁。洪水吞没，泥沙埋藏，战火焚毁，瘟疫成殇。一次次，从灭顶之灾中站起；几回回，在废都之墟上再生。灾连灾，终不弃祖根之地，水涨城高；城摞城，遂形成地理奇观，愈挫愈勇。伟哉，开封城矣！洪水淹不死，泥沙埋不住，战火烧不垮，灾难压不倒。如繁台铲不断凌然傲骨，如铁塔压不倒顶天立地。伟哉，开封人也！骨子里是勇，脉络里是智，血液里是火，气质里是刚。似黄河挡不住滚滚东流，似春草烧不尽生生不息。

维我开封，社会和谐，政通景明。古城复建，宋城，水城，菊城，文化城，最是人居休闲地；新区开发，工业，农业，商业，旅游业，恰逢跨越腾飞时。古城古矣，七角八巷，七十二胡同，展古色古韵；三门九派，三百六十行，扬民俗民风。新区新也，金明广场，听音乐喷泉，众宾和短歌；郑开大道，看车流飞梭，一臂挽双城。黄河大桥两座，贯通南北，长虹飞架波涛之上；高速公路四条，交汇纵横，巨龙盘绕开封之郊。华灯初上，走长街，步湖畔，火树银花，流光溢彩，处处水光楼影；月挂梢头，逛鼓楼，品小吃，叫卖组曲，美食集萃，原是大宋遗风。讲诚信，建文明，思进取，构建和谐；立人本，富民生，兴家邦，科学发展。俯首当思，封建，封闭，封锁，封则退，封则衰，长史可鉴；举目能见，开放，开拓，开来，开乃进，开乃兴，当今有凭。

目录

名人扫描

——群星灿烂开封人　47

寻根问祖

——回望汴京是故乡　75

古城印象

——历尽苍茫见辉煌　95

考古探秘

——旷世奇观城摞城　121

胜景掠影

——风景这边独好　135

名品荟萃

——汴京风味天下名　167

“非遗”概览

——千年传扬直到今　187

城市名片

——一城宋韵半城水　211

本书音频资源列表

音频故事	来源	页码
才高八斗	原创	1
南辕北辙	原创	5
孤注一掷	原创	8
围魏救赵	原创	23
杯酒释兵权	原创	29
宰相肚里能撑船	原创	31
不动声色	原创	32
窃符救赵	原创	51
惊弓之鸟	原创	52
抱薪救火	原创	53
百无聊赖　去住两难	原创	55
格杀勿论　强项令	原创	59
江郎才尽	原创	87
两袖清风	原创	97
草人借箭	原创	99
得陇望蜀	原创	121
逼上梁山	原创	139
开卷有益	原创	142
熟能生巧	原创	144
阳春白雪	原创	155

本书视频资源列表

视频	来源	页码
走进开封	原创	1
醉美开封	原创	2
水与中华——开封兴衰（上、下）	绿色空间	4
中国故事 · 幸福的宋朝人	百家讲坛	10
汴河游	原创	19
国史通鉴　五代群雄	百家讲坛	26

谈古说今

——八朝古都的青葱岁月

开封，夏朝、战国时期的魏国时为都城。五代后梁、后晋、后汉、后周时，均为都城。开封为北宋都城168年，并发展成为当时的世界大都市。金朝仍为都城。八朝古都名城，有着4000多年的建城史，丰厚的文化底蕴，令人敬畏，令人向往。

开封这个名字来源于春秋时期的启封故城。公元前7世纪初期，郑国国君庄公在东南边境筑起一座新城，取名“启封”。其位置在今开封城南22千米的古城村，西北距朱仙镇不足3千米。启封在秦朝时为县。到西汉景帝时，为避景帝刘启之名讳，改启封为开封。后来居现今开封位置的浚仪发展较快，取代、合并了开封县。五代时置开封府，“开封”一名就此得以长期沿用。

走进开封

开封位于河南省的中东部，东与商丘及山东菏泽相连，西与省会郑州毗邻，南与许昌、周口二市接壤，北依黄河与新乡隔河相望。全市总面积6 444平方千米，总人口550余万。现辖兰考、杞县、尉氏、通许四县和祥符、龙亭、顺河、鼓楼、禹王台五区，还设立有开封城乡一体化示范区。

才高八斗

开封地处黄河冲积扇末端，所辖市境属于黄淮流域。区域内大小数十条河流均汇入淮河。属北温带大陆性季风气候，春夏秋冬四季分明。年平均气温14℃，年降水量627.5~722.9毫米。

开封地处中原核心区域，自然地理条件较好。在中原经济区及中原城市群中，区位优势十分明显。它紧邻河南省省会郑州，交通四通八达，十分便利。西距新郑国际机场仅70千米；陇海铁路、郑徐高铁及连霍高速、大广高速、日南高速、郑民高速公路和310国道横贯全境；郑开轻轨、郑开大道、郑开物流通道、开港大道等通达郑州；多条高等级公路通向市属各县区，辐射周边地市。

开封在中华民族的发展史上曾经产生过重大影响，灿烂辉煌的历史和丰厚的文化，成就了著名的八朝古都，也成就了这座国务院首批公布的历史文化名城，历史的传承和延续又成就了今天的开封。

如今的开封，已将古今文明交相辉映、新老城区各展风采的城市格局展现在世人面前。她是中国优秀旅游城市、中国菊花名城、中国书法名城、中国收藏文化名城、中国成语典故名城、中国清明文化传承基地。她是中原城市群中的核心城市，还是河南省自贸区三个片区之一。如今的开封，乘风破浪，踏上了快速崛起的新征程。

醉美开封

· 八朝古都：开封给华夏一个高度 ·

中华民族历史悠久，文化灿烂。那么，中华传统文明发展的高峰在哪里？正如我国著名历史学家陈寅恪指出的："华夏民族之文化，历数千年之演进，造极于赵宋之世。"而这个赵宋王朝的政治、经济、文化中心，正是当时声名显赫的世界大都会——开封。

开封是早期华夏文明重要的发祥地之一，根据可靠的文献记载，黄帝、炎帝、颛顼及尧、舜、禹等先帝，均在开封活动过，与开封有着难解之缘。夏朝以老丘（开封）为都，开启了开封"八朝古都"之先。至战国时的魏，五代时的梁、晋、汉、周，以及北宋和金，都将开封作为都城。其中，北宋时期，政治、经济、文化、艺术、科技诸方面都出现了华夏历史文化发展的高峰。那么，这个高峰是如何出现在开封的呢？让我们从开封这个八朝古都的历史发展中去寻找答案吧。

■ 夏都老丘迎盛世，汴都之始开洪荒

公元前2070年，大禹建立了夏朝。至公元前1600年被商朝所灭，夏朝先后存在了470年。

夏朝第六任君王少康死后，予（又作宁、杼）即位。当时，在黄河中下游平原有夏族、商族和东夷族三大部族，其势力都比较强大。东夷族对夏朝不服，虎视眈眈，为夏朝的心腹大患。为巩固夏王朝在东方的势力，同时防止擅射的东夷族西侵，帝予将都城由原（今河南济源西北）迁至老丘（今开封城东）。古本《竹书纪年》云："帝宁居原，自迁于老丘。"《绎史·少康中兴》引《竹书纪年》说得更明确："帝杼元年己巳，帝即位，居原。五年，自原迁于老丘。"按帝予在位17年逝世，他在老丘住了12年。

迁都老丘之后，帝予率兵征伐东夷，夏朝势力继续向东发展，一直打到东海之滨。帝予在夏王朝的历史上是唯一的、最能继承大禹理念的君王。至其子帝槐即位后，出现了"九夷来御（进献）"的盛况，说明夏朝国力的强大。

帝予之子帝槐继位后，进一步将夏朝推向鼎盛。帝槐之子帝芒继位后，使夏朝的势力达到今陕西北部至甘肃东部一带。之后帝芒之子帝泄在位。帝泄之子帝不降在位59年后，“逊位于弟扃”。

开封地处中原，交通便利，更兼气候温润、土地肥沃、灌溉方便，是早期最适合人类生产生活的地区之一。优越的自然环境和地理位置也造就了她成为最长夏都的基础，老丘之外的诸多夏都，长的不过40年，短的仅数年，多是每王一都。老丘就不一样，帝予在位17年，有12年是以老丘为国都的，其后子孙有五世以老丘为国都。即帝槐44年，帝芒58年，帝泄25年，帝不降59年，帝扃18年（据《竹书纪年》统计），夏朝以老丘为国都共达216年，囊括了夏朝的兴盛繁荣阶段。老丘是夏朝诸多都城中为都时间最长、城邑规模最大、城市最为繁华的国都。

■ 惠王迁都大梁城，中原名都露芳容

战国初期，韩、赵、魏三家分晋之初，魏国国君魏文侯任用变法家李悝为相，通过较早的变法，使魏国迅速成为战国七雄之一。魏惠王即位后，为巩固霸业，于惠王六年（前364，一说惠王九年，又一说惠王三十一年）将国都从安邑（今山西夏县西北）迁至大梁（今开封）。魏惠王重视发展农业，将逢泽之地奖民垦殖，又修凿鸿沟，引圃田之水灌溉田地，使魏国的农业很快发展起来。魏惠王还大

央视网
水与中华——开封兴衰(上)

央视网
水与中华——开封兴衰(下)

新门 摄影：孙永胜

南辕北辙

规模营建大梁城，建宫阙，造苑囿，聚集人口，发展手工业和商业。仅十多年时间，大梁面貌骤变，由普通城邑一跃成为中原地区著名的都会。魏国随之成为“拥土千里，带甲三十六万”的强盛国家，魏惠王率先实现称雄诸侯之梦。

秦国通过商鞅变法，日益强盛。公元前225年，秦将王贲围攻大梁（今开封市），引黄河、鸿沟之水灌城，魏国灭亡。魏国立国前后共220年，历八位君主。其中六位君主都于大梁，立都时间共136年。

魏都大梁是开封建都史上的第二任都城。据考证，大梁城东西长达5 000多米，人口曾达到30万，与秦都咸阳、楚都郢城、齐都临淄、赵都邯郸齐名。大梁的城市建设对后世、对中原地区政治经济发展的影响是巨大的。

■ 五代数次为国都，北方中心渐成型

秦灭魏后，大梁被改置为砀郡辖下的浚仪县。西汉初期，刘邦在原魏国土地上分封梁国，曾以大梁为都，后迁睢阳（今商丘），开封地区中心转移至大梁之东40余里的陈留（故城）。南北朝后期，陈留郡治设置于浚仪县（今开封），后又在浚仪设置梁州治所，形成了州、郡、县三级治所于一城的局面。北周灭北齐后改梁州为汴州。隋朝实行州、县两级制，陈留郡最终被撤销。

605年，隋炀帝征发民夫百万，修凿通济渠（运河），渠水出荥阳，经汴州城直下东南。汴州辖区内的河流称汴渠、汴河，汴河的下游连接邗沟通往江南。这就是赫赫有名的隋大运河。汴州位于大运河中枢，水路的畅通为其经济的发展和城市的兴盛创造了条件。

唐朝时期，汴州有了较快发展。尤其是“安史之乱”之后，全国的政治中心长安和洛阳，均在战火中遭到严重破坏，而位于南北经济命脉——大运河中枢的汴州，在藩镇割据、地方军阀相互角逐的局势中，地位日益重要。781年，永平军节度使李勉欲移治于汴州，扩建修筑了规模宏大、坚固宽广的城池。新汴州城成为后来北宋东京的里城，富丽堂皇的衙署则成为五代及北宋的皇宫。

783年底，原淮宁军节度使李希烈攻入汴州城，自称楚帝。次年十一月宣武军节度使刘洽打败李希烈，攻取汴州后，将

治所自商丘迁至汴州。宣武军领汴、宋、陈、颍、曹、濮六州，地域宽广，实力强大，成为唐末最强有力的军事重镇，具备了建为国都的条件。

907年，宣武军节度使朱温废唐哀帝李柷，自行称帝，国号“大梁”（史称“后梁”），改元“开平”。以汴州为都城，号称东都。这是自战国魏都大梁后1000余年来开封第三次建为国都。朱温升汴州为开封府，辖15县，浚仪县、开封县均为附郭首县。朱梁盛时的疆域，大体包括今天的山东、河南两省，陕西、湖北的大部，以及河北、安徽、江苏、山西、宁夏的一部分。后梁于923年被后唐所灭。历三主，共17年。

923年，李存勖灭后梁，建立后唐。建都洛阳，改开封府为汴州，仍为宣武军节度使治所。

936年，后唐军乱，沙陀军阀石敬瑭建立了后晋，改元“天福”。称帝后的石敬瑭在对比了洛阳和开封两城的利弊后，于天福二年（937）从洛阳迁都开封。翌年十月下诏：“汴州宜升为东京，置开封府。”这是开封在历史上称名“东京”之始。在国都的设置上后晋继承后梁，证明开封作为中国封建社会政治中心的地位已经形成。后晋历两代12年，在开封立都11年。这是开封在历史上第四次立为国都。

后晋开运三年（946）十二月，契丹攻陷开封。翌年正月，契丹主耶律德光于开封建辽称帝。二月，太原留守、河东节度使刘知远亦在太原称帝，举旗抗辽，人心归附。三月，辽军北撤。五月，刘知远出兵占领洛阳、开封，收复后晋失陷的河南、河北诸州。六月，改国号“大汉”（史称“后汉”），仍以东京开封为都。后汉历二帝，共4年，是五代中为时最短的朝代。这也使开封在历史上第五次成为国都。

后汉乾祐三年（950）十一月，后汉隐帝与其宠臣对郭威等有功大将十分疑忌，密谋诛杀郭威等。郭威被迫以“清君侧”为名起兵造反，带兵入京，杀后汉隐帝，夺得国政。次年（951）正月，郭威被拥立为帝，改国号为大周，改元“广顺”，史称“后周”，仍以东京开封为都。后周成就了开封历史上的第六次建都。

后周太祖郭威和继任的世宗柴荣，在位时进行了一系列社会改革，使后周的政治、经济实力大为增强，统治范围有所扩大，包括今河南、山东、山西南部、河北中南部、陕西中部、甘肃东部、湖北北部及长江以北的江苏、安徽地区，国势日盛。由于东京人口不断增加，里城难以容纳，周世宗柴荣遂对东京城进行了全面规划，扩大城池，拓宽道路，疏通排水，种树掘井。956年，又调发民工十余万，筑成周回48里233步的新城——东京外城。其后的北宋王朝就是在此基础上进一步扩建的，从而使东京城的规模达到了前所未有的程度。

■ 辉煌大宋逢盛世，华夏文明现高峰

960年，宋太祖赵匡胤发动陈桥兵变，取代后周建立了北宋王朝。仍以开封为国都，称东京。开封府建置如旧，辖17个县，浚仪、开封两县仍同为附郭首县。从960年起，北宋王朝以东京开封为都，历经9个皇帝共168年。正是在这168年间，中国封建社会经济、政治、文化和科技的发展出现了一个前所未有的繁荣局面，风华绝代，辉煌巍峨，气象万千，达到了一个中国其他封建王朝都未能企及的高峰。

北宋王朝是中国古代历史上经济最为繁荣的朝代。根据研究分析，北宋时的国民生产总值占到世界经济总量的60%，显示北宋是中国国民生产总值占据世界比重的最高峰。

当时，东京是全国的经济中心，是手工业和商业活动最为集中的地方。手工业主要有丝织、造船、印刷、军器制造、织染、制药、笔墨制造和食品加工等，从业者在8万人以上。真宗时的绫锦院，曾发展成拥有1000余人、400多张织机的大型手工作坊。神宗时仅制造军器的南北作坊，就拥有工匠近万人。民间的手工业，经营门类之广，从业人员之众，更是前所未有。

北宋东京的商业已不再受隋唐以来坊市分割的厢坊制的限制，形成了开放式的、以坊市混合为特征的商业新格局。作坊临街开市，各种字号的店铺鳞次栉比，分布在城区的大街小巷。据文献记载，北宋末期东京城的工商业户达6400余家，小商小贩八九千家。商人中，“资产百万者至多，十万而上，比比皆是”。

东京也是全国的政治中心，人口最多时达150万，是当时世界上人口最多的城市。中央政府各机构在此设置，数十万拱卫京师的禁军在此驻扎。皇亲国戚、达官贵人、王侯将相等统治阶级居住京城的人口在3万以上。各类颁行全国的皇旨、政令，源源不断地经由四通八达的邮驿发向全国各地。

孤注一掷

北宋一朝，是我国历届封建王朝中最为开明的朝代。其一是不杀前朝人员。赵匡胤黄袍加身夺取政权后，对后周皇室进行了妥善的安排，相传还赐予后周皇室丹书铁券，给予其法外特权，保证他们安定富足的生活。其二是不杀功臣。从后晋、后唐、后梁、后汉、后周到北宋的建立，全部都是将军夺权。赵匡胤本身就是军人夺权，他对拥立自己的功臣军将难免会有戒心。为了维护王朝的稳定，他没有像前朝那样杀功臣，强夺军权，而是采取了较为温和的方式解除了军队的威胁，这就是历史上有名的饭局——杯酒释兵权。其三是重用文臣。北宋建立政权后，赵匡胤还立下规矩——不杀谏官。也正因为这个缘故，北宋朝贤相辈出，君子满堂。寇准、王曾、晏殊、鲁宗道，以及范仲淹、包拯、富弼、狄青、欧阳修、王安石，还有被仁宗朝简拔或科举入仕的“三苏”、沈括等，都是彪炳史册的杰出人物和读书人的楷模。

北宋是中国古代历史上文化最为兴盛的朝代。宋朝建国之初，就确立了“以文治国”“重文抑武”的基本国策。宋太宗即位，继续推行“兴文教、抑武事”和“以文化成天下”的国策，从而推动了文化的大发展。以东京为中心的北宋王朝及其创造的大宋文化，对华夏文明的贡献和影响是巨大的。在文学上，散文“唐宋八大家”中除去唐的韩愈、柳宗元两人，其他六个都活跃在北宋时期。被称作“诗余”的宋词在李煜、晏殊、柳永、范仲淹、苏轼等一大批词人的推动下发扬光大，奠定了其在中国文学史上的地位，而讲唱、小说、杂剧等文学形式也得以萌芽和发展。在艺术上，书法领域出现了以“苏、黄、米、蔡”四大家为代表的一大批彪炳史册的大家，更有徽宗皇帝赵佶创立了瘦金体，开创了与前人讲究技法和规制完全不同的尚意书风，引领中国书法艺术进入一个全新的境界；绘画上，有以《清明上河图》为代表的传世之作，至今仍被奉为国宝。在其他领域，如刺绣，北宋成立了皇家绣院，推动了汴绣的发展；瓷器制作上，出现了历史上仅有的代表中国制瓷业最高水平的官瓷。思想领域流派纷呈，二程（程颢、程颐）提出的“天理”命题，为沉闷的学界吹来了一阵清风，同时也为赵宋为何受周禅，以及建立封建统治秩序提供了理论支持；王安石提出了实学理论，培养了一大批学生，为他

鼓楼夜市

后来的变法提供了理论依据，储备了干部队伍。

北宋是中国古代历史上社会比较和谐的朝代。由于社会安定，管理有方，人口和财税明显增长。嘉祐八年（1063），全国人口达到1246万户，丁男2642万口，40年国家人口净增长379万户，仅是这增长的户数就相当于唐太宗贞观时期的总户数。由于朝廷实行“藏富于州县，培护本根”的政策，嘉祐年间的国家税收增至3680余万缗，这是唐朝最多货币岁入时的4倍。在城市管理上，北宋王朝先后于968年、1016年、1078年和1116年四次修筑首都东京三城（皇城、里城、外城）。城市格局是：皇城周回5里，富丽堂皇；里城周回20里155步；外城周回50里165步。城中道路，以御街为中轴线，纵横交错，四通八达，布局合理，规模整齐划一。东京城市建筑对后世京城的影响是巨大的。金朝的中都（今北京）就仿照了北宋东京城的建设规制，并为元朝的大都（今北京）所吸取。北宋时期还率先打破了百姓居住的“坊”和交易的“市”的界限，迥异于以唐代长安为代表的“城”和“市”截然分开而设立的城市格局，解除了宵禁制度，逐渐形成了夜市和晓市，使东京开封成为世界上第一个完全意义上的城市。京城里设立有望火楼和消防队，包拯权知开封府时还亲自处理了权贵在河道乱搭乱建房屋的问题。如此管理才催生了后来“人口逾百万，富丽天下无”的超级大都市。州桥、相国寺一带是商业最繁华的地段，店铺集中，货物充足，市场繁荣，热闹非凡。相国寺内市场，每月五次开放，“伎巧百工列肆，罔有不集。四方珍异之物，悉萃其间”。州桥、龙津桥、马行街等处设有夜市，或“车马阗拥，不可驻足”，或“通宵达旦，川流不息”。马行街由于夜市灯火烟雾蒸熏，以致“蚊蚋敛迹”。

北宋是中国古代历史上科技发展最快的朝代。北宋时期采取了鼓励科技发明的举措，中国的四大发明有三个发生在北宋时期。火药的发明推动了火箭、突火枪、火炮、地雷等兵器的革命，在对西夏的战争中发挥了作用；指南针开始用于航海，使宋朝拥有当时世上最庞大的帆船舰队；毕昇的活字印刷术问世后，提升了古代印制工艺，使宋代大量的典籍得以保留。此外，王惟一发明的针灸铜人，完善了中医针灸体系。朝廷发行了世界上最早的纸币“交子”，对于经济发展的贡献不可低估。现代围棋和象棋也在那个时候得到定型，并在民间得以普及，司马光甚至还在家中发明了七国象棋，后来传到日本和朝鲜半岛。

北宋定都开封及其后来的发展成就与汴河等河流便利的漕运所形成的全国性交通枢纽以及黄河所带来的丰富的水资源是分不开的。汴河、蔡河、金水河、五丈河等河流横贯东京城，将全国各地尤其是东南一带的物资源源不断地运入，从而使东京处于“天下之枢”“万国咸通”的有利地位。

央视网

中国故事·幸福的宋朝人

风云突变战事起，汴京几番为金都

平静了160多年后，东京开封战事再起。靖康元年（1126）冬，东京城被金军攻陷。翌年春，金军掳徽、钦二帝及宫室三四千人北返，北宋灭亡。此后，南宋和金围绕东京反复争夺。在相当长的时间内，东京开封依然是宋人仰望中的国都。

金朝攻占北方后，于1130年扶持了一个傀儡政权，即刘豫建立的大齐。刘豫的大齐国先以大名府（今北京）为都，改东京为汴京，这也是开封官称汴京的开始，两年后又迁都汴京。

1137年，金废掉傀儡政权刘齐，于汴京置行台尚书省，并设汴京路开封府，辖15县，路治、府治均设置于汴京。金天德五年（1153）改汴京为南京，定为陪都，并改汴京路为南京路。

金正隆六年（1161），第四任金帝完颜亮发大军南征，并于七月迁都南京（今开封）。不料3个月后他却在瓜洲渡江作战时被部下杀死，金朝随之又把国都迁回了燕京（今北京）。

1214年，成吉思汗的铁骑进逼金朝都城。蒙军撤退后，金宣宗不顾部分大臣反对，迁都南京（今开封），并重新修筑早已毁废的北宋皇宫和外城。由于大量人员尤其是皇室人员的涌入，南京城（今开封）一度出现复苏与繁荣景象，城市人口增至100多万。

1230年，蒙古军队发动三路大军伐金，渡黄河，直攻南京（今开封）。1234年金朝覆亡。

金朝是开封历史上第八次建都的朝代，金朝灭亡后开封无缘再成为国之都会，从此进入了后都城时代。不过，在相当长的时间内，在广大人民心中，大宋作为正统王朝，依然是人们崇奉的朝代，东京也依然是一座不灭的丰碑。这就是韩宋起义军和明朝朱元璋均试图把都城设在开封的主要原因。

• 七百年省会：开封给河南一个标志 •

■ 初设河南省　首府定汴梁

13世纪，蒙元以武力相继推翻了金朝和南宋，最终统一了中国。为了加强对这个大一统帝国的管理，元廷于至元年间，在全国各地分置中书省的派出机构——行中书省（简称行省），掌管所属地区的军政要务，并逐渐演变成固定的地方行政机构。行省以下设路、府、州、县，分级管理辖内的军政事务。

河南行省设置于至元五年（1268），全名叫河南江北行中书省，简称河南省。省署设置于宋金故都开封（宋称东京，金称南京，元初暂用南京称谓）。这就是河南省建立并以开封为省会的开始。元朝撤销了开封府建置，由南京路直辖郑、许、陈、钧、睢5州21县和直属之17县，共38县。1288年，元朝改南京路为汴梁路，这是开封由南京改称汴梁的开始。

从1268年至今，河南立省750年，开封作为河南省会686年。元、明、清和民国时期，在全国范围内，一说河南，必然开封，一说开封，必然河南。可以说，开封给了河南一个标志，一个定位，一幅最让人难忘的历史图画。

下面，请来看一看作为省会的开封吧！

首府设重藩　富贵不打烊

元朝末年，由于民族矛盾和阶级矛盾尖锐化，爆发了全国规模的农民大起义。以刘福通为首的红巾军，于1355年在安徽亳州建立了农民政权，立韩林儿为小明王，年号龙凤。龙凤政权以大宋为正朔，称国号为宋。龙凤四年（1358）农历五月，刘福通领导的农民起义军攻占汴梁，并把皇帝韩林儿从安丰（今安徽寿县）接到汴梁，定为国都。韩宋政权在汴梁修筑宫阙，任命官员，铸发钱币（龙凤通宝），发号施令，指挥全国起义部队，给予元朝统治者以沉重的打击，影响极大。

朱元璋在元末农民起义的基础上推翻了元朝统治，建立了明朝。朱元璋将应天（今江苏南京）改为南京；将汴梁改称北京，定为陪都。朱元璋认为，北方的元朝势力尚未平定，而汴梁地处黄河流域，是宋朝旧都，将其定为北京，对北上征讨元朝、唤起北方民众的民族情感很有号召力，同时也需要将汴梁作为运送粮草和补充兵力的基地。

明太祖洪武九年（1376），朝廷宣布改革行省体制，设承宣布政使司、提刑按察使司、都指挥使司（三司），共同组成省级政权机构，分别执掌行政、司法和军事。河南省的省会依然是开封，省级三司等机构均设于开封。省级以下，废除汴梁路，复设开封府；将祥符、开封两县合并，称祥符县，仍为附郭首县。

洪武十一年（1378），朱元璋正式下旨，以南京为明朝首都，撤销开封的“北京”称号。朱元璋在撤销开封陪都地位的同时，将其第五子朱橚封到开封，为周王。并在原北宋东京里城的基础上，重新修筑了城池，改土城为砖城。明开封城的规模实际是按陪都规格修筑的，仅次于当时的首都南京城。朱元璋在原宋金皇宫旧基上，建造了规模宏大的周王府。周王府周回九里十三步，壮丽辉煌，其规模超过了北宋皇宫。

明代的省府开封，是周王府诸藩、官宦吏员、商贾大户、地主富家等高消费阶层的集聚之地，居住了大量的消费人口。《中州杂俎》称：“明季河南诸藩最横。汴城即有七十二家王子，田产子女尽入公室。”在大批消费人口的刺激之下，开封的商业、手工业经济出现兴盛繁荣景象。各色专业市场、集市、庙会遍布全城，为王公贵族和市井民众服务的文化活动也相当兴盛。

开封城内的商店铺户多集中在繁华的街道，摊贩则多集中在寺庙附近、背街小巷、名胜区域及城门内外。不仅有专业市场，还有集市和庙会，经销的商品货色全且品种多样。就行业分布看，据对明末448家商户铺户统计分类，其中食品业占30%，生活日用品业占18%，旅店业占10%。此外是文教用品、衣帽鞋袜、药材、茶店、钱铺、武器等业。沿袭宋代的坊市不分，仍然是当时开封商业经营的特点。

明代开封尽管受到黄河水患的巨大威胁，水围城池甚至水淹城池的事件屡有发生，但开封依然大有复兴之势。人口最多时达40万左右，商业经济与城市文化较为繁荣。虽然不能与北宋东京同日而语，但在当时全国13个省会城市中已是名列前茅。《如梦录》作者形容开封“八省通衢”“势若两京”，并非过誉之词。

■ 中原名胜地　行商聚亲朋

清朝建立之初，黄河水患给开封带来的巨大灾难尚未平息，省、府机构只能流亡外地办公，省城一度非常萧条。康熙元年（1662）重修了城池，避灾外逃的人口也逐渐迁回。省城开封的手工业和商业渐趋恢复，城市生机初现。

清代开封的手工业和商贸服务业虽然失去了明代的繁盛景象，但毕竟是河南省省会，是中原地区的政治、经济和文化中心。清中期以后，开封又逐渐成为八方货物贸易集散地，各种农副产品、日用杂货等在这里交易，钱庄、客栈、食品加工和饮食服务业仍较集中。各地以商人为主的旅汴人员，纷纷设立同乡会馆，全城最多时达数十家。诸如山陕甘、两湖、两广、山东、江苏、浙江、江西等，其中山陕甘会馆最盛，且以“三雕”（砖雕、木雕、石雕）扬名，由此可见当时开封商业之盛。手工业方面，汴绣、汴绫、毛笔、金银首饰、药材等行业较为发达。

清代初期的水路通商外港朱仙镇，仍发挥着商品集散地的作用，人口最多时发展到20余万，一度超过开封。1841年，黄河于开封西北张家湾决口，水围城池达8个月之久。这次决口，淤塞了贾鲁河，使之舟楫不通，朱仙镇由此衰败。它的衰败也直接影响了开封。

进入近代以后，外国商品侵入我国并

逐渐渗透内地，近代工业首先在东南沿海地区发展起来。作为内地城市的开封，直到19世纪80年代近代工业方才起步，首先创办的是机械制造、邮政、面粉及电力等企业。清朝末年，汴洛铁路修通，开封南关辟为商埠，对改变河南近代交通的落后状况，加强开封同外地的商业往来起到了重要作用。

清朝末年，开封成为河南革命斗争的中心。1904年，李元庆在城郊率领农民进行过抗粮斗争。辛亥革命时，同盟会在开封从事秘密活动，聚集革命力量，并响应武昌首义，谋划发动武装起义。虽未成功，但十一烈士的鲜血却激励着开封人民奋然前行。

■ 革命策源地 文化耀中原

中华民国建立之初，河南省会开封在建置方面稍有变动。1913年，撤销了开封府，将清末成立的开归陈许郑道改为豫东道（1914年改名开封道），将宋代称名的祥符县改为开封县，省府、道治、县治均设开封。1927年，废除开封道，筹建开封市。1929年，正式成立开封市，一年后又予以撤销。

1938年6月至1945年8月，开封沦入日本侵略军的铁蹄之下，伪河南省政府、伪豫东道和伪开封市等伪政权组织，先后于开封设置。日军对开封人民实施残暴统治，激起了开封人民的强烈反抗。开封地方抗日武装和正规部队，多次袭击驻城日军；拉车工人奋起砸毁伪劳工所；推水工人反对盘剥愤而举行罢工。

抗日战争胜利后，国民政府恢复了开封沦陷前的建置。1948年10月24日，人民解放军第二次解放开封，河南省、开封市等人民政权相继成立。自此，古城人民跨入了一个全新的时代。

• 风生水起：开封给世界一个答案 •

历史名城开封这个千年古都焕发出来的勃勃生机、靓丽的形象和风生水起的发展，让世人惊叹！

■ 历史底蕴给开封提供充足的发展空间

1949年10月，中华人民共和国成立，开封仍是河南省省会。1954年10月，河南省省会迁移到中原交通枢纽城市——郑州。与此同时，郑州专区驻地由荥阳迁至开封，改称开封专区（地区）。1983年，开封地区撤销，实行市带县体制。原开封地区所辖之登封、荥阳、密县、新郑、中牟5县划归郑州市，其余之开封、兰考、杞县、通许、尉氏5县划归开封市。2005年，开封除管辖上述5县，市区则分辖鼓楼、龙亭、禹王台、金明、顺河5个行政区。2012年，金明区与开封新区（原经济技术开发区）合并，通称开封新区。

省会迁到郑州后，开封发展受到了一定限制。但是，正因如此，开封才得以完整保留丰富的历史遗存，而郑汴一体化发展战略又给今天的开封提供了充足的发展空间，开封被评为未来十年中国最具发展潜力的城市。开封市利用自身特点，在新区建设现代化产业集群和都市，在城墙内建设外在古典、内在时尚的宋文化主题城区，一经一文，两翼齐飞。

郑汴一体化给开封带来空前的发展机遇

近十余年来，河南省启动中原城市群建设、郑汴洛工业走廊建设等发展战略，开封的工业经济获得较快发展。随着投资环境的不断优化，招商引资取得显著成效，国内500强企业中的国家电力投资集团、安阳钢铁集团、中国平煤神马集团、深圳能源集团、山西晋煤集团、南京雨润

宋都古城 摄影：余建

集团和永煤集团等企业率先在开封投资，取得了明显效益。

2005年，河南省委、省政府做出了“实施中原城市群建设、率先推进郑汴一体化发展”的重大战略部署。2011年，国务院发布《关于支持河南省加快建设中原经济区的指导意见》，明确指出要“加快郑汴一体化进程”。近年来，郑开大道两侧功能区规划已完成，金融同城、电信同城、旅游同城等各项一体化工程已付诸实施。郑州与开封之间正在建设充满活力的现代化复合型城区——郑汴新区，规划有9个功能组团，6个重点镇，以及3个农业圈，面积达410平方千米，总人口500万。两市之间除陇海铁路、郑徐高铁外，已有两条高速公路、三条快速通道、一条轻轨等交通设施。2016年12月，郑州、开封两市发改、交通、农林、水利、旅游、商务、工信、文化等部门之间签订了战略合作协议，两市“五同城一共享”已经基本实现。开封和新郑机场有高速公路相连，开封新区正在修建的开港大道，还把开封市和郑州航空港区连接起来。如今规划的开封东京大道、复兴大道、开港大道、郑汴大道等和郑州互联互通，郑州地铁也有计划修到开封，在国家批准郑州为国家中心城市的同时，郑汴一体化已经成为郑州大都市建设的急先锋。加上国家级自由贸易区开封片区的设立，开封拥有了郑州航空港和自贸区两个国家级的强大的发展动力源。同时，开封又是国家“一带一路”倡议的核心城市，在未来的发展中具有无

康庄大道 摄影：胡伟

新区晨曦 摄影：祁瑾瑾

限的发展空间和发展潜力。

■ 自贸区为开封插上腾飞的翅膀

2017年4月，中国（河南）自由贸易试验区开封片区正式挂牌运行，八朝古都站在了中国改革开放最前沿。

自贸区开封片区的功能定位是：近20平方千米范围内，发展服务外包、医疗旅游、创意设计、文化传媒、文化金融、艺术品交易、现代物流等服务业，提升装备制造、农副产品加工国际合作及贸易能力，构建国际文化贸易和人文旅游合作平台，打造服务贸易创新发展区和文创产业对外开放先行区，促进国际文化旅游融合发展。

根据这一功能定位，开封将在引领新型文化产业方面敞开大门，让开封和中原优秀文化走向世界，让精彩的国际艺术在这里汇集。吸引、辨析、借鉴优秀文创资源，实现示范效应和乘数效应。挂牌一年多来，近3000家以创意设计、文化传媒、文化金融、艺术品交易为主业的服务业企业进驻自贸区开封片区。

开封过去以“古”闻名，今天通过自贸区要以“新”出彩。自贸区开封片区坚持以制度创新为核心，在商事制度、投资便利化和事中事后监管等领域先行先试、大胆探索，一批改革创新举措走在河南省乃至全国前列，形成了百余项创新经验，产生了良好效果和巨大反响。

■ 丰厚的文化积淀给开封带来最优质的资源

八朝古都、4000多年建城史，沧桑历

东京梦华实景演出　摄影：刘红雨

史赋予开封丰厚的文化宝藏。如何有效保护文化遗产？如何延续历史文脉？如何把文化“活化”？面对着古城开封文化发展中的一个个时代疑惑，勤劳而坚忍的开封人用不断的探索、实践一一给出了回答：

以中部六省唯一一个国家级文化产业示范园区——宋都古城文化产业示范园区为载体，以宋文化为特色，以全城一景为亮点，以文商旅融合发展为模式，以项目建设为支撑，将开封打造成宋文化集中展示区、华夏历史文明传承创新先行示范区和国际文化旅游名城。

水韵满城。开封过去兴盛于水，又一度衰落于水，如今崛起复兴同样离不开水。2014年开始蓄水的开封西湖，从北向南划分为生态湿地体验区、滨水休闲商业

汴西湖　摄影：姚继红

汴河游

区、文化艺术展示区、历史文化演绎区、人文主题体验区、生态郊野体验区等六大功能区，完美呈现“皇家气象、城市命脉、休闲去处、宋词风韵”的风格。2013年通航的大宋御河连接龙亭湖景区与包公湖景区，每天晚上伴随着醉人的《汴河游》，宋服打扮的船工驾着游船，满载游客缓缓驶入。华灯映水，琴声悠远，让人仿佛穿越千年时光，梦回东京汴梁，不仅受到国内外游客的一致青睐，也激活了沿线七盛角、半亩园、万膳街等一大批文化项目的开发，形成了一条绵延不断的沿河文化旅游产业带。不久的将来，“六河连五湖串十景”的宋都水系工程将通过河湖的连通，把星罗棋布的景致如项链一般串接起来，使游客在桨声灯影里游览开封。

宋韵满城。开封鼓楼，东西承接鼓楼街和寺后街，北面与古香古色的书店街连通，南面与大相国寺资圣阁相呼应，加上地下商业街、千年鼓楼夜市，在鼓楼联袂形成“田”字形中心，点燃了开封人的梦想，把古城的力量和信心重新找回来、重新凝聚起来。开封书店街是世界上以“书店”命名的两大古街之一。书店街古韵浓厚，成了市民旅游、休闲、购物的好去处。马道街是开封的南京路，走在马道街仿佛穿越到了民国时期的大上海！

秀韵满城。满城的文化，千年的底蕴，要与世人分享。将高科技手段运用于历史文化的讲述中，将老街、古建筑和时尚元素融为一体，推出了演绎秀。大型水上实景演出《大宋·东京梦华》，再

开封东京大桥 摄影：胡伟

现了千年前北宋的市井风俗和繁华盛景。《千回大宋》以300多年大宋历史文化为背景，以千年开封历史人文为主线，体现水、花、人、城、市五大元素，融舞蹈、武术、杂技多种艺术元素于一体，诉说一幕幕独具风情的大宋故事。《银基O秀》是我国首个室外水上演艺秀，真人秀、焰火秀、激光秀、水秀“四秀”合一。铁塔光影秀项目结合开封铁塔的历史文化与佛家文化，利用现代新媒体科技，呈现塔之灵、塔之语、塔之佛和塔之缘，赢得了诸多称赞。

节韵满城。在开封，节会和活动作为展示开封文化的载体，可以说是月月有，周周有。清明文化节、菊花文化节已经成为国家级节会。菊花节会在开封已有30多年的历史，如今每年都能达到千亿元的规模。清明文化节举办7年以来，把一幅幅精美绝伦的宋韵清明画卷完美呈现在世人面前。特别是在2016年，4大类56项民俗文化活动，吸引了世界的目光。还有，龙文化周、岳飞文化周、宋词乐舞文化周、包公文化周、开封成语典故文化周，等等，构成了文化的盛宴。

“一河两街三秀”“一湖两巷三园”，十大重点文化项目已经建成，还有十大重点文化产业项目正在建设……开封将文化作为城市之魂、发展之翼，一砖一瓦都打上了“文化烙印”，一景一园都讲述着“开封故事”，一街一巷都凸显出“开封特色”，古城开封正演绎着精彩新故事。

要事回放

——皇都宏图入画来

数千年来，在开封这片神奇的土地上，发生过许许多多历史事件。其中，不少事件对开封的发展进程，乃至对中原地区、中华民族的发展进程都产生了影响。而事件的发生，除了大自然力量的作用之外，更多的则是社会力量所引导的。如帝予定都老丘、魏惠王迁都大梁、朱梁代唐建东都、赵匡胤陈桥兵变等。这些事件，或是政权更迭导致了社会变革，或是对社会发展产生了重大影响。其中，不乏呼风唤雨似的风云人物，自觉不自觉地扮演了历史主导者的角色。有一点应该肯定，如果没有这些大的事件发生于开封，也不可能有历史上开封的特殊地位。

由于开封历史悠久，在这里发生的事件不计其数，我们不可能面面俱到地讲给你听，只能通过那些最有影响的大事，带你体味开封这座古老城市的辉煌与沧桑……

• 迁都大梁——惠王强魏列七雄 •

魏惠王像

魏国经过文侯推行的李悝变法到武侯的苦心经营，国力日渐强盛起来。公元前370年，随着武侯驾崩，大器晚成的公子莹还没即位，赵国和韩国就结成了联手伐魏的政治同盟，企图把权力更迭中的魏国瓜分干净。第二年，两国国君亲率大军大举攻魏，攻城略地，一直打到魏国的国都安邑。

兵临城下，危如累卵，保家卫国成了公子莹的头等大事，他调兵遣将，在浊泽与赵韩联军大战一场，结果惨败，魏都安邑被围得像铁桶一般。刚过知天命之年的公子莹在运筹抗敌之时，也深刻意识到了都城安邑确实既不安全也不安逸。

也该是天不绝魏。战事紧要关头，赵成侯和韩懿侯在战争目的上的分歧越来越大。两人各不相让，最终竟然闹掰，韩懿侯撕毁盟约撤军了。公子莹抓住时机，集中优势兵力，一举大败联军。

外患解除了，公子莹这才即位，他就是历史上有名的魏惠王。魏惠王十分清楚武侯死后这段动荡时期各大臣的政治表现，但他心胸很宽，没有大肆清算和株连，政局很快稳定下来。第二年，他任命公叔痤为相。君臣二人励精图治，广罗人才，公子昂、龙贾、庞涓和吴起的后人等一批青年将领都得到了擢升和重用，军事上也节节胜利，先后打败了韩赵军队。

公叔痤劝魏惠王要居安思危。他说现在西面的秦国是我们的大患，秦献公为便于对魏作战，把国都由雍向东迁到了栎阳。三年前石门一战，魏军被杀六万人，我们一定要雪石门之耻！

谁料事与愿违，魏军在与秦军作战中再次大败，公叔痤被俘。虽然秦献公念在过去两人私交甚好的情分上放回了公叔痤，但公叔痤觉得对不住魏惠王的信任，闭门不出，几次向魏惠王极力推荐公孙鞅，也就是后来在秦国实行变法的商鞅。但魏惠王不置可否，就是不用商鞅，埋下了魏国必败的伏笔。

这时的庞涓正是春风得意的时候，他打败了赵国，对赵都邯郸构成了巨大威胁。魏惠王又调他在河西郡与秦军作战。

庞涓凭着高超的军事指挥才能，率军北上，最终攻破了秦都栎阳，夺回了河西郡。秦孝公被迫把国都又迁回了位于关中的雍。魏惠王总结正反两方面经验，结合安邑地处秦、赵、韩三国包围之中的局势，充分意识到了国都安全的重要性，他决定召集大臣商议迁都。

君臣在迁都一事上取得共识后，商议来商议去，一致认为大梁一带是卫、宋、郑等国的边境，各国势力薄弱，易于攻占。且地理位置适中，地势平坦，易于发展农业，是个建都的好地方。经过李悝变法，魏国的农业快速发展，人民安居乐业，大梁已由过去的小城变成了很有发展潜力的新兴城市。

围魏救赵

可大梁的地理区位也有劣势：它的西面和北面是韩国，它和安邑之间唯一的交通线不仅绕道还易被切断。要想建都必须先使北边韩国的平丘、户牖、首垣三地归魏所有。而办法只有两个，一是以地换地，二是武力抢夺。

魏惠王决定先礼后兵，派公子昂出使韩国，商议换地的事。韩国迫于魏国的压力，竟然同意了。尝到强权政治和军事威慑甜头的魏惠王又如法炮制，和赵国换了地。这样，魏国土地就连成了整体。

魏惠王六年（前364），魏国把国都从安邑迁到了大梁。魏惠王对大梁城进行了大规模的建设，新大梁城建有12个城门，周长达30余里，居民有三十余万，城墙高约5丈，护城河既宽又深，成为诸侯国中规模最大的城市之一。公元前360年，魏惠王又开渠引水，把北边的黄河水引入西边的圃田泽，然后开凿鸿沟再引水到大梁城。鸿沟把周边众多河道连成水运交通网，同时也大大便利了农业灌溉。

“逢泽之会”后，魏惠王的王位得到周天子和诸侯的认可。他治理魏国长达50年时间，国都大梁成为当时最繁华的商业大都市，经济社会成就第一次达到了顶峰。

然而，战国七雄征战不断，魏国的强盛如昙花一现，魏惠王之后便走上了衰落之路。与之相反，经过商鞅变法后的秦国日益强大，不断蚕食魏国的土地。公元前225年，秦将王贲率军围攻大梁，三月不克，遂引鸿沟水灌城，终致大梁城毁，魏国灭亡。

魏都大梁是开封历史上第二次建都，时间长达136年。客观地讲，大梁及魏国，对秦大一统帝国的形成是有贡献的，对中原地区和后来开封的发展，都产生了重大影响。

• 朱梁代唐——都汴州中心初立 •

唐朝僖宗年间，京城长安发生了蝗灾，百姓民不聊生。出身盐贩、号称“冲天大将军”的黄巢，发动了声势浩大的农民起义。攻到宋州（今商丘）时，走投无路的朱温投奔了义军。

朱温从小就爱使枪弄棒，人狡猾脑子活，胆大不要命，跟随黄巢一路攻城拔寨，屡建战功。黄巢攻下长安（今西安），赶跑了唐朝皇帝，建立了大齐政权，30岁的朱温成为黄巢的重臣悍将。

882年，朱温进攻河中，夏大突降大雪，义军被冻死十分之三。陷入困顿的朱温只得向黄巢求救，但书信总被负责军务的孟楷扣压，朱温一筹莫展。

这时一个谋士趁机进言：“黄巢一介草莽，既无功业更无才德，您在外苦战立功，内部却为庸人制约，将军不值得和他共事。现在唐朝天子在蜀，各路兵马又逼近长安，说明唐朝气数未尽，明公要三思啊！”

谋士的话说到了朱温的心上。他当机立断，杀掉了黄巢的监军使，率部降唐。唐僖宗大喜过望，任命朱温为左金吾大将军，还赐给他一个新名字叫朱全忠。

第二年，朱全忠被委任为汴州刺史、宣武军节度使，但要等收复长安后才能赴任。他联合雁门节度使李克用，对旧主子黄巢祭起了刀枪。黄巢抵挡不住，被迫撤离长安，突围南徙。朱全忠一路追击黄巢到了汴州。他见汴州不仅是军事重镇，还是漕运要冲，就有意把这里作为自己的根据地，苦心经营。随后他又与黄巢作战不

后梁朱温像

下百次，招降纳叛，节节胜利，不断被加官晋爵，成为集军政于一身的使相，还晋封为侯王，地位显赫。

中牟王满渡战役胜利后，朱全忠邀请李克用到汴州休整军队。李克用因一目失明，被称作“独眼龙”。宴会上，28岁的李克用喝醉了酒，口吐狂言，恃才傲功，行为不检，让朱全忠非常恼火，当即动了杀心。他在李克用的驿馆放了一把火，不料偏巧下了场雷阵雨，李克用借着闪电光亮爬上汴州城的尉氏门，系着绳子才得以逃命，从此和朱全忠成了死敌。

不久，僖宗病逝，昭宗继位。朱全忠开始四处扩张自己的势力。随后，47岁的朱全忠羽翼丰满，野心膨胀，已经有不臣之心了。

正当朱全忠为实现霸业寻找机会时，宦官刘季述幽禁了昭宗，立太子李裕为帝。宰相崔胤召朱全忠入关，杀死劫迁昭宗的宦官，迎昭宗还长安复位。从此朱全忠揽国政于一身，皇帝成了他的傀儡。为控制皇帝，朱全忠又杀掉昭宗身边的二百多人，全部换上自己挑选的形貌相似的亲信。昭宗分不清是谁，十分恐慌。

朱全忠害怕昭宗逃奔到其他藩镇，自己将来无法取得正统帝位，就派氏叔琮、蒋玄晖等人实施弑君计划。这年八月的一个深夜，借酒消愁的昭宗又喝醉了。李彦威等人受命带领百余士兵骗开宫门，将昭宗砍死在椒兰殿，立13 岁的李柷为帝。

这时，在外静候佳音的朱全忠得知大功告成，装出吃惊的样子，以头撞地，大哭道：“你们这些奴才，是辜负我，害了我啊！让我千秋万代背上了弑君的恶名！”不久就把李彦威和氏叔琮杀掉灭口了。

朱全忠撕下伪装，令宰相柳璨、枢密使蒋玄晖加紧落实称帝计划。二人出力不小，但朱全忠还是嫌慢，以办事拖沓为由杀了二人。唐天祐四年（907）四月，朱温亲自导演了一场百官劝进、皇帝禅位的闹剧，正式称帝，更名朱晃，取如日之光之意。改元开平，国号大梁，史称后梁。定汴州为国都，称东都。这是自战国时魏国大梁建都后一千多年来，开封第三次建都。

当了皇帝的朱晃淫乱成性，总是趁儿子们不在家时，召儿媳们到宫中乱伦。而他的儿子们毫无羞耻，竟然还利用妻子的"枕头风"博取父亲欢心，争取能成为太子。

朱晃不喜欢三个亲生儿子，唯独喜爱养子朱友文。加上朱晃还特别宠幸养子的媳妇王妃，所以心里一直想立朱友文为太子。乾化二年（912）闰五月，朱晃病情恶化，打算把朱友文召来交代后事。当时，他的亲儿子朱友珪的媳妇也在身边侍候，得到了这个绝密情报。朱友珪干脆发动宫廷政变，半夜攻入宫禁，把刚过花甲的"老贼"父皇杀了，自己当了皇帝。乾化三年（913）二月，朱晃的四子朱友贞又逼死兄嫂，在开封建昌宫即位称帝。923年，李克用的儿子李存勖灭后梁，建立了后唐。

央视网

国史通鉴 五代群雄

• 割让幽云——敬瑭遗祸四百年 •

在中国的历史进程中，发生过一件持续影响四百年的大事，这就是割让幽云十六州。而始作俑者就是石敬瑭。

892年，石敬瑭出生在山西河东（今太原） 一个官宦之家。年轻时练就一身好武艺，在晋王李克用的义子李嗣源的帐下当一名下级军官。他平时少言寡语，喜欢钻研兵书，给人以朴实稳重的样子。

石敬瑭在沙场上英勇善战，战功卓著。915 年的清平战役中，他率领十几名亲军拼死救出了李存勖，从此声名大震，不仅得到器重，还成了李嗣源的乘龙快婿，统率着岳父的亲军精锐骑兵"左射军"。

后唐同光四年（926），各地不时传来叛乱的消息。庄宗李存勖早对义弟李嗣源不信任，可又没将可派，只好让他带领石敬瑭出征平叛。不料，平叛部队也叛乱了，劫持了李嗣源，执意要拥立他为主。李嗣源对义兄本无二心，大哭道："我跳到黄河也洗不清了！"想脱身回去，向庄宗李存勖表明心迹。

这时，石敬瑭却极力反对岳父的不明智做法，李嗣源幡然醒悟。石敬瑭趁势抢占大梁，又兵渡汜水，直取后唐都城洛阳。李存勖惊慌失措，被流箭所伤，喝过皇后送来的乳浆，竟然死了。李嗣源入洛阳称帝，即后唐明宗。他封女婿石敬瑭为六军诸卫副使，可石敬瑭就是不干。因为这个皇帝亲军的“一把手”是秦王李从荣。骄横跋扈的李从荣自认为是皇位继承人，不把功臣看到眼里。后来因急于继位，兵败被杀。

石敬瑭以政治智慧逃过一劫，再次受到重用，被委派到后唐的根据地河东任节度使。史书上说，石敬瑭在河东为政清廉，异常节俭，不贪声色，很多事都是亲力亲为。

后唐长兴四年（933），明宗李嗣源一命呜呼，其儿子李从厚继位，称为闵帝。为改变主弱臣强的不正常局面，闵帝下令让其义弟李从珂和石敬瑭换防。不料此举捅了马蜂窝，李从珂在凤翔起兵反叛了。闵帝大败，出逃路上遇上了石敬瑭。石敬瑭趁机幽禁了闵帝，李从珂派人缢杀了登基才四个月的闵帝，改元清泰，自立为皇帝，他就是后唐最后一位皇帝，也称末帝。

后晋高祖石敬瑭像

当了皇帝的李从珂断定石敬瑭必反。后唐清泰三年（936），石敬瑭就以有病为由，故作姿态，自请免去兵权，不料末帝就腿搓绳，照准所请，调他到天平任节度使。

接到诏书，石敬瑭的大将，后来做了后汉开国皇帝的刘知远劝他造反。于是石敬瑭上表指责末帝仅是明宗养子，不该继承皇位，应立明宗四子许王李从益为帝。恼羞成怒的末帝杀了石敬瑭留在首都的二子一弟，派兵三万兴师问罪。

石敬瑭抵挡不住，他的掌书记桑维翰就献了条遗臭万年的计策，要他向契丹人求救。石敬瑭知道契丹的实力，派出桑维翰拿着“割让幽云十六州，每年献帛三十万匹，称臣称儿”的见面礼拜见契丹主耶律德光。契丹发精兵五万，里应外合击溃了唐军。

936年十一月，契丹册封石敬瑭为大晋皇帝，改元天福。石敬瑭身穿父皇帝耶律德光亲手解下的契丹服饰，即皇帝位，当了后晋高祖。在契丹的帮助下，后晋军队攻克洛阳。李从珂走投无路，带着李家老小登上玄武楼自焚了。天福二年（937）夏四月，石敬瑭嫌洛阳的皇宫破旧，就迁都汴州，改称东京，开封第四次成为国都。

接下来，石敬瑭对父皇帝耶律德光兑现了割让幽云十六州的承诺。幽云十六州大致包括今天北京、天津和河北北部、山西北部，面积有12万多平方千米。它是中原汉民族和其他游牧民族分片而居的天然分界线、军事战略要冲和重要的生产资料供应基地。中原政权占据它，就能抵御游牧民族的侵扰，而游牧民族占据它，则是进犯中原的跳板。这次割让的直接后果是，幽云十六州从此长期脱离中原政权的控制。

石敬瑭对契丹百依百顺，甘为“儿皇帝”。其所作所为引起了藩镇的极大反感，不少藩镇反叛。石敬瑭虽恩威并用，也难以应付。晚年石敬瑭尤为猜忌，专任宦官，朝纲紊乱，以致民怨四起。后晋天福七年（942），石敬瑭忧郁成疾，于六月在屈辱中死去，时年51岁。

石敬瑭割让幽云十六州后的四百余年里，收复幽云十六州成为每一个中原王朝梦寐以求的理想。后周世宗柴荣、宋太宗赵光义先后亲征，一直没有收复此地。到了1213年，幽云十六州被蒙元帝国占据。又过了150年，明太祖朱元璋派徐达、常遇春攻克大都，这才收回了幽云十六州。

• 黄袍加身——辉煌大宋始发端 •

960年正月初一，后周大臣王溥一大早就给7岁的周恭帝报告了一个不好的消息，说辽国与北汉联手，举兵犯境了。大臣们议论纷纷，朝堂上一片混乱。但当小皇帝问到谁可率军御敌时，热闹的朝堂顿时鸦雀无声。

面对皇太后的哭泣和质问，宰相范质挺身而出，把殿前都点检赵匡胤举荐出来。王溥立即带头赞成，跟着武将高怀德、石守信也表示愿随赵点检誓死破敌。

宋太祖赵匡胤像

见皇太后看自己，一直没开口的赵匡胤立即表态，先表忠心，再表决心，这才让孤儿寡母的心暂时放进了肚子里。皇太后不忘代表先帝和皇帝对赵匡胤的忠勇褒扬一番。满朝文武各怀心事，但都表现出轻松的样子，齐声说赵点检挂帅，一定马到成功。

战情紧急，两天后，赵匡胤点齐人马，誓师北伐。大队人马浩浩荡荡，黎民百姓夹道欢送。太阳快落山的时候，大军到了离京城数十里远的陈桥驿，中军看天色已晚，传令安营扎寨，明日一早拔寨启程。

那时的黄河还在开封西北边的原阳附近，陈桥驿也在距黄河数十里的南边，而不是现在的北边。沉闷的巡哨声、响亮的口令声和清脆的更漏声，不时划过军营的夜空。一切都显得有条不紊，只有赵匡胤的帅帐里灯火通明。

这时，他的胞弟赵匡义走进了大帐，神情怪异地望着哥哥，而帐外则是松火通明，人声鼎沸。赵匡胤惊问何事喧哗，赵匡义庄重地叩首道：全军将士要拥戴点检为天子！

赵匡胤心中一惊，呆立片刻，旋即做出义正词严的样子，对弟弟严厉斥责，执意不从。帐外几员大将早已等不及了，一拥而入。高怀德高声道：赵点检不要犹豫，民心所向，天意难违。你先做上天子，再讨伐辽国和北汉这些蕞尔小丑不迟！

赵匡胤厉声道：朝廷皇恩浩荡，先帝尸骨未寒，难道我们要做这大逆和灭族的僭越之事吗？掌书记赵普凛然道：情势所迫，木已成舟。点检若再犹豫，全军将士将死无葬身之地！赵匡义趁机像变戏法似的捧出一件黄袍，拉扯着披在赵匡胤身上。随后，几个人推推搡搡，簇拥着黄袍加身的赵匡胤走出帅帐。众将士见状，齐呼万岁，响彻云霄。赵匡胤见事已至此，默

杯酒释兵权

念：“天意民心如此，先皇原谅我吧！”

面对即将展开的恶战，赵匡胤想得最多的却是和平的问题。就在他脚下的这片土地上，五十多年来，已经走马灯似的换了五个朝代，血腥屠杀，生灵涂炭，朝野上下，人人自危，苦不堪言。结束战乱，渴望和平的愿望是当前最大的民意啊！

接下来，这支本该奔赴沙场的讨逆之师，反而调转马头，变成了逼宫的行逆之师。赵匡胤威风凛凛，对大军发布几条禁令：第一， 善待皇太后和恭帝；第二，不准擅杀朝中大臣；第三，不准抢掠朝廷府库和商家百姓。见众将士服从，这才领着大军返回东京。

京城的文武大臣得到陈桥兵变的消息后，吃惊之余就开始为自己想后路了。拥戴之功没有轮上，首应之功总得争先吧！于是，除了不识时务的大将韩通顽抗被杀之外，赵匡胤简直是兵不血刃，入了都城。

据说，百姓对此巨变，不仅不吃惊，反而夹道欢迎，小孩们甚至还唱着“点检做天子，天下得太平”的童谣，这都是民心天意的象征啊。赵匡胤更是心安理得。

范质、王溥一时还不能适应同朝为臣的赵匡胤一天不见就成了他们的新主子，在礼仪上有些欠缺。军士们就亮出了兵刃。二人只得下拜，表示臣服。赵匡胤当然要表白一番心迹，发誓绝不为难后周这对可怜的孤儿寡母和满朝大臣。待二人心安，赵普就提出了请幼主禅让的礼仪，幼主哪敢不从？

从容登殿的赵匡胤拜受制书，宣布改国号为“宋”，改封柴宗训为郑王，符太后改称周太后，接受百官朝贺。于是，一个新的封建王朝诞生了。

宋王朝建立后，经过太祖、太宗的南征北战，终于结束了战火纷争的五代十国分裂局面，中华大地进入了一个新的发展时代。大宋王朝对中华民族做出了巨大贡献，在城市地位上，树立了“东京富丽天下无”的唯一世界大都市的标杆。

黄袍加身

• 安石变法——革弊政彰影响远 •

北宋熙宁元年（1068）发端于开封的王安石变法，史称熙宁变法，其在我国封建社会历史上产生了深远的影响。

北宋帝国的接力棒传到宋神宗赵顼的时候，已经经历了太祖、太宗、真宗、仁宗和英宗五位皇帝，延祚一百多年。这时的大宋王朝经历了仁宗盛治的稳定局面，把中国封建社会的经济文化推向了顶峰。但是在盛世的虚华里面，也越来越暴露出许多严重的社会问题，其中“冗官、冗兵、冗费”造成的财政、吏治和军事上的弊端更加突出。神宗的前任英宗皇帝，实际已经看出了问题所在，但由于他不是仁宗的亲生儿子，即位后花了很大力气，通过“濮议之争”，为自己的生父争得了名分，还没来得及大展宏图，就英年早逝了。富国强兵的历史重任就责无旁贷地落到了年轻的皇帝赵顼身上。

要实现自己的理想，必须要有一个得力的干臣来辅佐，赵顼想到了王安石。他多少了解这位曾经在仁宗、英宗朝当过官的王安石。在当时的官场中，王安石被称为怪人。其所以怪，主要是他不走当时普遍流行的快速晋升路线，仁宗时有几次要调他进入朝廷担任要职，他却屡次不受，执意要在基层担任州县一类的长官。对此有人说他高风亮节，有人说他沽名钓誉，也有人说他是奸诈小人。他虽然才华横溢，受到当时文坛领袖欧阳修的极力称赞，但平时不修边幅，给人邋里邋遢的不好感觉，被官场视为另类。他任三司度支判官时，就给仁宗皇帝上了力求变法的《言事书》，提出了改革的具体意见，希望能改变日益突出的诸多问题，实现富国强兵的理想。尽管仁宗皇帝除了称赞他文才外，没有采纳他的意见，但从此王安石闻名天下。不久仁宗让他进入在别人眼里十分关键的岗位做“起居注”，王安石又是多次不受。朝廷派人把诏令送到他家里，他竟然躲到厕所里不见。后来实在推脱不过，才勉强接受了任命。

王安石的《言事书》让他成为主张改革的代表人物。赵顼在即位之前，也曾看过这篇名文，对王安石的观点十分赞同。当上皇帝后，近臣经常在他面前说起王

宰相肚里能撑船

安石的见解和才干，神宗简直要仰慕这位官场怪人了，于是征召丁忧在江宁的王安石。王安石却以身体有病为由不愿进京面圣。一时朝臣们说什么的都有，神宗不加理会，让王安石出任了江宁知府。

熙宁元年（1068），王安石奉旨进京，出任翰林学士。君臣二人第一次会晤，在政治、经济、军事等大事上取得了广泛共识。王安石说朝廷已经疾病缠身，唯有下猛药才能强身壮体，富国强兵。经过几次奏对，神宗改革时弊的决心更加坚定了。但是在一次朝政会议上，司马光和王安石这两位大学士在财政问题上发生了激烈争论，由此成为他们一生中政治敌对的开端，也开了改革派与保守派论战和斗争的先河。神宗力排众议，提拔王安石为参知政事，也就是副宰相。王安石提出要改变风俗，请求变法，变法要重用新人，他提醒皇帝，变法是个新生事物，一定会有人反对，希望皇帝要有思想准备，不能听信谗言。神宗表示同意，让王安石拟定新法。第二天，就成立了制定新法的专门机构“制置三司条例司”，所用人员由王安石自行选调，改革序幕正式拉开。

王安石的变法班子拟定了八条新法，合称为“富国强兵八法”。包括农田水利法、均输法、青苗法、免役法、市易法、方田均税法、保甲法和保马法。前六法重在富国，后两法旨在强兵。新法草案公布后，立即在朝堂上引起了大争论，老臣们没有一个赞成新法的，王安石与唐介在激烈辩论中竟然把唐介气死了。尽管如此，也没有影响神宗和王安石变法的决心，决定分步实施新法，并确定试点，收到成效后再行推广。

熙宁二年（1069），王安石颁布了第一个新法——均输法，旨在解决京城各种物资均衡调配问题，逐步收到了明显成效。这年九月，王安石又实施了青苗法，以农业借贷的形式给农民春播时的种子，收获后随夏税连本带息偿还。这一新法由于涉及千家万户，实施前后就备受关注，并在与司马光等反对派的激烈斗争中推行。十一月，颁布农田水利法。

正当新法推行如火如荼的时候，元老重臣韩琦从河北上了一道奏折，陈述了青苗法的危害，要求废除青苗法。神宗十分重视这道奏折，产生了动摇情绪，王安石干脆请了病假。一番政治较量后，王安石病好了，地位得到了巩固，而司马光、韩琦等重臣则离开了权力中心。熙宁三

不动声色

年（1070），王安石升任同中书门下平章事，也就是宰相。为巩固自己的地位，也为顺利推行新法，他先后把十一个弹劾他和新法的御史贬出了京城，人称“拗相公”。新法全面推行后，他又提出了要开拓疆土，三路并进，征讨西南、西北等少数民族地区，均收到了巩固国土、重振国威的效果。

熙宁六年（1073），华山发生山崩，反对派以此大做文章，说是变法引起的，是上天的警告。七月北方又发生了旱灾，民不聊生。神宗真的就相信了上天警告的说法，对变法进行了反思，不几天就颁布了罪己诏。于是有人迎合皇帝心理，上了一道《流民图》，以形象的方式力述变法以来给百姓造成的灾难，神宗禁不住大哭起来。他在没有和王安石商量的情况下，第二天即宣布暂罢青苗、免役、方田、保甲等法令。巧的是，当天即天下大雨，缓解了旱情，保守派额手称庆。后来王安石等改革派据理力争，终使皇帝回心转意，继续推行新法。王安石等改革派的手腕更加强硬起来。这天，神宗在后宫受到了太皇太后曹氏要求废除新法的压力，并与弟弟昌王发生了争执，王安石听说后去意已决，坚决请辞，神宗只好接受了王安石的辞呈，让他推荐人选，继续推行新法。不料王安石推荐的吕惠卿却落井下石，欲以谋反罪加害王安石。王安石得到密报后连忙进京晋见皇帝，第二天便官复原职，重掌大权。而吕惠卿则突然反戈一击，把王安石和他的私人信件抖搂出来，信中有一些“不要让皇帝知道这件事”的话。熙宁九年（1076）十月，王安石再次罢相，从此退居金陵，潜心学问，不问政治。

王安石尽管被逐出了政治中心，但他倡导的新法仍在执行。他罢相的第二年，神宗皇帝改年号为“元丰”，亲自主持变法。变法的阻力仍然很大，他决心用更加强硬的手段推行新法，严惩那些反对变法的人。可是他的改革没有王安石的支持，最终还是流产了。随着理想的破灭，神宗的生命也到了尽头。

靖康之变——二帝蒙难遭北遣

北宋徽宗宣和七年（1125），金朝违背“宋金联合灭辽”的盟约，举兵南侵，直逼北宋都城东京。吓破胆的徽宗皇帝急忙禅位于儿子钦宗，自称道君皇帝，不问世事，带着一帮祸国殃民的奸臣近侍南下避祸去了。钦宗也不想守这烂摊子，几次想效父“南巡”，被主战派、兵部侍郎李纲等苦谏才惴惴不安地留了下来。

钦宗靖康元年（1126）正月初八，金军到达开封城下。宋朝廷在和战问题上意见不一。宋钦宗和宰相李邦彦、张邦昌等主张屈辱求和，答应赔款割地。李纲等认为应采取进取之策，皇帝应“亲征”。钦宗只好让李纲全面负责首都开封的防务。李纲积极组织军民备战，把正规军、辅助部队和保甲民兵组成前后左右中五军，几次打败攻城的金军。各地支援的部队和河北、山东义军也奋起抗金，金军被迫撤退。东京保卫战初战告捷。

金国退兵后，投降派又得势了，各路勤王之师和民兵组织被遣散，防务工程被拆除，李纲也被撤销了兵权，离开了开封。1126年秋天，金军再次南侵。西路军攻破太原，东路军攻陷真定，一路南下。两路军围攻开封，闰十一月二十五日，东京外城被攻破。

但是，开封军民抗敌情绪高昂，他们将前来议和的金使杀掉了。康王赵构和少宰张邦昌受命出城谈判。这一天，宋将夜袭金营，赵张二人遭到了金帅的严责。张邦昌吓得大哭，而赵构却面无惧色。金军统帅对宋朝使臣的表现看在心里，除对康王表示惊诧和佩服外，意识到和赵构谈判估计达不到目的，于是强烈要求宋朝更换使团“团长”，点名让肃王赵枢来继任。同时指出，张邦昌这个计议使是受欢迎的人，可以留下继续议和。

接下来，赵枢答应了割让太原、中山、河间三镇给金朝，又同意和张邦昌一起为人质，赵构得以返回京都。接着金人退兵，太上皇赵佶也就返回了京城。朝野上下都认为战事已停，就遣返了各地的勤王之师，撤除了京师的防御工事，让主战派靠边站，议和之声充塞朝堂。

不久，金朝以截获宋朝与辽国联络的密信为由，第三次南侵中原，宋朝只好接受议和条件，尊称金太宗为伯，上尊号十八个字，并派赵构连人带东西一并送达。路过磁州时，赵构被知州宗泽劝阻，又得知金军已渡过黄河困了东京，赵构只好南返。到相州时接到钦宗密旨，被任命为河北兵马大元帅，在本地征兵聚将，勤王救驾。赵氏宗族这才没被连锅端。

这时，形势已危如累卵，荒唐的宋

朝当权者竟然听信巫士郭京的谎言，依靠七千“六甲神兵”保卫京城。这些市井无赖和游手好闲之徒在金兵的悍马弯刀前不堪一击，进一步加速了北宋灭亡的进程。

钦宗遣使到金营乞和，金帅宗翰、宗望一要割地，二要徽宗做人质。钦宗说太上皇有病，自己愿意代往。钦宗在青城斋宫被扣三天，在这个原是宋朝皇帝祭天前夕斋戒留宿之处，钦宗向金军献上降表，受尽凌辱，才被放回。

靖康二年（1127）正月十日，宗翰、宗望将钦宗与亲王、宰执大臣等再召到青城，把他们囚禁起来。二月六日，金帅命钦宗在青城金营中跪听金太宗诏书，宣布废徽宗与钦宗为庶人，下令剥去钦宗的帝服，在旁的礼部侍郎李若水上前抱住钦宗不让脱衣，大骂金帅，被宗翰毒打不止。李若水骂不绝口，最后被割舌砍头，壮烈而死。次日，徽宗与皇帝宗族也被押往青城金营。徽宗哀求说自己愿远赴金朝，只希望能让钦宗到广南一个小郡奉祀祖宗，被宗翰断然拒绝。

为了在中原另立赵姓之外的傀儡皇帝，宗翰不仅逼北宋交出皇太子，还拘捕了全部宗室，免得将来复辟。

金军占领开封达4个月，于靖康二年（1127）三月，掳得徽、钦二帝和大批典籍金帛、工匠美女等，分成三批，满载而归。临走前，册立原太宰张邦昌为帝，建国号“大楚”。数日后金兵退去，宋朝的勤王兵马陆续抵达东京。仅存33天的张邦昌伪楚宣布撤销。是年五月，宋高宗赵构即皇帝位，建立了南宋政权。

• 蒙古灭金——卫南京战事惨烈 •

灭亡北宋的金王朝，最终灭亡于蒙古。其中经历了30多年跌宕起伏的过程。

蒙古是中国北方的一个游牧民族，五代时期受辽金政权统治。到13世纪初期，蒙古民族共同体形成，蒙古部孛儿只斤家族的铁木真用了十余年时间，统一了整个漠北地区。1206年，铁木真称成吉思汗，在斡难河建立了蒙古汗国。

1211年初，成吉思汗聚众誓师，发动了大规模南侵金朝的战争。一路攻关夺隘，势如破竹。十月兵过紫荆关、居庸关，前锋直逼金之中都（今北京）。十二月攻打中都受挫，蒙军被迫撤退。

1212年秋，成吉思汗再次大举南侵，攻击目标是金朝西京府（今山西大同）。在围攻西京的战斗中，成吉思汗身中流矢，蒙军撤回阴山。翌年，成吉思汗又从阴山南下侵掠，蒙军一直打到怀来。怀来之战，金兵精锐损失严重。成吉思汗乘胜攻下河北、河东广大地区，直抵黄河北岸。向东则攻占山东诸地，对中都形成包围之势。

1214年5月，金宣宗迫于蒙军的侵扰，迁都南京（今河南开封）。成吉思汗得知消息后，立即派兵南下，次年攻占中都（今北京）。1217年，蒙古军队主力西征，留下的蒙军继续攻打金中都以南的汉人地区，主要目标指向山西、陕西、河东。

1223年腊月，金宣宗于南京（今开封）皇宫中病重。弥留之际，荆王完颜守纯第一个闻讯，首先入宫“侍疾”，并关闭了皇城东华门。时为太子的完颜守绪听说二哥已经入宫，怕他再弄出什么矫诏改立太子的事情，立刻派东宫卫兵三万余人包围了皇宫，然后叩门入见。入宫后，完颜守绪马上遣兵将将其二哥软禁起来。当夜，金宣宗崩，完颜守绪即位，是为金哀宗。

金哀宗继位，改元正大。他上朝第一天，在隆德殿的宝座刚刚坐稳，外面忽然天刮大风，把端门城楼的巨瓦吹掉数块。满朝文武皆以为是不祥之兆。没说几句话，又有人入报，说宫外有个男子披麻戴孝，望着承天门又哭又笑，还大声嚷嚷：“我笑，笑将相无人；我哭，哭金国将亡。”听说有这么一个“乌鸦嘴”，入贺新皇登基的群臣都劝金哀宗把那个人抓起来当街杀掉。金哀宗很厚道，表示自己希望朝外的百姓直言政事，即使是语涉讥讪也不加罪。

金哀宗登上皇位的前几年，蒙古忙于消灭西夏，对金国的逼迫有所减缓。金国力守河南，保潼关，在自洛阳向东至邳州的东西二千余里范围内，设立4个行省，调20万精卫防御蒙古。

1231年，蒙古再度全力对付金朝，发动三路大军伐金。窝阔台汗亲率中路军从山西攻河中；斡陈那颜领东路军攻济南；拖雷统西路军从陕西东进，直指南京（今开封）。是年冬，蒙军入金邓州（今属河南）境。1232年2月，蒙金两军在钧州（今禹州市）三峰山相遇，展开激战。金军士气低落，走了好几天路，许多人肚中无食，又赶上大雪奇寒，甚至连举兵器的气力都没有了。蒙古兵从四面把15万金军团团包围，轮番进攻。杀死金兵数万后，又故意让开通往钧州（今禹州市）的一条路，放金败兵逃走。之后蒙军又在道路两旁设伏，趁金兵败走之余突出砍杀。此次战役，金军15万精锐基本上都成为蒙古兵刃下之鬼。

金哀宗得悉蒙军分几路趋南京（今开封）而来，忙召群臣商议拒敌之事。平章政事完颜白撒想出一个怪招儿，遣金将麻斤率兵民万人出城，在南京城四周围筑起短堤，然后掘开黄河，灌水入围，使南京城外形成一圈“天然”的水阻，以护卫城市。他派金将率三万兵护卫在黄河边挖掘河堤的兵民。此时，蒙古人忽然出现在黄河之上，下船登岸一阵猛杀，麻斤及万余兵民猝不及防，皆被砍死，只有三百人活下来逃回城中。窝阔台派遣速不台率军攻打南京。

金军水拒蒙军不成，只能商议守城。南京外城是当初北宋所筑，“土脉甚坚”，非轻易能克。但城内兵员确实不多，满打满算，金国最终聚结四万军士、二万青壮年居民。“每置四面，每面送千名飞虎军，以专救应，然亦不能军矣。”所以，金朝南京之守，完全指望城外的援军。

时间已到了这年的夏天。蒙古大汗窝阔台见天气渐热，将要北归，便派使臣从郑州到汴京要金哀宗投降，并列了一份几十人在内的金朝大臣及其家属名单，要金哀宗送至蒙军营中当作“贡物”。金哀宗得到讲和的讯息，自然喜出望外，准备送人质与蒙军讲和。

汴京城外指挥攻城的速不台根本不理会金朝讲和的“善意”。他说：“我只受命攻城，未接大汗诏旨讲和。”速不台在南京四周广立攻城器械，驱逼汉人俘虏及妇女老弱负薪背石填平护城河，不少行动不便者被推入河濠当作“填充物”。如此危急关头，金国的平章政事完颜白撒禁止守军与蒙军交战，声称皇帝正与蒙古大汗讲和，导致浴血死战的四城守军大呼。金哀宗闻讯，连忙出端门至州桥慰抚士众。当日，金哀宗送出“曹王”作人质，但蒙军仍旧“并力进攻”。

双方恶战，金军做石弹，大小如灯笼球一样，有一两斤重，由兵士往城下猛砸。蒙军更厉害，他们从西域带回抛石机，军营中到处堆积四处搜罗来的石磨和轧麦用的石碌碡，一分为二三，借用抛石机巨大的抛力掷石上城。每城一角之地，蒙军置放一百多架抛石机抛石，南京城墙上合抱粗的防城木"随击而碎"。为了防御楼墙免遭巨石抛击，金人用马粪、麦秸裹住城楼护具，又以网索和牛皮作为悬空防护减低巨石的冲击。不久，蒙军又用抛石机扬抛点燃的"木弹"，烧毁不少南京城墙上高大坚实的木制防具。幸亏南京城墙是昔日周世宗所建，墙土皆取自荥阳虎牢，特别受力。

蒙军之所以一直攻不入城，除守城金军英勇外，全赖金军有两种绝密武器，一是火炮"震天雷"，二是与今天火焰喷射器相仿的"突火枪"。金军的"震天雷"每次以大铁罐子装炸药，点燃引信后，用抛床掷出，"其声如雷，闻百里外，所围半亩以上，火点着铁甲皆透"。蒙军想出以厚牛皮做成一个筒状"隧道"，直通城根下，然后立刻在城角凿洞。蒙军三三两两入洞后，就在里面猛掘一气，没几天就在城下凿出地道。金军商量许久，用铁绳吊悬"震天雷"，点燃后顺城墙到"耗子洞"口，威力之大，把蒙军炸成人肉末。此外，金军又在墙垛广架"突火枪"，消灭不少攻城蒙军。

蒙军使尽法宝，攻城整整十六昼夜，"内外死者以百万计"，仍然无法攻破南京城墙。大怒之下，蒙兵发掘城外金哀宗生母的陵墓，奸尸毁尸泄愤。蒙帅速不台知道强攻不下，就派人入城佯装与金国讲和。金哀宗君臣自然顺坡下，派人出城以酒肉犒劳凶残的蒙兵，并送给蒙古军将无数金银异宝。速不台乃许退兵，暂屯兵河洛之间。

金国的参政赤盏合喜听闻蒙军退兵后，不以"城下之盟"为耻，率百官入贺。金哀宗自知暂时逃过一劫，改元天兴，"赦天下"，"减御膳，罢冗员，放宫女，上书不得称圣，改圣旨为制旨"。蒙军退后不久，由于京城内外死人太多，瘟疫流行，两个月内又死亡一百多万人。主持守城的完颜白撒多次险被愤怒的军士杀掉。

是年八月间，蒙军派唐庆为使节入南京，传谕说："欲使和好成，金主当自来相议。"金哀宗当然不敢亲自去蒙古军营，他装作生了重病，躺在大殿的御榻上接见蒙使唐庆。这位唐庆也是死催，他掉臂上殿，大摇大摆与在自己家后院那样自在，围了金哀宗御榻走了数圈，边问边看，强逼金哀宗亲自出城议和。金哀宗心中恼怒不敢发作，躺在御榻上哼哼唧唧装孙子。金朝殿下群臣和御林军看见蒙使如此无礼，皆大怒。当晚，蒙使唐庆回驿馆后，正饮酒吃饭，金国的飞虎军士兵申福等人突入，把唐庆一行三十多人杀得一个不留。和议遂绝。

蒙古使节唐庆被杀，金哀宗知道蒙军肯定再来，布置备战守城。又下令全城括粟，严禁居民私藏粮食。其中，金臣完颜久住率人在全城搜粮，闯进一户门居，发现有婆媳二人，家里有六斗豆子和三升蓬糠，立刻派兵士抓起来示众。年纪稍轻一些的媳妇哭诉："我丈夫死于守城，婆婆年老，只是想能吃蓬糠苟活，绝不敢杂入军粮豆中献为军储，我正要献出这六斗豆子。"完颜久住不听，当众杖死这个可怜的寡妇。此事传出，不少人将藏粮倒于粪中。金军大搜数日，也只得三万斛粮。城中发展到人吃人的地步，金哀宗听说后，又下诏出太仓米煮粥，"以食饿者"。

1232年底，眼看南京粮尽援绝，金哀宗召群臣议事，准备出逃。留下参政完颜奴申、完颜珠颗以及崔立等人留汴守城。南京居民闻讯，惊恐喧哗。金哀宗派人宣谕，声称自己率军往汝州与蒙军决战。行前，金哀宗不携带后宫眷属，一是表示自己有回京的"决心"，二是这些女眷确实累赘，带着行军不便。金哀宗出了开阳门，回望京城，泪下如雨，这一去，正是永别。

翌年初，蒙帅速不台得知金哀宗逃跑，马上指挥大军又把金都南京围了个铁桶一般。本来，南京军民认为金哀宗御驾亲征肯定能打几个胜仗，天天仰着脖子等待捷报。谁知蒙军二次返头回来，又围城水泄不通。城内粮尽，居民饿死无数，成了一个活地狱。

不久，金朝京城西面元帅崔立杀掉完颜奴申和完颜阿不，勒兵"入见"太后，并以太后名义传召梁王完颜从恪为监国，自称左丞相、尚书令、郑王，亲赴蒙古兵营议降。崔立约降蒙古后，马上派人烧掉京城城墙上的楼橹防具，并假称蒙古军旨命，亲自"鞫审"随金哀宗出逃的官员妻女，随意奸污。同时，崔立又把梁王及其近亲囚禁于宫中，入皇宫私取珍宝无数，运载填充于他自己在京城的大宅子里。他又指使兵人，在城中帮助蒙古兵搜掠金银，拷打折磨官员百姓，使城中百姓生不如死。

五月间，崔立催逼金国两宫皇太后、梁王、荆王以及诸宗室五百多人北行，送俘蒙古，以三十七辆大车装载，把金国皇族端个底掉。与1127年“靖康之难”北宋皇族的悲惨情状如出一辙，唯一的区别是金朝皇帝逃奔在外，未在之列。

蒙古兵入城后，恰值崔立在城外为蒙古人催迫金室皇族上路。不料想蒙古兵先入崔立家，取其妻妾宝玉。崔立“闻讯大哭”，却也无可奈何，真乃立时报应！不久，崔立自己也被属下李琦、李伯渊等人斩杀，南京军民“争剖其心生啖之”。

1233年农历四月，金哀宗逃到归德（今商丘）后，听说蔡州（今驻马店市汝南县）城坚池深，又弃归德奔蔡州。金哀宗随行只有二三百人，五十匹马，不过在蔡州又聚集了万余精兵。九月，蒙古都元师塔察儿派使节至襄阳，约南宋一起合攻蔡州。翌年正月，金哀宗让位于金将完颜承麟。大礼刚毕，南城已树敌帜，宋蒙联军攻入蔡州内城。金哀宗自缢于幽兰轩。完颜承麟闻金哀宗死讯，竟还能“率群臣入哭，谥曰哀宗”。“哭奠未毕，城溃”。诸人忙投火焚烧金哀宗尸首。金末帝泪眼未干，也被乱兵杀死。这位完颜承麟是中国历史上在位最短的“皇帝”，总计只有一个多小时的为帝时间。

• 明末水患——水代兵大梁被淹 •

明朝建立后，明太祖朱元璋以京城规格营建开封城，还定为陪都北京。不久他改变了主意，将开封设为强藩，修建了规模宏大的周王府，定开封为河南省的行政中枢。身为河南省的省府，交通上的便利性带来了商贸的繁荣，开封迎来了新的复兴。

但是，明末的一场黄水，将兴盛繁荣的开封城毁于一旦。

明末水淹开封这场灾害的由来，还要从李自成农民起义军三打开封说起。

明朝末年政治腐败，天灾不断，民不聊生，各地爆发了农民大起义。起义军后来大多归附于李自成（闯王）麾下。崇祯十三年（1640），李自成率部进入河南，提出了“均田免粮”的口号，受到广大贫苦农民拥护，队伍迅速发展壮大起来。

崇祯十四年（1641）正月，李自成率农民起义军一举攻克洛阳，杀了福王，声威大震。二月初，李自成趁明军惊魂未定之时，长途奔袭，意图一举攻下河南省府开封。但是，农民军在开封遇到了意想不到的顽强抵抗。封藩开封的周王吸取了洛阳福王因贪婪吝啬而招致城破人亡的教训，出重金悬赏守城将士。开封守将高名衡、刘永福、王燮、黄澍等人竭尽全力抵抗，使攻城的农民军受到重创，李自成也被箭射伤左目。激战7天后，起义军于二月十九日撤兵。这是李自成第一次攻打开封。

李自成率领起义军撤离开封后，继续在河南各地纵横驰骋，攻城拔寨，所向披靡。当年十二月二十三日，农民起义军第二次围攻开封，但再次遇到顽强抵抗。巡抚高名衡、推官黄澍等人做了充分的准备，招募市民及河南各地逃来开封的士绅子弟，编成队伍，与官军一同守城。这次战斗空前激烈，农民军用大炮轰城，城上守军也用大炮还击，双方死伤惨重。农民军采用挖地道至城下埋炸药爆破等方法，炸毁了多段城墙，守军拼死抵抗，农民军仍无法攻入城内。开封被打得破烂不堪，但农民军始终无法跨越开封城墙，反而因为开封城内守军的事先准备、战术得宜，造成惨重损失。李自成部因久攻不下，给养不足，军心开始不稳。反观开封守军，虽然损伤同样惨重，粮食也将用尽，但以周王为首的大户们予以支持，城中居民打开窖藏献粮，军心仍然稳定，屡屡以重赏募兵破坏李自成军的攻城。李自成杀了投降于他的三千明军，并加强了攻城力量。以百门火炮轰击，派遣兵力掘挖城墙，均无济于事。听闻明军左良玉部已往开封进发，李自成遂于围开封二十余日后撤围，退往朱仙镇重整。

李自成继续转战豫东，接连攻克陈州、太康、睢州、宁陵、考城、商丘、杞县等地，势如破竹，攻无不克，兵力迅速扩大，号称百万之众。开封城由于西城受创严重，由祥符知县王燮修复。鉴于守城时民壮参战的功效，除了由巡抚高名衡增设的清真营外，知县王燮以省城八十四地方立八十四社，每社社兵五十名，共得四千二百不饷之兵，用以防卫开封。

崇祯十五年（1642）四月，李自成挥师第三次包围开封。这次李自成吸取了前两次失利的教训，采取了围城打援和围而不攻的策略。五月下旬，农民军在朱仙镇一举击溃了由丁启睿、左良玉等率领的10余万明朝援军。开封被团团包围，成了一座孤城。虽然没发生大的战斗，但城内既无粮草，又无救兵，疫病流行，军民饿病而死者十之一二，甚至出现了人吃人的惨状。六月十四日，李自成恼恨之下派千余兵马掘黄河，因为未到汛期水只流满城外护城河，反而不利攻城。

为了筹备粮食，官府向城中大户、富商追买粮食。各营官校全城搜粮，又以搜粮之名行劫掠之实，有不从或匿藏者，以严刑拷打。到了八、九月，城中可食杂物被搜刮一空。实在无物可食的饥民只能互相食之。残存百姓团聚大市，互相防备。开封围困近六个月，不只粮食缺乏，日常燃料也已用尽，遂“拆屋而烧”，连屋都没有的只能生食。守城的守军也因军中无粮，除杀民充饥外，遂开杀马之禁，一马可值千金。二十日后开封城上下虽有投李自成者，然多数残存者仍坚守城中。城中虽然饥困交加，生活苦不堪言，但仍有一定数量的百姓，与守军继续坚守。

李自成采取了长期围困的策略，使开封城处于孤立无援、坐以待毙的境地。守城将官认为，开封城墙高大坚固，而开封城外地势平坦，李自成军老营驻地阎家寨地势较低，处于旧时黄河决口水流的故道，一旦黄河决口，将淹了农民军而城池无忧，能解开封之围。于是就策划了一场掘河水淹农民军的计划。

首先提议掘河的是谁？有两种说法：一说是城内的巡抚高名衡和推官黄澍先做掘河决定，差人潜渡黄河以北，约定驻在北岸的巡按御史严云京去掘黄河；一说是严云京先有掘河打算，差人潜入城内征得高、黄等人同意后，策划并实施了掘河。因为当时开封被围，城内大批人马无法出城，所以掘河计划的执行者是严云京无疑。掘河的时间在六月底，掘河的地点有三种说法：一为朱家寨，一为狼城冈，一为黑岗口。是时严云京派卜从善率兵乘船渡河至南岸，掘开了黄河堤防。因当时黄河水量不大，河水虽然流出一些，既没有淹了李自成军，也没有淹了开封城，只是把原来干涸的护城壕沟灌满，给官军守城加了一道屏障。

就在快撑不住的时候，黄河涨了大秋汛。九月十五日，黄河水从掘挖之口冲出，水势迅速扩大，波涛汹涌，势不可挡。十六日首先曹门被洪水冲开，然后四门皆被冲开，城内一片汪洋，洪水几乎与城墙齐高。水面上只看见钟鼓两楼及延庆观，还有周王府、大相国寺的殿脊。周王及宫眷数百人，在一些官兵护送下，乘早已准备好的船只逃出开封。城内数十万居民，除少数人爬上高地、高房获救外，其余绝大部分被淹死水中，其状惨不忍睹。城外农民军也淹死甚众，只得撤离。

黄河水淹了开封城之后，又向东南方向奔去，注入涡河、淮河，沿途河南、安徽、江苏三省大片土地被淹，数百万人口受灾。这次决口正值兵荒马乱时期，堵口及救灾工作无法进行，人民生命财产所受损失巨大，无法估量。直到五年之后，即清顺治四年（1647），决口才被堵塞。

水淹开封之后，当年十一月，开封府推官黄澍逃到北京，给崇祯皇帝上了一道《守汴至苦疏》。崇祯帝非常感动，准备对守汴有功的高明衡、黄澍等人进行奖励提拔。这时朝中官员对洪水淹汴的真正原因及造成的巨大损失非常清楚，当时就有人在朝中弹劾黄澍等人。崇祯皇帝最后说“孤城死守，降水天灾，堤决事不复较”，把责任推给天降洪水，不再追究掘河之事。他还升任河南巡抚高名衡为兵部右侍郎，升任黄澍为御史。

次年初，因为决河造成的损失惨重，民愤太大，朝中许多官员再次上疏，请查处决河之罪，并把矛头集中到严云京身上。三月初一，崇祯皇帝令河南巡按御史苏京对河决原因进行调查，据实回奏。苏京经过调查回奏朝廷，确认严云京掘河是造成水淹开封的“祸本”。但这时明朝崇祯皇帝内外交困、朝不保夕，已顾不上处理此事了。

关于这次黄河决口的原因，各种史籍记载不同，颇多歧异。概括起来有以下五种说法：一是天灾说。黄河发洪水，自然决口。二是农民军掘河说。农民军久攻开封不下，无计可施，所以掘河灌开封。三是官军掘河说。开封城池坚固，城外一马平川，官军掘河淹农民军，以解开封之围。四是官军、农民军先后掘河说。官军于六月先掘黄河，农民军随即另掘一口，当时水量不大未成灾。到了九月，黄河发大水，从这两口决出，造成淹城之祸。五是六月间双方掘口后，九月农民军再掘黄河，最后一次掘口引发洪水成灾。

以上五种说法中，对第四种说法，即官军、农民军六月先后掘河，造成九月大水淹城之说，经史学界一些人研究，被许多人认同。但是，也有人认为，官军掘河才是造成这场惨祸的原因。因为多种史籍对官军掘河的时间、地点、动机及策划实施过程叙述得比较详细。灾祸发生后，明廷对此事的廷辩及调查均有案可查，具有可信度。

• 最后一科——千年科举终开封 •

科举是中国古代读书人参加的人才选拔考试，是封建王朝通过考试选拔官吏的一种制度。由于采用分科取士的办法，所以叫作科举。科举制从隋代开始实行，到清光绪三十年（1904）举行最后一科进士考试为止，经历了1300多年的历史。这一在中国历史上产生过巨大影响的科举制度，终结之地却是八朝古都开封。

光绪二十六年（1900），义和团运动爆发。慈禧利用义和团抗击列强，最终适得其反，导致八国联军一路烧杀掳掠，打到北京。是年七月二十日黎明，慈禧一行仓皇出走，逃到了西安。翌年十月，在西安待了一年的慈禧一行开始回銮。慈禧出西安一路向东，取道河南，十一月到达开封。慈禧决定在开封驻跸，待气候转暖后返京。

慈禧太后和光绪皇帝在开封驻留期间，议决科举一事。鉴于顺天贡院被八国联军烧毁，河南贡院又规模宏大，于光绪二十七年（1901）十月二十四日颁发上谕："明年会试，着展至癸卯举行；顺天乡试于明年八月间暂借河南贡院举行；河南本省乡试，着于十月举行；次年会试，仍着河南贡院办理。"在科举制度行将消亡的时候，开封河南贡院却迎来两次全国会试。

光绪二十八年（1902）至三十年（1904），两次顺天乡试、两次河南乡试在开封河南贡院举行。光绪二十九年（1903）的癸卯和光绪三十年（1904）的甲辰两科全国会试，也在开封河南贡院举行。

会试期间，京师大员往来于北京和开封，各省应试举子齐聚古城开封，使已经衰落的开封城内的会馆、客栈爆满，百业盛极一时。然而，此时此地的会考举子，由于受到鸦片战争后涌入中国的西方资产阶级文化的影响，思想有所觉醒。因此，在癸卯科的会试中，他们借不满主考官和管理人员的昏庸，群起哄闹，使千百年来神圣不可侵犯的考场一片混乱。结果，主考官被愤怒的考生所打，使本该早上开始的考试延至太阳西沉时方领卷归号。开封人马佛樵先生参加了这次考试，曾写有《举子闹考记》一文，翔实而生动地描述了当时的情景。他作纪事诗三首：其一为“击鼓悬灯侵晓寒，院门日出万头攒。要知众怒诚难犯，高举竹杆打试官”。其二为“三门大开万人行，试卷签筒尽踏平。明远楼前齐上步，静观后果寂无声”。其三为“惊杀群官忙杀怡，匆匆又把新卷裁。但凭卷票领将去，天地元黄归号来”。这次会试，经过举子们的斗争，把千百年来严酷束缚应试者的入场点名制度推翻了，成为清代科举史上一件不同寻常的事件。

光绪三十年在河南贡院举行的甲辰科会试，更加暴露了科举制度的腐败。主考官昏庸贪贿，考场舞弊成风，诸多忧思国家前途的举子对此极端不满，不少人借考场倾泄内心的怨愤。云南一考生仅作一篇不足300字的《经》，以示抗议。湖南某狂士入号后，不俟题下，即于卷内大书特书。江南一举子竟借会试在考场内散发布告全国会试诸君文，万余言，每人一纸，呼吁废科举，设学堂，引起应试举子思想上的强烈共鸣。有的举子为发泄不满，当夜幕降临的时候，在号舍内以鬼神缠绕为说，嘶声狂号。当时的天津《大公报》以“笑柄汇志”为题，刊登了在会试中发生的种种奇闻，社会舆论哗然。

这次会试之时，清王朝已处于风雨飘摇之中。为了收买人心，清廷仍派出中央高级官员来汴，在东棚板街设立了礼部办考公所和会试提调行台。并按规定，由礼部提请皇帝选派一正三副四名主考官，皆由进士出身的一、二品官员担任，此外还有18名由京官担任的同考官。考试期间京都大员频繁来往于北京与开封。参加会试的举人云集汴京，把汴京城的楼堂馆所都住满了，在考场并设有对联“明镜选士，为国选材”作昭示。11 866间房的考场，皆单人单间，单兵较量。据说，一考生为答卷须在考场内关三天三夜，吃喝拉撒睡全在其间。这次会试，仍按旧制分三场进行，每场三天，头一天点名入场，第三天交卷放出。

和在同一地点举行的顺天乡试、癸卯会试一样，甲辰会试也废除了八股文，头场为中国政治史论，二场为各国政治艺学策，三场为不用八股文程式的《四书》义、《五经》义。18名同考官在河南贡院内的文明堂评阅试卷。最后这一科三鼎甲刘春霖、朱汝珍、商衍鎏便成为中国科举史上的末代状元、榜眼、探花。

虽然当时谁也没有想到这就是中国历史上的最后一次科举考试，但当时的形势却是纷纷要求废除科举，兴办新学。在历史上起过进步作用的科举制度，随着时代的发展，已成为禁锢思想、摧残人才的工具，其消亡亦成为必然趋势。就在这次甲辰会试的次年，即1905年，清廷宣布废除科举制。中国封建科举考试在古都开封寿终正寝，开封河南贡院则成为这一考试的终结之地。

名人扫描

——群星灿烂开封人

开封四千年建城史，八朝皇皇国都，承天应命风云际会，四方贤达聚首于此。他们中有叱咤风云的贤臣良将，有运筹帷幄的智者谋士，有开宗立派的思想大家，有福泽苍生的科学巨星，有流芳千古的文人雅士……如商朝厨师宰相伊尹，战国著名天文学家石申，汉朝著名文学家蔡邕、蔡文姬，竹林七贤之阮籍、阮咸，令李白惭愧的诗人崔颢，等等。尤其是一千多年前定都于此的北宋王朝，科技发达，经济繁荣，英杰荟萃，名士咸集。大宋王朝奠基人赵匡胤，“半部《论语》治天下”的赵普，清正廉明的包拯，满门忠烈的杨家将，图强变法的王安石，领袖文坛的欧阳修，书法传世的“苏黄米蔡”，词坛卿相柳永，等等，像一颗颗明星，闪耀在历史的星空。

伊尹：治大国如烹小鲜

伊尹像

伊尹，名挚，另名阿衡。夏末商初人，生于空桑（今开封杞县空桑村）。著名政治家，辅佐成汤灭夏建商。他任丞相期间，整顿吏治，洞察民情，使商朝初年社会稳定，经济发展，国力迅速强盛。伊尹不但是商代贤相，还是中华厨师之祖，其关于烹饪的五味调和说与火候论，至今仍被厨师界奉为圭臬。

伊尹幼年寄养于庖人之家，得以精通烹饪之术。他成年后流落到有莘氏，以耕地为生，虽地位卑下，却心忧天下。夏末自孔甲始，荒淫无度，国力渐衰，到桀时更甚。伊尹本打算劝说有莘氏国君起兵灭夏，他为接近国君，自愿沦为奴隶，充任国君的厨师。然而经过长期观察，伊尹发现有莘氏国小力弱，不足以担当灭夏的重任，只有成汤才是理想人选。

此时，成汤正在做着灭夏的准备，他求贤若渴，急需一个旷世奇才来帮助他完成这场革命。后来他娶有莘氏之女为妃，而伊尹作为陪送出嫁的媵臣，一同来到成汤的都城西亳（今河南偃师市西）。最初伊尹被派到厨房为炊，他有意做了一道奇特的汤给成汤。成汤怪异，下令叫炊者来见，伊尹得以见到商汤。他以烹调、五味为引子，分析天下大势与为政之道，劝汤承担灭夏大任。成汤大悦，对伊尹刮目相看，免去其奴隶身份，任命其做右相，成为最高执政大臣。

在灭夏之战中，伊尹将人心向背的政治因素用于指导战争，显示了其杰出的军事才能。为了弄清民众对夏桀的态度，伊尹前往夏任官，借机探察民情。当他看到桀“不恤其众，众志不堪，上下相疾，民心积怨”的情况后，认为夏已出现了灭亡的征兆，与成汤共同下定灭夏的决心。在战争准备期间，他一方面极力宣传夏之暴政，增进人们对夏的厌恨；另一方面强调汤广布仁德，宽以治民。颂汤之声四起，不少方国归附，收到抑彼扬己之功，使人心背夏而向商。

伊尹能准确掌握火候，选择最佳战机。成汤经“十一征”后，剪灭了亲夏的方国，扩大了统治区域，实力大增。而夏王朝内部矛盾尖锐，呈现分崩离析之势。但伊尹考虑到夏虽然已近末日，然而它作为中原之主已历时400余年，其声威余绪，不可忽视。为试探各方国诸侯的向背，伊尹建议汤停止向夏进贡，观其反应。桀怒而“起九夷之师”，大举伐商。伊尹见九夷等方国仍心向夏桀并听从桀的调遣，认为决战时机尚未成熟，遂与汤复朝贡谢罪，假意忠诚，以伺时机。第二年伊尹建议再次绝贡，桀又召诸侯会盟，准备伐商，此次不仅九夷之师不奉夏命，而且有缗氏首先叛反。伊尹看到夏桀已完全陷入孤立，认为时机已经成熟，遂抓住时机，向夏发起总攻，一举灭夏。

商汤立国后，在伊尹辅佐下，汲取夏代灭亡的深刻教训，废除夏桀时残酷压迫人民的暴政，采取宽以治民的政策，使内部矛盾得以缓和，政治局面趋于稳定，国力日益强盛。

商汤死后，因长子太丁早死，由太丁之弟外丙继位；外丙死后，其弟仲壬继位；仲壬死后，又以太丁长子太甲继位。《史记·殷本纪》载：“帝太甲既立三年，不明，暴虐，不遵汤法，乱德，于是伊尹放之于桐宫。”太甲居桐宫三年，悔过自责，伊尹迎回太甲而授之政。以后，太甲修德遵法，诸侯归服，百姓的生活比较安宁。伊尹历事商朝成汤、外丙、仲壬、太甲、沃丁五代五十余年，于沃丁八年（前1549）去世。沃丁以天子之礼把伊尹安葬在商汤陵寝旁，以表彰他对商朝做出的巨大贡献。

《帝王世纪》载：“伊尹降生于空桑，即其地也……旧尝有伊尹庙，考之建于商、周时。邑人水旱、瘀疫无不祷焉……”开封杞县西空桑村现存有“宋真宗御制碑”，碑额为浮雕“二龙戏珠”图，下面是宋真宗皇帝空桑伊尹庙碑赞。此为北宋大中祥符七年（1014），宋真宗车驾幸杞县空桑伊尹庙，勒石以纪其盛。伊尹后裔现在大部分居住在开封市祥符区八里湾镇伊砦村，村中400多人，均为伊姓，已延续143代。村人保存有伊尹画像、《河南杞县伊氏家谱》等。

·石申：《浑天图》里看天文·

石申像

石申，一名石申夫，战国中期开封人。活动于公元前4世纪，生卒年不详。著名天文学家、占星家，是以其名字命名月球背面环形山的中国人之一，在中国和世界天文学史上都占有重要地位。他制作了世界上最古老的恒星表，其观测数据被后世天文学家广泛采用。他系统观察了金、木、水、火、土五大行星的运行，发现其出没规律，著有《浑天图》《天文》等。

石申长期对天空中的恒星做细致的观测，建立了全天恒星区划命名系统。他根据黄道附近恒星位置及其与北极的距离所制成的图表，是世界上迄今为止发现的最早的恒星表。相传他测定恒星有138座，共810颗。他绘制的《浑天图》，是先秦时期浑天思想的代表作。

石申对行星运动的研究，也取得了划时代的成就。他对木星的观测尤为精细，有关于木星的专著《岁星经》。在历法方面，石申的岁星纪年法，尤其是以12年为周期的治、乱、丰、歉、水、旱等预报方法独树一帜。石申岁星法的特点是不用太岁、太阴和岁阴名称，而用摄提格称之。根据石申遗留著作的零星片断，可以窥见他在占星术方面也有研究，从他的著作中能够看到其为战乱和政治事件占验的各种说法，以自然比附人事，推断吉凶宄祥，并为君王施政提供参考。

石申不但编制了世界上最古老的星表，而且在四分历、岁星纪年、行星运动、天象观测和中国古代的占星理论等方面，都做出了重要的贡献。他对于中国古代天文学从知识积累和定性研究进入系统定量的科学探讨起到了决定性的作用。

石申的活动年代在公元前4世纪中期，

当时诸子并作，云集齐国稷下，展开百家争鸣，齐人甘德也是百家中的一个代表人物。石申与甘德同为先秦杰出的天文学家，形成并列的两大学派，石申生年晚于甘德，故人们把二人著作合举并称为《甘石星经》。

月球表面的环形山，都是用世界著名天文学家或其他学者的名字命名的。其中选用了6位中国人的名字，因为石申对天文学研究做出杰出贡献，所以他的名字也登上了月宫。以石申命名的环形山，位于月球背面西北隅，月面坐标为东105°、北76°，面积350平方千米。

• 信陵君：窃符救赵真君子 •

魏无忌像

信陵君（？—前243），名魏无忌，战国时期魏国人，魏昭王的儿子，魏安釐王同父异母的弟弟。信陵君是战国时期著名的政治家、军事家，与赵国平原君赵胜、齐国孟尝君田文、楚国春申君黄歇合称“战国四公子”。公元前277年，魏无忌的父亲魏昭王去世，他的哥哥圉继承了王位，即魏安釐王，封魏无忌于信陵，人们称之为信陵君。

魏无忌为人仁爱宽厚，俊杰贤士争相前往归附于他，最高峰时门下曾有三千食客。由于魏无忌威名远扬，各诸侯国连续十多年都不敢侵犯魏国。当时魏国有个隐士，叫侯嬴，已七十岁，因家贫任大梁（魏国都城，今开封市）夷门的守门小吏。魏无忌听说此人后，前往拜访，想馈赠他一份厚礼，侯嬴不肯接受。魏无忌于是设筵席大宴宾客，等其他人都到了之后，魏无忌带着

窃符救赵

央视网

《阳陵虎符》那些事儿

车马和随从，空出车子左边的上座，亲自到夷门去接侯嬴。侯嬴为考验魏无忌，径直坐在上座，还让魏无忌载着他去拜访在街市做屠夫的朋友。魏无忌当即驾车来到街市，侯嬴下车前去会见他的朋友朱亥，而魏无忌则手执马缰在一边等待。此时，魏国的将军、丞相、宗室等宾客们都已坐满一堂，等着魏无忌回来开宴。魏无忌的随从都在暗骂侯嬴，而魏无忌始终和颜悦色，一直等到侯嬴聊完，才载着他回去赴宴。经过此事之后，魏无忌在魏国的市井大众中得到了礼贤下士的好名声。

公元前260年，赵孝成王在和秦国的长平之战中，中了秦国的反间计，用“纸上谈兵”的赵括取代老将廉颇，导致赵国大败，40多万兵士被秦国坑杀。公元前257年，秦国的军队包围了赵国的都城邯郸，形势非常危急。赵国丞相平原君赵胜的妻子是魏无忌的姐姐。平原君赵胜多次给魏安釐王和魏无忌送来书信，请求魏国救援，魏安釐王派将军晋鄙领兵十万前去救赵。秦昭王得到消息后，派使者去威胁魏安釐王。魏安釐王怕秦国报复，命令晋鄙停止进军，驻扎在邺城，名为救赵，实则观望形势发展。

平原君不断派使者前去魏国催促，责备魏无忌不顾赵国和亲姐姐的危亡。魏无忌屡次请求魏王出兵，门客也用尽各种办法劝说，但魏安釐王惧怕强大的秦国，未采纳魏无忌的建议。魏无忌看出魏王不会救援赵国，他不愿坐等赵国灭亡，就凑了一百多辆战车，打算带着门客去帮赵国与秦军死拼。

魏无忌的车队路过夷门时遇见侯嬴，魏无忌把想法告诉了侯嬴。侯嬴劝阻魏无忌说，这样做如同把肥肉扔给饥饿的老虎，非但不能救赵，反而会葬送自己。他建议魏无忌去找魏安釐王的宠妃如姬帮忙，让如姬从魏安釐王的卧室偷出能调动晋鄙的兵符。因为魏无忌曾为如姬报过杀父之仇，如姬一直想报答他。魏无忌从其计，前去请求如姬，如姬果然应允。魏无忌拿到兵符后，侯嬴又让魏无忌把屠夫朱亥带上，如果晋鄙看到兵符仍不交出兵权，就让大力士朱亥击杀他。

魏无忌到了邺，拿出兵符假传魏安釐王的命令，要取代晋鄙担任将领。晋鄙合了兵符，验证无误，但还是怀疑，不肯交权。魏无忌示意朱亥动手，用铁椎杀死晋鄙，强行夺了兵权。

魏无忌从晋鄙的军队中挑选精兵八万开拔前线。

惊弓之鸟

与此同时，楚国也派出春申君黄歇救援赵国，楚、魏、赵三国联合，一举击溃秦国，解除了邯郸之围。

邯郸大捷后，魏无忌担心魏安釐王生自己的气，就带着门客留在了赵国，十年没有回魏。公元前247年，恢复了元气的秦国开始大举进攻魏国，魏安釐王为此焦虑不安，请魏无忌回国任上将军，统帅魏国的军队。魏无忌派使者向各诸侯国求援，各国纷纷派兵救魏。魏无忌率领五个诸侯国的联军在黄河以南大胜秦军，秦将蒙骜败逃。联军乘胜攻至函谷关，秦军紧闭关门，不敢再出关。这次合纵攻秦的胜利，使魏无忌声威大震，各诸侯的宾客都向他进献兵法，魏无忌编写成书，后世称为《魏公子兵法》。

秦昭王感到魏无忌是秦国的威胁，派人持万金到魏国行贿，在魏安釐王面前造谣说魏无忌想自立为王。魏安釐王信以为真，果然派人代替魏无忌任上将军。自此，信陵君将印信兵符等都交还魏王，托病不再入宫，以美女醇酒为伴，日夜享乐，四年后郁郁而终。

抱薪救火

• 郦食其：高阳酒徒最风流 •

郦食其（？—前203），秦汉之际知名谋士，陈留高阳（今河南杞县西南）人。郦食其少有壮志，喜读书，嗜酒，家贫落魄，无以为衣食业，后来充当看管里监门的小吏。他性格狂放，抱负远大，却一直不得志。他向刘邦献策攻下陈留，使其西征军获得粮草物资，解除了后顾之忧。在楚汉两军相持苦战、汉军情势被动的局面下，又建议夺荥阳、据敖仓（秦所置谷仓），为汉军日后逆转形势、反败为胜立下了汗马功劳。

郦食其像

公元前209年，陈胜、吴广打起“伐无道，诛暴秦”的旗帜，天下群雄起而响应。当时有项梁起兵会稽（今江苏苏州），刘邦起兵于沛，起义风暴席卷全国。陈胜、项梁等起义军路过高阳，都被郦食其视作鼠目寸光之辈，他认为只有沛公刘邦有大略能成大事。

公元前207年，刘邦率领军队经过高阳。此时，郦食其已经年过六旬。一天，刘邦正在洗脚，门人忽报乡里有儒生求见。刘邦一向轻视儒生，曾拿儒生的帽子当尿盆以示羞辱。刘邦非常不屑，说：“我以天下大事为重，没时间见读书人。”在外等候的郦食其瞪大眼睛，手握利剑，大声呵斥门人说：“你再进去对沛公说，我是高阳酒徒，不是读书人！”

刘邦一听来人自称高阳酒徒，感觉非常投缘，连脚都来不及擦，急忙请来人进来。郦食其见了沛公，长揖不拜说：“你不是想要诛暴秦吗，为什么还这样傲慢地对待长者？你是想助秦攻诸侯？还是率领诸侯破秦？”刘邦骂道：“你个贱儒！天下受暴秦的苦已经很久了，诸侯纷纷起而攻之，我怎么会帮助暴秦攻打诸侯？”郦食其说：“既然您决心招兵买马，联合义军去消灭无道暴秦，那就不应该这样傲慢无礼地对待长者。”

刘邦请其上坐，摆酒谢罪说：“以前听人说起过先生，今天才得以见到，请教先生高见。”

郦食其一笑，说：“沛公纠集乌合之众，收编散兵游勇，打算借此直接攻打强大的暴秦，称得上是虎口拔牙。陈留这个地方，属天下要冲，四通八达。如今，陈留城里粮食储备很多。打仗需要大量粮草，我和陈留县令交好，请派我做使者去劝降他。如果他不听，您就率兵攻城，我做内应，大事可成矣。”

刘邦接受了他的建议。郦食其来到陈留县城，向县令陈说利害。县令惧怕秦法苛重，不敢贸然答应。郦食其当机立断，当天晚上带人砍下县令人头抛到城下，又立即派人报告刘邦。刘邦见大事已成，带领军队来到城下，大声疾呼：“军士们赶快投降吧，县令已被我砍头！再反抗，你们也要没命的。”城上守军见县令已死，群龙无首，很快就开城投降。刘邦进城后，兵器和粮食得到补给，降兵也有一万多名，为刘邦西征打下了物质基础。攻取陈留，郦食其立了头功。此后，刘邦对郦食其十分器重，经常派他以大使身份游说各诸侯。

公元前204年，楚汉争霸进入相持阶段。荥阳一战，刘邦惨败。郦食其建议："楚汉相争久持不下，海内动荡，人心不安。倘若你急速进军，收取荥阳，有了粮食，占据了险要的地方，天下就归你了。"

他还主动请缨，去说服兵众将广、割据一方的齐王田广。郦食其见了齐王田广，向他晓以利害，齐王欣然同意郦食其的意见，罢兵守城，天天和郦食其纵酒谈心。这时由于韩信求功心切，采纳蒯通建议，乘机攻齐。田广十分恼火，认为是郦食其出卖了他，一怒之下要将他下油锅烹杀。临刑前，田广说："你如果能阻止汉军攻城，我就放了你。"郦食其说："既然想做大事，就别顾忌细枝末节了。大德之行，我不会推辞的，你甭费口舌了。"遂被田广烹杀。

郦食其殉难后，西汉朝廷追念他的功勋。汉高祖十二年（前195）三月，册封其子郦疥为高梁侯。汉高后元年（前187），改封武遂侯。

• 蔡邕父女：汉末奇才命多舛 •

蔡邕（133—192），字伯喈，陈留圉（今属河南开封）人，东汉末年著名学者。他博学多才，相貌出众，精研辞章、书法、天文，妙操音律。灵帝时蔡邕召拜郎中，校书于东观，迁议郎，曾因弹劾宦官被流放朔方（属今内蒙古）。献帝时权臣董卓当政，强迫他出仕为侍御史，官左中郎将。董卓被诛后，蔡邕为王允所捕，后死于狱中。其女儿蔡琰是三国时著名的才女。

蔡氏是陈留郡的望族，因其十四祖蔡寅曾辅佐汉高祖刘邦而被封为肥如侯。蔡邕的六世祖蔡勋，崇尚黄老之术，汉平帝时任眉县县令。王莽初年，他带着家属，逃进深山隐居起来，不在新朝为官。蔡邕的祖父蔡携，汉顺帝时在朝为官。他的父亲蔡棱，终身不仕，性格孤傲。汉代非常重视家学，蔡邕自小饱读儒家经典，二十岁时就以博学多才受到当朝太傅胡广青睐，被收为入室弟子。

东汉时期入仕的途径主要有察举和征辟。汉桓帝延熹二年（159）秋天，蔡邕被征召进京。他不肯曲意迎奉，称病在陈留

百无聊赖 去住两难

蔡邕像

央视网

蔡邕——一个为书法确立审美原则的人（一）

央视网

蔡邕——一个为书法确立审美原则的人（二）

央视网

蔡邕——一个为书法确立审美原则的人（三）

隐居，一心研究学问。

汉灵帝建宁三年（170），蔡邕再次以大才高名被征辟。任议郎时，因上书《对诏问灾异八事》，指陈十常侍（东汉灵帝时操纵政权的宦官集团）乱政，被设计陷害，蒙冤入狱，全家流放朔方。次年所幸遇赦回京，又因得罪五原太守，避难江南十二年。

东汉中平六年（189）四月，汉灵帝驾崩，汉少帝即位。司空董卓听说蔡邕的大名，征召他入京。蔡邕避之不得。董卓非常赏识蔡邕的才能，待之甚厚，一月三迁其官，从侍御史、侍书御史升为尚书。初平元年（190），蔡邕被升为左中郎将，封为高阳乡侯。

汉献帝初平三年（192）四月，司徒王允密谋收买董卓的心腹大将吕布，诛杀董卓。蔡邕被认为是董卓一党，交廷尉治罪。虽有许多大臣为蔡邕求情，但王允坚决不许。后来蔡邕死在狱中，终年六十岁。

蔡邕是汉代最后一位辞赋大家。其作品多为小赋，取材多样，切近生活，语言清新，往往直抒胸臆，表现世态人情，极富艺术感染力。代表作为《述行赋》。

蔡邕的书法以隶书见长，其成果一直流传至今，彪炳千古。蔡邕第一次到京城后，被派往东观校书。在校书过程中，他发现社会上许多儒家经典在流传中多有谬误，恐贻误后学。熹平四年（175），蔡邕与堂谿典、杨赐、马日磾等人联合上书，指出经学典籍传习久远，讹谬严重，奏求正订“六经”，得到汉灵帝批准。蔡邕亲自把校订好的经书书丹上碑，使工匠镌刻后立于太学门外，作为经籍正本，这就是著名的“熹平石经”。碑立好后，每日前来观看摹写者乘坐的车子有千余辆，把太学门外的街道都塞满了。“熹平石经”是东汉时期隶书艺术集大成者，也是隶书的巅峰之作。

相传“飞白”书也是蔡邕创造的。汉灵帝时修建鸿都门，蔡邕看见工匠用垩帚粉刷墙壁，刷出来的线条黑白相间、虚虚实实，他由此悟到一种力度和美感，很受启发。回家后经过研究，他把这种方法运用到毛笔写字的笔法上，创造了“飞白”书。

对蔡邕的书法，后世评价极高。蔡邕书法理论文章有《篆势》《笔论》《九势》等，都是书法史上的经典之作，其真知灼见对今天的书法创作仍有现实指导意义。

蔡邕是学术大家，一生涉猎极广。他精通经学、文学、史学、音乐、书法、绘画，兼及天文律历、谶纬术数等领域，喜藏书，多至万余卷。他的著述也十分丰富。由于当时战乱连年，蔡邕作品原稿没有保存下来。多亏他的女儿蔡琰，在曹操帮助下，凭借惊人记忆力默写下来一部分。

蔡琰，字昭姬，后世称文姬。她自幼跟随父亲读书，博学能文，善诗赋，兼长辩才与音律。她以班昭为偶像，从小留心典籍、博览经史，有志于与父亲一起续修《汉书》，青史留名。

蔡琰像

蔡文姬自幼随父读书，耳濡目染，受父亲影响很大。蔡文姬第一次出嫁，是父母之命媒妁之言，嫁给河东卫家。她的丈夫卫仲道是位才学出众的士子，可惜婚后不到一年，卫仲道便咯血而死。卫家怪她克夫，两人又无子女，她就回到了娘家。

东汉末年，社会动荡。蔡邕死于狱中后，失去保护的蔡文姬在兵乱中被掳到南匈奴，嫁给南匈奴左贤王，饱尝异族异乡异俗生活的痛苦，并在那里生儿育女。

建安中，随着曹操军事力量的不断强大，吕布、袁绍等割据势力被逐步削平，中国北方渐趋统一。曹操派周近做使者，携带黄金千两、白璧一双，到南匈奴赎回了蔡文姬。

文姬归汉后，在一次闲谈中，曹操流露出很羡慕蔡邕家当年大量藏书的意思。蔡文姬告诉他那些书经过战乱已全部遗失了，曹操非常失望。蔡文姬说自己小时候跟着父亲诵读，如今还能背出一部分。她凭记忆默写出四百篇文章，献给曹操。

文姬博学多才，天赋过人。六岁时，其父蔡邕在大厅中弹琴，她隔着墙壁就听出父亲把第一根弦弹断了。其父惊讶之余，又故意将第四根弦弄断，居然又被她指出。长大后文姬的琴艺更加精进。她在胡地十二年日夜思念故土，回汉后参考胡人声调，结合自己的悲惨经历，创作了哀怨惆怅令人断肠的琴曲歌辞《胡笳十八拍》。文姬亦擅长书法，其作品在宋刻《淳化阁帖》中有收录。

蔡文姬是我国历史上少有的才名盖过美貌的女子。1987年国际天文组织正式公布的第一批水星环形山名字中，有15个环形山用了中国人的名字，其中有一个命名为“蔡琰（蔡文姬）环形山”。

【知识链接】

焦尾琴的来历

蔡邕精通音律。弹奏中即使有一丁点小小的差错，也逃不过他的耳朵。他对琴非常有研究。一天，女房东在隔壁灶间烧火做饭，她将木柴塞进灶膛里，火星迸溅，木柴烧得噼里啪啦直响。蔡邕在隔壁听到清脆的爆裂声，心中一惊，竖起耳朵仔细分辨片刻，从座位上一跃而起，冲到灶间炉火边，顾不得火势，伸手将那块已塞进灶膛的桐木拽了出来，大声叫道：“烧不得，烧不得，这可是块做琴的上好材料！”蔡邕惊喜地在桐木上又吹又拍，手上烫起了燎泡也浑然不觉。好在抢救及时，桐木还算完整。蔡邕精雕细刻，用它做成了一张琴，弹奏起来音色美妙绝伦。由于琴尾的木头被烧焦了，人们称它“焦尾琴”。

·董宣：刚正不阿强项令·

董宣像

董宣，字少平，陈留郡圉地（今属河南开封）人。东汉初年有名的清官廉吏。在担任洛阳令时，仗义执言，威严执法，宁死不向权贵低头，被光武帝刘秀称为“强项令”。

汉光武帝刘秀建立东汉王朝以后，采取休养生息的政策，经济得到恢复和发展。光武帝懂得打天下要靠武力，治理天下还得注意法令。当时法令在执行中往往只能管得了老百姓，管不了皇亲国戚。聚居在京城的皇亲国戚、豪门贵族整天骄横跋扈，横行街市，就连他们的奴仆也仗势欺人。朝廷接连换了几任洛阳令，都没能控制住局面，京都洛阳的治安依旧很差。

后来，朝廷特例征召董宣做洛阳令。一次，汉光武帝的姐姐湖阳公主的家奴大白天杀了人，他仗着公主的宠信，躲在公主府逍遥法外。一天，董宣得知公主要外出游乐，带领手下在夏门亭迎候，强行拦住公主的车马队，以刀画地，大声数落公主包庇罪犯的过失，并呵斥那个杀人的家奴下车，当场把他乱棍打死。公主恼羞成怒，跑到皇宫向弟弟光武帝哭诉。光武帝和姐姐一向感情很好，看到姐姐痛哭流涕也很生气，立即召董宣前来，令卫士当场棰杀他。董宣说：“请允许我说一句话，死而无怨！”光武帝问道：“你还想说什么？”董宣慷慨陈词：“陛下开创中兴大业，却放纵公主家奴随意杀人，这样要如何治理天下呢！不用别人动手，让我自杀好了。”说完一头撞向宫殿柱子，顿时血流满面。光武帝忙命小太监拉住董宣，责令他向公主叩头赔个不是，给公主一个台阶下也就算了。可是倔强的董宣偏偏不

格杀勿论 强项令

肯，两个太监挟持着他到公主面前，强按他的头，董宣两手撑地，始终不肯低头。湖阳公主自讨没趣，对光武帝说：“弟弟过去做百姓时，窝藏逃亡死刑犯，官吏都不敢上门过问，现在做皇帝，难道还治不了一个小小的洛阳令吗？”光武帝苦笑着说：“做皇帝和做百姓不一样嘛！”随即下令：“把这个强项令给推出去！”还赏赐给董宣30万钱，奖励他执法严明。董宣把这笔赏钱全部分给了手下的官吏和衙役，自己分文未留。从此以后，洛阳城打击不法之徒雷厉风行，令行禁止，京城大治。人们称董宣为“卧虎”，作歌颂扬“桴鼓不鸣董少平”。意思是说，董宣做洛阳令，没有人敢胡作非为，也就没有人击鼓鸣冤了。

董宣当了5年洛阳令，74岁死于任上，皇帝遣使到他家里吊唁慰问，看到他的遗体上盖着粗布被褥，妻子儿女相对而哭。家里只有几斛大麦，一辆破车。光武帝伤心地说：“董宣如此廉洁，直到他死了我才知道！”特地追授官衔，下令按照大夫的礼节安葬他。还提拔他的儿子做郎中，后来其子官至齐国相。

• 阮籍：行走在漩涡边上 •

阮籍像

阮籍（210—263），三国时期魏国诗人，字嗣宗，陈留尉氏人。曾任步兵校尉，世称阮步兵。阮籍是“建安七子”之一阮瑀的儿子，魏晋之际著名玄学家，“竹林七贤”主要人物。阮籍早期以儒学为主，有济世之志，崇尚礼乐刑政一体之治。然而生逢乱世，政局动荡凶险，他深感名教堕落，弃经典而尚老庄，蔑礼法而崇放达。典午之变后，他隐身不与世事，政治上采取谨慎避祸的态度，不涉是非、明哲保身。阮籍受困于内心的纠结，游走在漩涡边上。他有入世之心，却不得不采取出世之行，他拒绝卷入别人设置的政治迷局，不愿做强权的走卒。可纵使他极力退避躲闪，也难以躲掉内心的焦虑苦闷，最终死于心碎。

阮籍的父亲阮瑀，年轻时曾受学于蔡邕，文才出众，闻名于当时。曹操多次召他做官。其代表作《为曹公作书与孙权》，文气顺畅，收放自如。曹丕对他十分佩服。建安十七年（212），阮瑀病逝，时阮籍尚不满3岁，与寡母、兄姐相依为命，家境清苦。曹丕看在老友分上，对阮籍母子多有照顾。

阮籍生于曹操基本统一北方的年头，长于魏文帝、明帝时代，主要活动于齐王曹芳正始以后的时期。曹魏集团腐败，司马氏集团取而代之。阮籍去世的263年，蜀汉投降；265年，司马炎登基，晋朝正式建立。阮籍的一生，大体处于三国鼎立阶段，恰与曹魏王朝兴亡同步。这个历史时期的特点是：三国鼎立，相对稳定；天下未定，实质动荡。三国统治集团内部，各种势力的政治斗争，明里妥协，暗里切齿，且渐趋激烈。

阮籍怀抱壮志，走进社会，接触政治现实后，他痛心地看到了曹魏集团的骄奢浮华，趋于腐败。这使他无意仕进，同时他也敏锐地觉察到司马氏集团伪善险恶、高唱礼法而阴谋篡权，这使他激愤忧患，不肯依附。他沉默、苦闷、愤慨，深感时代污浊混乱，他的才能无法施展，壮志难以实现，只好闭门读书，或者登山临水，或者酣醉不醒，或者缄口不言。

他在思想上是矛盾痛苦的。少年时培养的儒家道德情操和爱国壮志未曾忘怀，成年后变成了老庄的信徒，却并不彻底。现实政治的黑暗使他不能兼济天下，只得明哲保身，以仕为隐。他的《咏怀》八十二首和《大人先生传》真实表现了一位正直而清醒的士大夫在魏晋易代政治形势中的矛盾、苦闷、反抗和超脱幻想。

魏晋之际，天下多故，那些当权人物，为争取民心，获得朝臣支持，纷纷拉拢名士以壮声威。但他们一失势，名士也跟着倒霉。“名士少有全者”是当时士子的普遍遭遇。为了争得名士的支持，权臣们威胁利诱，软硬兼施。阮籍名高，成为各方拉拢的对象。在政治漩涡面前，阮籍深感忧虑，采取回避退隐的态度。阮籍的职务，大都是在迫不得已、推辞不掉的情况下担任的。一旦找到适当理由，他就辞职不干。阮籍曾被迫担任司马氏的从事中郎。他听说步兵校尉兵营的伙夫善于酿酒，那里存有三百斛好酒，就借喝酒的名义，辞掉从事中郎职务，转任有职无权的步兵校尉。

阮籍旷达不羁，不拘礼俗，尝以“白眼”看待“礼俗之士”。嵇喜庸俗，虽为吊阮籍母丧而来，阮籍仍作白眼对之；嵇康高雅，且同为“竹林七贤”之属，阮籍对以青眼。后世以青眼表示对人尊重，白眼表示对人轻视。

阮籍的放诞言行主要表现于孝道及男女礼节。司马氏以孝治国，阮籍对其不以为然。他事母极孝。母亲去世时，他正与人下棋，听到这个消息，对手要停下来，他却坚持要下完，似乎无动于衷。但是下完棋后，他猛灌酒二斗，吐血数升。母亲下葬时，他特地吃了一个蒸肫，饮两斗酒，然后与母亲遗体告别，因悲恸过度，又吐血数升，全身瘦得皮包骨头。

对待男女之防，阮籍毫不介意。邻近酒家，美貌少妇当垆，阮籍常去喝酒，醉了就躺在垆边，少妇丈夫经过考察，未发现阮籍有任何不轨之处。有个兵户家的少女死了，他听说人家有才有色，前去吊唁，人家的父兄并不认识他。别人批评他毁弃礼法，他说：“礼岂为我设耶！”

从齐王曹芳正始末年到魏元帝曹奂景元年间，司马氏父子三人内诛朝臣，外平三淮，几乎铲除殆尽异己势力，经过二十多年处心积虑的经营，篡夺曹魏政权的条件基本成熟。景元四年（263）十月，司马昭被封为晋公，位相国，加九锡，这是司马昭实施篡权的重要一步。按照例行公事，由曹魏傀儡皇帝曹奂下诏加封晋爵，司马氏谦让一番，然后再由公卿大臣“劝进”，以证明他是上合天意，下顺人心，不得已而为之。当时阮籍担任步兵校尉之职，拟写《劝进表》不是他的职责，可是司马氏却指定由阮籍执笔，这无异于逼他在这个重大政治问题上明确表态。阮籍故伎重演，想用醉酒的老办法避开难题，但这回无论如何摆脱不掉，只好写下《劝进表》。这就等于他公开表态拥护司马氏，赞同其篡权行为。

阮籍试图回避现实，而现实却不允许他回避；他极力想脱离司马氏与曹氏政争的漩涡，但政治漩涡却毫不留情地把他卷了进去。阮籍卒于景元四年（263）冬，也就是在他写了《劝进表》之后的一两个月，享年五十四岁。

• 赵佶：错登皇位的艺术家 •

宋徽宗赵佶（1082—1135），北宋第八位皇帝，著名书画家。宋神宗十一子，哲宗弟。在位期间，不励精图治，唯穷土木，崇奉道教，重用蔡京、童贯、高俅等奸臣主持朝政，政治腐败，民不聊生。宣和七年（1125），金军南下攻宋。1126年，他传位于钦宗赵桓，自称太上皇。靖康二年（1127），与钦宗一同被金兵俘掳，后被押往北边囚禁，死于五国城（今黑龙江依兰县）。赵佶治国无能，但艺术天分非常高，造诣深湛。他书法自创“瘦金体”，擅长花鸟画，并能诗词，被后世称为“错登皇位的艺术家”。

宋徽宗赵佶像

据说赵佶出生前，他的父亲宋神宗曾经来到秘书省，观看收藏在那里的南唐后主李煜的画像，对这位亡国之君的儒雅风度极为心仪，随后赵佶就降生了。这种李煜托生的传说固然不足为信，但赵佶与热衷文艺的李煜确有相似之处。赵佶自幼爱好笔墨、丹青，对奇花异石、飞禽走兽有着浓厚的兴趣，尤其在书法、绘画方面，更是表现出非凡的天赋。

1100年，宋哲宗驾崩。因未留下子嗣，向太后力主由赵佶继位。宰相章惇反对，说赵佶虽然也是神宗的儿子，可他既不是嫡出，也不是长子，按照祖宗法度，没有资格继承皇位。再说，赵佶性格轻佻，不适合君临天下。与章惇一向不和的知枢密院事曾布立即指责他目无尊上，居心叵测，朝中大臣也齐声附和，章惇只好闭嘴。

18岁的赵佶即位之初，为改变自己轻佻浮浪的名声，做过一些尚俭戒奢的姿态。但是江山易改，本性难移，无上的皇权为他后来的挥霍无度、穷奢极欲提供了条件。他喜欢书画，在宫中专门设立御前书画所，由书画家米芾掌管。有一次，赵佶令人在瑶林殿张挂两丈长的画绢，摆上极珍贵的笔墨纸砚，召米芾写字。米芾上蹿下跳、笔走龙蛇，并大呼："奇绝陛下！"赵佶一高兴，把眼前的所有宝物全都赏给了米芾。他喜欢奇石，有人在太湖发现了一块大石头，运抵京城进奉给他，他竟将这块石头封侯，还亲笔题名"神运昭功石"，并钦赐玉带，运送石头的人也得到了高官厚禄。赵佶身为一国之君，不懂得治理国家要赏罚严明的道理，他封官加爵全凭自己一时高兴，以致官员们绞尽脑汁投其所好。

宋徽宗在政治上昏庸腐朽，宠幸"六贼"，在蔡京、童贯、王黼等一帮佞臣的包围下，大兴土木，修建宫苑，走上奢华无度的道路。他命童贯在苏州、杭州设"造作局"，集中工匠几千人制造工艺品。又派人在苏州设立"应奉局"，专门从东南各地搜罗奇花异石，给人民带来巨大灾难。宋徽宗笃信道教，自称教主道君皇帝，诏令在京城及全国各地修建道观，劳民伤财。他的肆意妄为激化了社会矛盾，导致宋江起义和方腊起义的爆发。

在奸佞当道、忠言绝耳的情况下，宋徽宗这位风流天子整天流连美景、吟诗作画，与一帮佞臣优哉游哉，没料到一场亡国惨祸已经近在眼前。1125年，金军大举南侵，赵佶忙于1126年初传位给太子赵桓（钦宗）。1127年，金兵攻破东京，纵兵搜刮金银绢帛，烧杀淫抢，无恶不作。徽宗、钦宗二帝成为俘虏，被废为庶人，史称"靖康之难"。据说，在被金军掳至北方的路上，赵佶听到金银珠宝被金人抢掠一空时，表现得毫不在乎；又听说嫔妃女儿被金人瓜分侮辱，也只是低头无语；当他听说皇家的千万藏书也被抢劫、烧毁时，终于仰天长叹、放声大哭起来。

作为皇帝，宋徽宗是失败者，而作为艺术家，却才华横溢，是中国历史上天分和成就最高的艺术家之一。宋徽宗对艺术始终充满热情。1104年，他在国子监兴办画院，培养有艺术潜质的人才，极大地推动了中国画的发展。他还大力搜求书画珍品，将所藏书画整理、编辑为《宣和书谱》和《宣和画谱》，为后人研究中国古代绘画史留下了珍贵资料。

宋徽宗一生创作了数量可观的作品。他的绘画作品以精密不苟、高度写实见长，但又不是客观事物的刻板照搬，表现得生动传神、精工雅致。他的书法更是独树一帜，他信奉"书贵瘦硬"的古训，融会初唐薛稷和宋代黄庭坚书法清瘦恣纵的特色，结合院体工笔画的勾线工夫，创造出新体楷书“瘦金体”。把书法的劲瘦推到极致，散发出强烈的艺术魅力。他用瘦金体在绘画作品上题诗抒意，成为开创诗书画印相结合的艺术风格的艺术家之一。

• 史可法：抗清名将留青史 •

史可法（1602—1645），字宪之，号道邻，河南祥符（今开封）人，明末政治家，抗清名将，著名的民族英雄。他师从左光斗，立志以身报国，为官清廉，政绩卓著，官至南京兵部尚书。南明朝廷谥之忠靖，清高宗追谥忠正。

史可法早年以孝闻名于乡，崇祯元年（1628）中进士。崇祯十六年（1643），史可法被擢升为南京兵部尚书，参赞机务。

史可法像

崇祯十七年（1644），他听闻李自成进攻北京，率军进京勤王。军队抵达浦口（属江苏南京）时，传来北京失陷、崇祯帝朱由检自缢的消息。

当时崇祯皇帝的太子及永、定二王下落不明，存亡未卜，明朝留都南京的一些文臣武将决计拥立朱家王室的藩王，重建明朝。在此期间，出现了立贤、立亲之争。史可法主张拥立潞王朱常淓，凤阳总督马士英主张立福王朱由崧。最终福王在马士英、阮大铖和南京政权主要武装力量江北四镇的支持下，成为胜利者。无奈，史可法只得前往迎接福王，在南京建立政权，史称“南明”。史可法拜东阁大学士兼拜礼部尚书、兵部尚书。朱由崧昏庸无能，被马士英等人操纵，无心抵抗清兵，只知享乐。史可法因受到排挤，自请到扬州一带督师，防御清军。

当时，长江北岸有四支明军，叫作四镇。其将领都很骄横跋扈，他们割据地盘，互不服气。史可法作为督师，以身作则，与兵士同甘共苦，深受拥戴，他竭力协调四镇将领，共同抵御清兵。没多久，清军在多铎带领下，大举南下。史可法指挥四镇将领抵抗，打了一些胜仗。可是南明政权内部却起了内讧。驻守武昌的明军将领左良玉为了跟马士英争权，起兵进攻南京。马士英急忙调江北四镇军队对付左良玉，还以弘光帝名义要史可法带兵回南京保护他。

史可法明知清军压境，不该离开。但为了平息内争，不得不带兵回南京，刚渡过长江，得知左良玉已经兵败。他急忙撤回江北，这时清兵已经逼近扬州。史可法赶紧发出檄文，要求各镇将领集中到扬州守卫。但是四镇竟不肯发兵来救，史可法只好带领扬州军民孤军奋战。

清豫亲王多铎兵围扬州，扬州城中守军势单力薄，清军围攻益紧，清将多铎多次派人到城里向史可法致书劝降，都被史可法严词拒绝。多铎恼羞成怒，下令把扬州城紧紧包围起来，用大炮强力进攻。扬州城被攻破，史可法自杀未果，被众人拥下城楼。他大声喊道："我史阁部也！"被俘后，多铎再次劝降，史可法表示愿意和扬州城共存亡，随后壮烈就义。

多铎因为攻城的清军遭到很大伤亡，心中恼恨，下令屠杀扬州百姓。大屠杀延续了十天，死亡逾八十万人，历史上将这件惨案称作"扬州十日"。尸骨堆积如山，史可法遗体难以辨认，不知下落，一年后，其义子史德威以袍笏招魂，将其衣冠葬于扬州城天宁门外梅花岭。后来全祖望曾写《梅花岭记》描述此事。

史可法殉国后，南明赠谥"忠靖"。清乾隆三十七年（1772），清廷赠史可法谥"忠正"。乾隆帝赞曰："至若史可法之支撑残局、力矢孤忠，终蹈一死以殉；又如刘宗周、黄道周等之立朝謇谔、抵触佥壬，及遭际时艰，临危授命；均足称一代完人，为褒扬所当及。"《钦定胜朝殉节诸臣录》中称"史可法节秉清刚，心存干济，危颠难救，正直不回"。

史可法逝世后，在南明士绅中被视为抗清英雄备受敬仰。有学者考证，史可法的故居就在开封双龙巷，开封八中所在地是史可法祠故址。如今，史可法住过的房子已经杳不可寻，但他英勇不屈的抗清故事将永垂青史，永远被世人铭记。

• 张伯行：天下清官第一名 •

张伯行像

张伯行（1652—1725），字孝先，晚号敬庵，清河南仪封（今兰考东）人。康熙二十四年（1685）进士。他入仕二十余年，以清廉刚直著称，其政绩在福建及江苏尤其显著，官至礼部尚书。康熙称他为“天下清官第一”，谥清恪。

张伯行自幼聪敏好学，受其祖父和父亲的影响，很注重道德修养。他十三岁时就通读了四书五经。康熙二十年（1681），张伯行考中举人，四年后中殿试三甲八十名，赐进士出身。康熙三十一年（1692），补授内阁中书，从此步入仕途。张伯行做官虽晚，但他任官始终忠于职守，克勤克俭，因而声名闻于天下。

康熙四十二年（1703），张伯行授任山东济宁道，当时正值灾荒，人民流离失所。他就让人从家中运粮食救济灾民，又捐出几船钱帛分发给百姓。到任后立即开仓赈济，帮助百姓渡过难关。为此，他被指控擅动仓谷，应该革职问罪。张伯行认为“仓谷为轻，民命为重”，据理力争，最终使上司免去了对他的处分。

康熙四十五年（1706），张伯行升任江苏按察使。按照当时的官场旧例，新任官员要给巡抚、总督等上司送礼，以示尊敬，也表示请求以后关照提拔的意思，这项花费大概需要白银四千两。张伯行秉性耿直，从不巴结上司，对此腐败风气深恶痛绝，坚决拒绝送礼。不但如此，在任内他还尽力革除地方弊政，整顿吏治，因而得罪了总督和巡抚，常受他们的排挤。第二年正月，康熙皇帝南巡到达江苏，在苏州谕令总督和巡抚举荐贤能的官员。他在举荐的名单中没有看到久已闻名朝野的张伯行，十分生气，对总督、巡抚申斥道：

“朕听说张伯行居官清廉，是位难得的栋梁之材，你们却不举荐！”当场破格升张伯行为福建巡抚。

在福建巡抚任上，张伯行兢兢业业，明察秋毫，抑恶扬善，造福百姓，使得全省风气大变，官清民乐。康熙四十八年（1709），张伯行调任江苏巡抚，福建百姓痛哭相送，如失青天。赴任后，张伯行立即发布《禁止馈送檄》，严禁下属馈送钱物，以整顿当时日益盛行的贪腐之风。

康熙五十年（1711），张伯行因乡试弊案被人诬告，解任受审。扬州百姓听到消息后罢市抗议，哭声震动扬州城。张伯行受审回来路过扬州时，数万百姓聚集在江岸两边护送。后来康熙皇帝亲降圣旨：张伯行留任，诬告者革职。消息一经传出，江苏官民额手相庆，纷纷写下红幅贴在门旁：“天子圣明，还我天下第一清官。”更有上万人进京跪谢皇恩。福建百姓听说后也奔走相告，在供奉的张伯行像前焚香祈祷。

雍正皇帝即位后，对张伯行很是敬重，升他为礼部尚书。1725年，一代清官张伯行病逝。张伯行以道德操守闻名天下，其为人、为学、为官都值得称道。他去世后，以其学术事功享祀文庙。

• 陈素真：豫剧皇后秀梨园 •

陈素真（1918—1994），原名王若瑜，河南开封人，第一代豫剧女演员。她8岁拜师，10岁登台，被誉为“豫剧梅兰芳”“豫剧大王”“豫剧皇后”。她的表演刚柔相济，含蓄秀美，台步行走如飘，辫子功美妙绝伦，对豫剧改革做出了巨大贡献。她的代表剧目有《宇宙锋》《三上轿》《梵王宫》等。

陈素真的生父王秉璋，曾在临汝、兰封、洛阳三县任县令。她很小的时候，父亲在一场变故中去世，母亲带着她改嫁给开封以唱红脸闻名的梆子戏演员陈玉亭。1926年前后，大相国寺附近建了四座戏院，她经常去继父陈玉亭所在的永乐舞台看戏。看得多了，就学着模仿戏里的角色，经常关在屋子里自己演。戏班的人都觉得她是个戏剧天才，但当时梆子戏班中还没有坤角的先例。后来在同乐舞台经理的支持下，8岁那年，她和另外两个女孩子一同拜在教授豫剧最著名的孙延德门下，

陈素真剧照

走上从艺之路，成为豫剧界第一代女演员。

陈素真打心眼里喜欢戏，她学得十分刻苦，进步非常快，最难学的词不超过三遍，一般的词一遍就会。1928年阴历二月初二，她改名陈素真，在开封相国寺同乐舞台首次登台，在《日月图》中扮演配角，当时她仅有10岁。

1930年春末，永乐舞台的掌班突然安排陈素真担任主演，让她在《反长安》中扮演杨贵妃。12岁的她因为太紧张，一下子唱砸了，被观众轰下了戏台。她为此十分苦闷，继父只好带着她来到杞县吴庄村搭草台班子唱戏。在杞县的四年，陈素真一门心思琢磨戏，以顽强的毅力练就了一副好嗓子，她在唱腔、表演、化妆上大胆创新，很快就在杞县名声大震。她小名狗妞，“卸了牲口卖了套，也要看狗妞《三上轿》”的顺口溜在当地群众中广为流传。

1934年，陈素真重返开封同乐舞台，以曾在这里唱砸的《反长安》作为第一场戏，大胆使用在开封从没人敢唱的慢板五音，赢得了满堂喝彩，一炮打红，轰动了开封。从此，年仅16岁的陈素真被观众誉为“河南梅兰芳”。

陈素真唱红开封后，从未停止对艺术的追求。她谦虚好学，博采众长，后来有幸遇到了豫剧改革家樊粹庭。他根据陈素真的条件，为陈素真编写了《凌云志》《义烈风》《三拂袖》《柳绿云》《霄壤恨》《涤耻血》《女贞花》七出新戏，使她在艺术上有了突飞猛进的提高，享有了“豫剧皇后”和“豫剧大王”的美誉。在此期间，陈素真还经常观摩京剧演出，从中借鉴吸收，琢磨加工，创造了豫剧的水袖功、扇子功、辫子功等，使豫剧走出了以往粗糙的表演模式。京剧大师程砚秋先生看了她的《义烈风》后，亲笔题词“清萍白璧原无价，海马云龙自不群”，对她的演出给予了高度的评价。1936年春，上海百代公司为陈素真灌制了豫剧的第一张唱片。随后她又赴北京学习京剧的武打，当她再返开封时，在演出中加入了京剧的武打，把京剧的锣鼓经也移植到了豫剧中，再次轰动了开封，被观众评为豫剧“三鼎甲”（陈素真、常香玉、桑振君）之首。

陈素真对豫剧的最大贡献，在于开创了豫剧旦行表演艺术的新时代，突破以前粗、露、浅、白的表演程式，形成了自己端庄含蓄而又独具风情韵味、准确细腻而又层次分明的风格。豫剧陈派艺术在长达半个多世纪的实践中，形成了华丽明快、委婉柔媚、激越跳荡而又古朴典雅、含蓄蕴藉、醇厚纯正的唱腔风格，有一种他人难以企及的王者风范。

1994年，陈素真在郑州担任豫剧名丑大赛评委期间去世，享年76岁。

• 穆青：人民记者为人民 •

穆青（1921—2003），当代著名新闻记者，《县委书记的榜样——焦裕禄》的作者之一。原名穆亚才，祖籍河南，1921年出生于安徽蚌埠，10岁时随家人迁回开封杞县。青少年时期受进步思想影响，1937年参加八路军从事宣传工作。1982年担任新华社社长，为强化新华社的国家通讯社职能，并建成有影响的世界性通讯社，付出了大量心血，做出了重要贡献。生前任中华全国新闻工作者协会名誉主席。2003年10月11日，因病在北京逝世。

穆青像

穆青的启蒙老师是他的爷爷，这是一位饱读诗书的清末举人。1933年穆青考入杞县大同中学后，阅读大量中外文学名著，参加学生运动，担任学校“文学艺术同盟”主席，在河南籍作家姚雪垠、师陀帮助下，创办文艺刊物《群鸥》，以“穆肃”笔名发表文章。1937年，华北沦陷，太原失守，开封危在旦夕，16岁的穆青北上至山西临汾，参加八路军，从事宣

穆青书法

传工作。1939年，在冀中前线加入中国共产党。1940年，来到延安，进入鲁迅艺术学院学习。1942年，进入中共中央机关报《解放日报》任记者，从此开始长达半个多世纪的新闻职业生涯。

穆青是“喝延安奶水”成长起来的新闻工作者，被人们称为新闻界的“常青树”“旗舰人物”“‘三贴近’的典型”，以《县委书记的榜样——焦裕禄》《为了周总理的嘱托》《历史的审判》《铁人王进喜》《难忘那双手》《一篇没有写完的报道》等新闻名篇享誉全国。他的通讯报道浓缩了伟大时代，多角度、多侧面、全方位地叙写了时代激流，反映着中国革命战争年代、社会主义建设年代和改革开放新时期的历史进程。新中国成立以来，穆青的每一篇报道，几乎都成为中国新闻界的范文，他和他的同事记录并传播了那个风云年代的主流精神。

穆青对党和人民始终怀着感恩之心，是“人民的记者”。战争年代，他目睹老百姓支援抗日，毁家纾难，感人的情景让他永生难忘。一批批老百姓穿上军装，不怕牺牲，救伤员，掩护同志；在战争极端困难的情况下，老百姓自己不吃不用，把仅有的一点粮食都拿出来支援部队。穆青对党和人民的感恩情怀，融化在他的血液里，成为一种自觉的责任意识，一种和人民水乳交融的血肉联系。他的一生都热爱劳动人民，他的心始终同人民相通，是“从群众中来，到群众中去”的忠实实践者。如范敬宜所说，“穆青把根扎在最厚的土层里，所以他有最肥沃的养分，他的作品也能代表最大多数的人，他能用最底层的事感动最高层的人”。

穆青在风云变幻的重大历史关头，始终坚持真理，把握大局。1966年2月7日，新华社播发长篇通讯《县委书记的榜样——焦裕禄》，使一个为人民鞠躬尽瘁的共产党员形象，鲜活地矗立于天地之间，铭刻在人民心中。这篇稿件的诞生，源自1965年12月穆青的一次中原之行。当时的中国经历了“大跃进”和三年困难时期。自1961年国家实行“调整、巩固、充实、提高”方针后，国民经济开始进入复苏时期。时任新华社副社长的穆青，脑海中反复思考着一个问题：该怎样将蕴含于人民之中那种打不垮、压不倒的英雄精神，通过新华社的报道，播撒到每一个中国人的心头？穆青到故乡河南寻找新闻素材时，得知在兰考县有一位深受百姓爱戴、“开展除三害斗争活活累死”的县委书记焦裕禄。穆青在采访中被现场看到的、听到的故事深深震撼，他说：“焦裕禄就是一代共产党员的典型！我们一定要把他的事迹原原本本写出来，让人们看看咱们共产党的干部是怎么舍生忘死为人民群众服务的！”1966年2月7日，焦裕禄的事迹随着中央人民广播电台的电波、随着一份份报纸传遍大江南北，这个名字传遍了全国各地，震撼了千千万万颗心灵。

穆青同志的一生是光辉的一生，他用半个多世纪的社会实践，使自己成为既是新闻战线上德高望重的领导人，又是享有崇高声誉的新闻记者。从担任新华社地方分社社长到担任新华社社长，他不仅在改革新闻报道、加强队伍建设、发展多种经营上取得了重大突破，从而极大地提高了新华社作为国家通讯社的整体水平，更重要的是领导新华社走向世界，为加快现代化的世界性通讯社的建设取得了令西方同行刮目相看的成就，为新华社事业发展做出了卓越贡献。他的新闻作品、新闻主张和新闻实践，均为20世纪中国新闻史不可或缺的篇章。

• 焦裕禄：县委书记好榜样 •

焦裕禄（1922—1964），博山县崮山乡北崮山村（今属山东省淄博市博山区崮山镇）人。1962年任中共河南省兰考县委书记。革命烈士。焦裕禄虽然不是开封人，但他为开封的发展贡献了宝贵的生命，毛泽东曾评价其“为人民而死，虽死犹荣”，习近平总书记称“焦裕禄同志是县委书记的榜样，也是全党的榜样”。焦裕禄精神不仅成为开封的一张精神名片，还是我党的宝贵精神财富，感召、鼓舞了一代又一代党员干部和普通群众。

焦裕禄同志1922年8月16日出生于贫农家庭，1946年1月在本村加入中国共产党，同年参加本县区武装部工作。解放战争后期，焦裕禄随军离开山东，到河南省尉氏县工作。1953年到1962年，焦裕禄在洛阳矿山机器制造厂担任车间主任、科长。1962年12月，焦裕禄被调到兰考县，先后任县委第二书记、书记。当时兰考县遭受内涝、风沙、盐碱三害，粮食产量降到历史最低水平。他上任之后带领全县人民进行封沙、治水、改地的斗争。焦裕禄身先士卒，以身作则；风沙最大的时候，他带头去查风口，探流沙；大雨瓢泼的时候，他带头踏着齐腰深的洪水察看洪水流势；风雪铺天盖地的时候，他率领干部访贫问苦，登门为群众送救济粮款。他经常钻进农民的草庵、牛棚，与普通农民同吃同住同劳动。他把群众同自然灾害斗争的宝贵经验，一点一滴地集中起来，成为全县人民的共同财富，成为战胜灾害的有力武器。经过艰苦奋斗和不断的探索总结，焦裕禄带领全县人民总结出了治水、治沙、治碱的方法，以点带面，全面铺开，总结出了整治“三害”的具体策略，并探索出了大规模栽种泡桐的办法。兰考县的干部群众在焦裕禄精神的鼓舞下，最终战胜了“三害”，使“内涝、风沙、盐碱”得到有效治理。焦裕禄带领群众为了防风固沙栽种的泡桐林，已成了兰考人民的“绿色银行”和“绿色金矿”，由泡桐制作音板发展起来的民族乐器产业，成为兰考经济发展的一大支柱产业，并培植成了河南的一个特色产业。

县委书记的榜样焦裕禄　摄影：刘俊生

焦裕禄对同志对人民满腔热情。他常说，共产党员应该在群众最困难的时候，出现在群众的面前；在群众最需要帮助的时候，去关心群众、帮助群众。他的心里装着全县的干部群众，唯独没有他自己。他经常肝区痛得直不起腰、骑不了车，即使这样，他仍然用手或硬物顶住肝部，坚持工作、下乡，直至被县委强行送进医院。

焦裕禄为政清廉。他一生保持艰苦奋斗的作风。在兰考时，他下乡调研指导工作常常步行加单车，自带干粮，衣着朴素像农民。对待子女和家人，焦裕禄要求非常严格，他不仅从不用手中的权力为自己、家人和亲属谋取任何好处，还要求他们带头遵守纪律。直到临终前，他还要求家属不要向组织伸手，“任何时候都不搞特殊化”成为焦裕禄家风中最闪光的遗产。

1964年5月14日，焦裕禄被肝癌夺去了生命，年仅42岁。他临终前对组织上唯一的要求，就是“把我运回兰考，埋在沙堆上，活着我没有治好沙丘，死了也要看着你们把沙丘治好”。

焦裕禄秉承全心全意为人民服务的宗旨，吃苦在前，享乐在后，心里装着群众，唯独没有自己；他实事求是，脚踏实地，艰苦奋斗，不向困难低头，不断开拓进取；他清正廉洁，无私奉献，为人民利益鞠躬尽瘁，死而后已。焦裕禄精神的影响，已远远跨过了兰考，跨过了河南，催生了一批又一批焦裕禄式的好干部。2014年，习近平总书记在兰考调研时深情指出，焦裕禄精神同井冈山精神、延安精神、雷锋精神等革命传统和伟大精神一样，过去是、现在是、将来仍然是我们党的宝贵精神财富，我们要永远向他学习。

2013年7月，为大力弘扬并传承焦裕禄精神，在兰考县城东北部，建起了焦裕禄干部学院，这是中组部确定的全国13所地方党性教育特色基地之一。

【知识链接】

焦裕禄干部学院

学院占地面积185亩，建筑总面积3.9万平方米，可同时容纳700人学习培训，300人住宿。焦裕禄干部学院围绕新时期焦裕禄精神实质内涵，深入挖掘焦裕禄精神文化资源，以“接地气、创特色”的办学理念，全力打造精品培训项目和特色课程。以与焦裕禄同志相关的实物、实景、实事为载体，开发了焦陵、焦裕禄同志纪念馆、焦桐、焦林等10多个现场教学点，直观展现焦裕禄同志“心里装着人民群众，唯独没有他自己”。学院以焦裕禄精神创办焦裕禄干部学院，以焦裕禄精神培养焦裕禄式干部，对党员领导干部开展宗旨意识和群众路线教育，提高领导干部做群众工作的本领和能力，为培养更多更好的焦裕禄式好干部、好党员做出不懈的努力和贡献。

寻根问祖

——回望汴京是故乡

河南又称“中州”“中原”，是中华民族和中华文明的重要发祥地，五千年的中华民族文明史，有三千年是以河南为政治、经济、文化中心的。在当时，河南的政治安危关乎天下兴亡，经济发展关乎国家强弱，文化盛衰关乎民族荣辱，在中国历史进程中发挥着无可比拟的作用。河南所孕育的历史如木之根本、水之渊薮，在中华民族发展史中具有发端和母体的地位。其重要表现之一就是姓氏的起源，中华姓氏无论肇始与大量衍生，都与中原关系密切。

《中华姓氏大典》中录入的4 820个汉族姓氏中，起源于河南的有1 834个，占38%；在当今的300个大姓中，根在河南的有171个，占57%；在以人口数量多少为标准排列的100个大姓中，有78个姓氏的源头或部分源头在河南。

开封是八朝古都，自五代十国到中华人民共和国成立这一千多年都是中原经济文化的中心，其间中华文明和中原文明的发展和繁荣，无不与开封息息相关。

郑、魏等姓的根源地

开封是郑姓的祖根地。

周幽王继位后，荒淫无度，宠褒姒，废申后，烽火戏诸侯，担任周王室司徒的郑友听从太史伯的劝告，将郑国东迁到今荥阳一带。不久，申侯联合戎狄进攻镐京，郑友和周幽王在骊山葬身火海，郑友之子郑武公奉周平王迁都洛阳，郑国也在今新郑建都，从此进入了春秋时期。

郑是春秋前期比较重要的诸侯国，在郑武公之子郑庄公时达到鼎盛。郑庄公为争霸中原，派大将郑邴在今朱仙镇附近建立城邑，取“启拓封疆”之意，名之为“启封”，西汉景帝时，为避景帝刘启的名讳，遂改“启封”为“开封”。公元前375年，郑国被韩国攻灭，郑姓仍在开封一带繁衍发展，由此，开封成为郑姓的重要祖根地。

在开封繁衍发展的另一个重要姓氏是魏。

魏的祖先，是毕公高的后裔。毕公高原为姬姓，被封到“毕”，就以地为姓。“毕”离当时的少数民族夷狄很近，毕公高的后人绝封为平民后，有时候居住在毕国，有时候居住在夷狄。

百家姓 严华金魏

晋是春秋时期的诸侯大国，公元前661年，晋献公在毕公高的后裔毕万的辅佐下，一举灭掉了耿、霍、魏三国，几年后又“假道伐虢”，灭了虞国和虢国。晋献公把魏赐给了随其征伐有功的毕万，毕万的后代就以“魏”为姓。

晋献公晚年宠爱骊姬，国政混乱，四个儿子为争君位自相残杀。毕万的儿子魏武子跟随公子重耳流亡国外长达十九年，后来重耳回国当了国君，他就是春秋五霸之一的晋文公。晋文公论功行赏，魏武子继承并拓展了毕万的封地，魏越来越大。

魏武子生魏悼子，魏悼子生子魏绛。魏绛事晋悼公，八年之中九合诸侯，立下大功，把魏封邑的治所迁到安邑。

魏绛生子魏嬴，魏嬴生子魏献子。魏献子事晋昭公。这个时候，强大的晋国已经形成了魏、赵、韩、智、范、中行六卿擅权专政的局面。到魏献子的儿子魏侈时，韩、赵、魏联合灭了范和中行两家，瓜分了他们的土地和人民。

魏侈的孙子是魏桓子。这时，晋国公室的权势更加卑微，命运几乎全掌握在智瑶和韩康子虎、赵襄子无恤、魏桓子驹四卿手中。这四卿之中，智的实力最大。

公元前455年，智瑶胁迫韩、魏合兵进攻赵襄子，结果赵、魏、韩三家联合起来打败了智，杀了智瑶，灭了智氏宗族，瓜分了智的土地和人民。

魏桓子的孙子名斯，从小就显得机警聪明，宽厚仁孝，志向远大，很得魏桓子的欢心，临死前传位给他。魏斯于公元前445年即位，于公元前403年被周威烈王封侯，史称魏文侯。

魏文侯礼贤下士，广泛招纳人才，身边聚集了李悝、卜子夏、田子方、段干木、翟璜、魏成、乐羊、吴起、西门豹等一大批政治家、军事家，励精图治，积极变法，使魏国成为战国初期最强盛的诸侯国，灭了中山国，占领了秦国西河的大片土地。

公元前396年，魏文侯去世，太子击继位，是为魏武侯。

魏武侯也是一个有作为的国君。公元前391年，他与南方大国楚在大梁（今开封）、榆关一带大战，打败了楚国，从楚国夺取大梁。

公元前364年，魏惠王带着大队人马迁都大梁，翻开了开封作为八朝古都的新一页。从此，魏姓在开封落地生根，蔓延发展。

除郑、魏两姓之外，丁、季、卫、谢、孙、边、周、智、伊、池、阮、茅、虞、柏、袁、富、屠等姓氏或根源于开封，或以开封为郡望地，有多个姓氏在开封形成世家。

• 客家土楼和珠玑巷、祥符镇 •

我国历史上较大的人口大迁徙有数十次之多，其中规模最大的一是两晋南北朝时期，二是唐末五代，三是北宋末年，四是明末清初。

北宋末年受金兵侵袭的影响，以开封为中心的中原士民大量南迁，主要徙居在上海、江西、浙江、江苏、福建、湖北、湖南、广东、广西、四川、贵州、海南、台湾等地，现其后裔以亿计。

人口的大迁移对中华民族的形成和中

珠玑巷守望阁 摄影：刘扬

华姓氏的传播影响巨大，最典型的例子就是客家人的形成。

客家人是一个具有显著特征的汉族民系，也是汉族在世界上分布范围最广阔、影响最深远的民系之一，在国内有客家聚居的地区，共19个省区，265个县市，总人数约5500万；香港约125万，澳门约10万，台湾约460万。国外分布在80多个国家和地区。

国内的客家人起初多居住在偏僻的山区，为了团结御侮求生存，他们不得不聚族而居，建造了具有防御性的城堡式住宅——围龙屋（土楼），以抵御盗匪和当地人的侵扰。据历史学家考察，这种民宅建筑与中原贵族大院屋型十分相似，客家先民南迁定居岭南后，不但传播了中原的先进耕作技术，而且民宅建筑保持了原有的传统风格。

根据土楼居民族谱和有关专家考证，现在居住在福建龙岩永定土楼和广东潮州饶平的许多客家人，其先祖便来自开封。

珠玑巷，位于广东南雄市北9千米的沙水村，是粤港人寻根问祖的圣地。南雄珠玑巷得名于宋时开封府的珠玑巷，由南宋时移居此地的官吏士民眷恋故土而得名。有关调查显示，珠玑巷移民家族有797支之多。今天，这些移民家族的后裔已经遍布广东、香港地区，从广东方志和许多族谱中可以追寻其祖先自宋都开封到南雄珠玑巷，复又辗转各地的踪迹。

2014年，世界客属恳亲大会在开封市隆重召开。开封市政府在宋代珠玑巷遗址附近的明清时期的文庙、学宫旧址上，复建了珠玑巷，其主题建筑为守望阁，阁名由客家人代表、国民党前主席吴伯雄题写。开封复建珠玑巷、守望阁，是以“迎客家人回家，寻祖源地根亲”“游子望思归，祖根在中原”“宋都韵·客家情”为主题，根据客家人从开封珠玑巷迁移南下这段历史，打造开封珠玑巷客家人“祖根地”亲情文化，进一步弘扬、传承华夏文明和客家文化，将开封客家文化打造成世界品牌，与全世界的客家乡贤建立亲情合作关系，把开封文化产业、经济建设项目融入其中。

与广东南雄珠玑巷相类似，全国还有多处以开封的旧称故里命名的地方。其中，以开封宋时旧称“祥符”命名的便有多处［宋真宗大中祥符二年（1009），改开封县为祥符县，中华民国二年（1913），将祥符县易名开封县。新中国成立后，陈留县并入开封县］，比较著名的有浙江杭州拱墅区的祥符镇、四川资阳市雁江区的祥符镇及江西宜春市高安市的祥符镇。

浙江省杭州市拱墅区祥符镇位于杭州市北部，是杭城北出要津，素有杭州城“北门重镇”之称，因始建于南宋、重建于明代，横跨宦塘河的祥符桥而得名。四川省资阳市雁江区祥符镇位于雁江区西北，因始建于南宋、再建于明成化年间的祥符寺而得名。江西省宜春市高安市祥符镇地处高安市区东郊，其“祥符”之名也远溯于宋代。

江西、浙江、四川均为两宋时期开封人南迁的重要栖止地。今天，我们仅从“祥符”的地名中，便可以想见先民们回望故里、寻根故乡的绵绵深情。

2014年10月19日，经中华人民共和国国务院批准，开封县正式更名为开封市祥符区，“祥符”这一全世界华人心中的祖根之地，再一次被叫响。

• 孙中山祖籍陈留 •

“祖父祖居陈留，我们孙家的根在中原。作为客家人，我们很早就想到开封寻根……”这是孙中山嫡孙女孙穗芳博士于2003年11月23日来开封寻根时对陪同的开封

革命先驱孙中山

市领导说的话。

陈留历史悠久，其建都置邑的历史可追溯到4000年前的夏朝时期。春秋时留邑为郑国地，后被陈国所侵，故名陈留。秦王政二十六年（前221）置陈留县。汉武帝元狩元年（前122）置陈留郡。

魏晋南北朝以后，我国各地姓氏郡望相继出现。据《新唐书·宰相世系》载，陈留孙氏出自妫姓。

战国以来，妫姓孙氏世居中原，在陈留成为大族，其后代名人辈出。唐朝时期，陈留孙氏著名书法家孙过庭，官右卫胄曹参军。唐朝僖宗年间，唐中书舍人及两浙节度使孙拙，其子孙俐，因唐末起乱，以武才被选为佰将，带兵作战于闽、越、江右之间，后以军功封“东平侯”，于884年迁居虔化县（今江西宁都），其后人相继迁居赣、闽、粤、台及东南亚等地，孙俐被赣、闽、粤等地孙姓人尊为始祖。

家谱、宗谱、家乘历来是史学界佐证姓氏源流的重要依据。“孙氏族谱”，最早记载陈留孙氏孙俐公之谱，系出自北宋元祐年间（1086—1094）中顺大夫和岳州事孙䚮撰《富春孙氏族谱世系总序》，谱中有欧阳修题唐东平侯孙俐公像。

20世纪初，客家文化学者罗香林教授历经十年潜心研究，于1942年在重庆出版了一本有关孙中山先生家世源流考的专著。1949年之后，大陆和台湾学者广泛征集历代孙氏族谱，进一步深入研究孙中山先生的家世源流。孙穗芳博士于1995年在台湾出版了《我的祖父孙中山》一书，书中详细记述了唐东平侯孙俐从陈留迁居江西宁都后的播迁史料：孙俐在虔州传五世至孙承事，迁居福建长汀河田。至明永乐年间（1403—1424），孙俐十二世孙孙友松，再迁至广东东江上游紫金县。孙友松下传十一世至孙鼎标，正值明清之际。孙鼎标因随锺丁先起兵勤王抗清兵败，族人逃难离散，其子孙连昌迁居广东增城。清康熙中期，再迁至香山县涌口门村，后传二世至孙殿朝，再迁翠亨村。孙殿朝是孙中山的高祖，其子孙恒辉。恒辉子孙敬贤有三子：长子孙达成，次子孙学成，三子孙观成。达成娶杨太夫人，生三子：长子孙德佑，次子孙德彰，三子孙德明。孙德明就是伟大的革命先行者孙中山先生。

• 开封郑兴、郑众世家 •

家族制是中国古代社会的主要基础之一，家族的传承关系历来被社会重视。司马迁的《史记》立世家三十卷，为世袭爵位的贵族或因政治优势而世代为官的家族书写历史。后来，“世家”的含义扩大，泛指各领域声名卓著的家族，如“经学世家”“梨园世家”等。

在开封的历史长河中，形成了多个值得一书的世家。

郑兴字少赣，东汉时开封县人，自幼学习《公羊春秋》《左氏春秋》而有所成，曾帮助刘歆校正《三统历》。郑兴遭遇王莽之乱和赤眉起义，曾任更始帝刘玄的谏议大夫、凉州刺史，光武帝刘秀时任太中大夫，后被人举奏罢官，在家读书授徒。

郑兴的儿子名郑众，字仲师，12岁时跟随父亲学习经书，汉明帝永平初年任职司空府，累迁至越骑司马，永平八年（65）奉汉明帝之命持节出使北匈奴。汉章帝建初六年（81），郑众升为大司农，两年后去世。郑众受父亲的影响，也是一

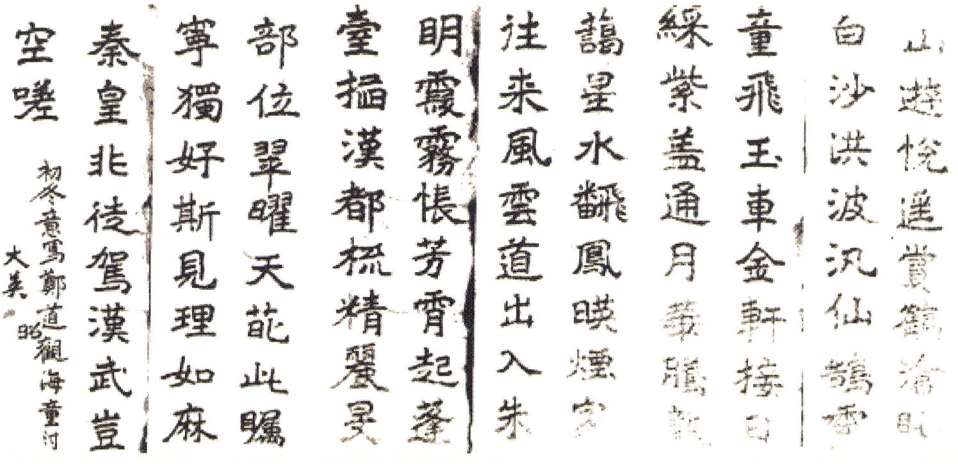

郑道昭书法

位著名的经学家，有《周礼郑司农解诂》六卷传世。

郑众的儿子叫郑安世，也熟读经书，曾担任长乐、未央厩令等职。

郑兴的曾孙郑泰，字功业，少有才略，在东汉末年汉灵帝时曾任尚书侍郎、侍御史，在赴任袁术的扬州刺史途中去世，年41岁。

郑泰的弟弟郑浑，字文公，被曹操征召为官。220年，曹丕称帝，郑浑担任侍御史，加驸马都尉，后又迁为阳平、沛郡太守。郑浑身居乱世，却为官清正廉洁，家无余财，甚至妻子不免于饥寒。

郑泰的儿子叫郑袤，字林叔，少年时父亲去世，随叔父郑浑避难江东，曹丕称帝后，任尚书郎，出为黎阳令，迁尚书右丞，转济阴太守。郑袤勤政爱民，为百姓称颂，后被封为广昌亭侯，拜光禄大夫。晋武帝泰始年间（265—274），郑袤已失明多年，仍被拜为司空，他固辞不受，被拜为仪同三司，年85岁去世。

郑袤有子六人，分别名为郑默、郑质、郑舒、郑诩、郑称、郑予，皆博学多才，位列公卿。

郑默字思元，曾任廷尉、大鸿胪、大司农等职，其长子名郑球，字子瑜，因功被封为平寿公，累官至尚书右仆射，卒后追赠为金紫光禄大夫。郑球的弟弟叫郑豫，永嘉年曾官至尚书。

郑浑的八世孙名郑羲，字幼麟，北魏孝文帝时累官至中书令。郑羲的儿子名郑懿，曾拜太常少卿，出为齐州刺史。郑羲的另一子郑道昭，字僖伯，孝文帝时官至通直散骑常侍，宣武帝初迁秘书监，因从弟郑思和事株连，出为光州刺史，转青州刺史。后复入为秘书监。死后追赠镇北将军、相州刺史，谥文恭。

郑道昭是北朝较有成就的诗人之一。其诗长于写景，颇具清拔之气。郑道昭雅好书法，书刻于青、光二州山崖的众多题刻，总称“云峰刻石”。清嘉庆、道光年间（1796—1850）山东云峰山、天柱山等处，发现郑道昭所书40多处，成为北魏书法艺术的三大宝库之一。他的书艺风格特点是，下笔多用正锋，大起大落；间用侧锋取势，忽而峻发平铺，既有锋芒外耀，尤多筋骨内含，能给人以结体宽博、笔力雄强的感受，今人有将其与书圣王羲之相提并论者。

郑道昭的儿子郑严祖、郑敬祖、郑述祖、郑遵祖、郑顺祖均继承家族门风，好文而仕。

郑道昭的五位伯父，也曾高官厚禄，但他们依仗自己出身豪门，多行无礼，为乡党诟病，名望远不如郑羲一门。

开封郑氏家族，自郑兴起，绵延十八代，历仕东汉、魏、西晋、东晋、北魏、东魏、西魏、北齐、北周、隋等十多朝，史书上载有姓名和事迹者70多人，其中既有政治家、军事家，又有经学家、文学家、音乐家、书法家、艺术家等，这样煊赫的家族，放眼全国，也是较为罕见的。

• 杞县蔡邕世家 •

东汉末年陈留郡圉县（今开封杞县圉镇），有一姓蔡的名门望族，曾培育出两位著名人物，这便是蔡邕和他的女儿蔡琰。

蔡邕字伯喈，生于汉顺帝阳嘉二年（133）。蔡邕的六世祖蔡勋，字君严，喜欢黄老之学，曾在汉平帝时担任县令。蔡邕的祖父名蔡携，字叔业，曾在汉顺帝时担任新蔡长。蔡邕的父亲叫蔡棱，字伯直，虽未做官，但清白守节，道德高尚，死后谥贞定公。蔡邕少时以“博学能文、精音律、善鼓琴”而闻名郡县。成年后隐居书斋，曾拜当时的大儒胡广为师，专心致志做学问。其间他辞过陈留郡的聘请和朝廷的征用，因而得免于两次“党锢之祸”，为他治学方面取得丰硕成果奠定了基础。

汉灵帝建宁三年（170），蔡邕被司徒桥玄征辟，步入仕途，官至议郎，受命到东观著作，参与编纂国史《后汉书》，因祸中辍。熹平四年（175），蔡邕受命校定六经文字，用篆隶体书写，镌碑立于太学之侧（后世所传“熹平石经”）。光和元年（178），灵帝下诏询问灾异及消除办法，并特旨蔡邕尽言，不许有所避讳。蔡邕揭露当朝权贵为“亡国之怪”，遭诬陷被流放朔方。灵帝嘉其才高，于光和二年（179）将其赦还原郡。途经五原郡时，太守王智为其饯行，傲慢失礼，蔡邕拂袖而去，王智诬奏他“怨于囚放，谤讪朝廷”。蔡邕自度不免灾祸，开始了长达12年的流亡浙江绍兴的生活。

中平六年（189），灵帝驾崩，董卓专权，强令蔡邕入朝，拜为侍中。初平元年（190）又拜中郎将，封高阳乡侯，食邑500户。初平三年董卓被诛，蔡邕受株连下狱论死。临难前，蔡邕请求“黥首刖足，续成汉史”。王允不准，遂死狱中，终年60岁。

蔡邕一生著作颇丰，有《蔡中郎集》《独断》等流传后世，所书“熹平石经”被后代奉为书法瑰宝，所创“飞白”书体为后代书法界所推崇。其碑铭流传极广，抒情小赋在文学史上占据一定地位。

蔡琰，字文姬，幼受其父蔡邕家教，博学多识，精通音律，擅长书法，是东汉时期著名的文学家和音乐家，也是中国文学史上第一位杰出的女诗人。幼年时因父受诬获罪，全家充军，在外流浪12年。初嫁河东卫仲道，不久夫亡，无子女，寡居娘家。兴平年间（194—195）天下大乱，蔡琰被匈奴骑兵掳至南匈奴，改嫁给匈奴左贤王，滞留胡地12年，生二子。建安十二年（207），曹操统一北方，怜蔡邕无后，便派人出使匈奴，以黄金千两、白璧一双、锦绢百匹赎回蔡琰。蔡琰归汉后，再嫁陈留郡屯田都尉董祀。之后，应曹操之命，忆写旧日所藏之书400余篇。蔡琰一生坎坷，感时乱离，追怀悲愤，作《悲愤诗》108句，是中国文学史上第一篇五言长诗。所著《胡笳十八拍》收入宋人朱熹所编《楚辞后语》，后世广为流传。

现在，杞县圉镇有街道名“蔡白街”，便是对蔡伯喈、蔡文姬父女的缅怀。

• 尉氏阮瑀、阮籍世家 •

陈留尉氏阮氏在魏晋南北朝时期是一个声名赫赫的家族，不少成员以满怀哲意的放达风度展现出一种超迈独立的精神品格，以博雅宏深的文化素养在文学领域取得卓越的成就，也以妙解丝竹的音乐才华在我国古代音乐史上获得崇高地位。

阮瑀（约165—212），字元瑜，少年时受学于大学者蔡邕，蔡邕曾赞扬他是“童子奇才，朗朗无双”。建安中期，都护曹洪听闻阮瑀之才，想让他掌管书记，阮瑀不肯，竟遭暴打，但阮瑀始终没有屈服。后来，曹操亲自派人征召，阮瑀逃往山中，曹操派人焚山，阮瑀无奈才出仕担任司空军谋祭酒，掌记室，和陈琳一起草拟公文书檄，为“建安七子”之一。

央视网

百家姓 杜 阮

阮瑀的音乐修养颇高。据《文士传》记载，阮瑀被曹操焚山逼迫出仕，曹操在长安大宴宾客，因恼怒阮瑀不和他说话，曾把阮瑀安排到乐伎当中以示轻侮，阮瑀当场作歌一曲，自弹自唱，使在场人大为赞叹。

阮瑀病卒于建安十七年（212），年47岁，其子阮籍尚不满3岁。

阮籍（210—263），字嗣宗，从小就聪明俊杰，8岁能写文章。齐王曹芳正始三年（242），太尉蒋济听说阮籍的才华，想召其为属官，阮籍写了一封奏记拒绝。正始八年（247），曹爽辅政时强召阮籍为参军，阮籍托病辞归故里。司马懿为太傅，委命阮籍为从事中郎，曹髦即位，封阮籍为关内侯，任散骑常侍。正元（254—255）初，司马昭当政，阮籍自求为东平相，乘驴到郡，在任十日就还乡，又听说步兵营善酿酒，遂自求任步兵校尉，世称“阮步兵”。景元四年（263）卒，时年54岁。

阮籍容貌俊伟，志气宏放，傲然独立，任性不羁，常做惊世骇俗之举，与嵇康、山涛、刘伶、阮咸、向秀、王戎等名士相友善，常集于竹林之下，肆意酣畅，世称“竹林七贤”。

阮籍嗜酒好诗，慷慨豪迈，是“正始之音”的代表作家，其中以《咏怀》八十二首最为著名。阮籍透过不同的写作技巧如比兴、象征、寄托，借古讽今，寄寓情怀，形成了一种“悲愤哀怨，隐晦曲折”的诗风。除诗歌之外，阮籍还长于散文和辞赋。今存散文九篇，其中最有代表性的是《大人先生传》。另又存赋六篇，其他作品多已散佚。

阮籍的侄子阮咸，字仲容，魏武都太守阮熙之子，少有夙惠，曾与阮籍一同饮酒宴游，为“竹林七贤”之一，历仕散骑侍郎。山涛曾举荐阮咸为吏部郎，武帝以其崇尚虚浮之谈、嗜酒如命为由不用。

阮咸善弹琵琶，精通音律。据说阮咸改造了从龟兹传入的琵琶，后世亦称为阮咸，简称“阮”。中书监荀勖常与阮咸讨论音律，自叹弗如，由此嫉恨在心，迁阮咸为始平太守，故后人称之为阮始平。阮咸后以寿终，有二子阮瞻、阮孚。

阮瞻字千里，性清虚寡欲，神气冲和，善琴，人多往求听，不问贵贱长幼，来者不拒。永嘉中，阮瞻为太子舍人。阮瞻是无神论者，著有文集二卷。

阮孚字遥集，继承了阮家豪放不羁、旷达傲世的传统，为饮酒史上“兖州八伯”之“诞伯”。他曾任丞相从事中郎、散骑常侍、太子中庶子等高官要职，但经常蓬头垢面，醉态可掬，为此经常受到纠劾。

阮修（270—311），字宣子，也和阮瞻一样是无神论者，好易老，善清谈，生性简约任达，不为礼法所羁，不喜见俗人，常步行街上，把一百多枚铜钱挂在手杖上，到酒店独自酣饮。阮修曾官至鸿胪丞，转太傅行参军、太子洗马，42岁在避乱南行时被盗贼害死。

阮放（286—330），字思度，是阮修的族弟，祖、父曾任齐郡太守、淮南内史。阮放少年时与阮孚齐名，同为“兖州八伯”，东晋时任太学博士、太子中舍人，侍从皇帝，常谈老庄，而不涉及军国事。明帝时迁吏部郎，主管选拔考核官吏，甚有政绩。

永嘉之乱后，晋朝政权及多数中原名士不得不流寓江南，苟安一方。阮放知道北伐无望，就干脆寄情于山水之间，放纵于酒色之中，常披头散发，赤身裸体，疯狂酗酒，一醉就是几天。晋成帝时，阮放任交州刺史，上任不久便病卒，享年44岁。

阮放之弟阮裕字思旷，20岁为太宰掾。大将军王敦很器重阮裕，命其为主簿。阮裕察觉到王敦有不臣之心，便终日醉酒，不理公事。王敦以为阮裕没有真才实学，便将他外放为溧阳县令，不久又免了他的官。后来，王敦起兵谋反失败，阮裕因此未受牵连。

王敦之乱后，阮裕累官至吏部郎、临海太守、东阳太守、侍中等职。阮裕家有好车，借无不给。有人葬母，想借车而不敢开口，后来阮裕听说了，叹道：“我有车而使人不敢借，要这车干啥！”放火把车烧了，留下“阮裕焚车”的典故。

开封尉氏阮瑀、阮籍世家以诗酒、音乐世代相传，率性而为，任达豪迈，形成鲜明特色。

• 考城江淹世家 •

济阳考城（今开封兰考）江氏，为六朝望族，不仅出现了江统、江逌、江夷、江革等政治家，江熙、江惇、江灌等经学家，还出现了江淹、江总等文学家。

江姓的重要一支出自嬴姓，传说是大禹的贤臣伯益的后代，大约于商朝或西周初期受封，建立江国，国都位于今河南正阳县附近。春秋时，江国介于楚、宋、齐三国势力之间，于公元前623年被楚国灭掉，其子孙流落各地。西汉初年，江景符讨伐诸吕有功，被封为“济阳侯”，成为济阳江氏的初祖。济阳郡从陈留郡分设而来，故史书上也称江氏为陈留人。

西晋人江蕤，任谯郡太守，其子江湛，官至侍中、吏部尚书，孙辈江统和曾孙江逌，都是两晋时的著名文人。

江统字应元，父亲江祚曾官至南安太守，曾撰写《江氏家传》七卷。江统性情冷静沉着，志向远大，成年后继承父亲爵位，被任命为山阴县令，后改任太子洗马，很受愍怀太子信任。后太子被废，迁许昌，江统送其至伊水泣别，因此受株连下狱洛阳，不久获释。太子死，他作词悼念，文辞悲切，催人泪下。其后，江统累官至散骑常侍、黄门侍郎兼国子博士。永嘉四年（310）避乱逃成皋，不久病逝。江统的两个儿子都能继承家风家学，光大门庭。

江逌字道载，曾祖江蕤，曾任谯郡太守，祖父江允，曾任芜湖县令，父亲江济，任安东参军。江逌少孤，与从弟江灌同居，相互友爱，为同乡称道。江逌担任中军将军殷浩长史时，曾设计用长绳系鸡数百，鸡爪上点火，飞集敌营，大挫姚襄军。后累官至太常，在职多所匡谏。

江夷字茂远，为江氏家族中佼佼者，历任征西大将军道规长史、南郡太守，大司马、吏部尚书，加散骑常侍，迁右仆射，卒时年四十八。其子江湛字徽渊，喜好棋琴，兼通算术，累官至太子中庶子、尚书吏部郎，谥曰忠简公。长子江恁，娶太祖第九女淮阳长公主，为著作佐郎。江夷的侄子江智渊也是一位名士，曾任骁骑将军、尚书吏部郎。

江逌的孙子江秉之官至给事中、临海太守，为官清正。其子江徽官至尚书都官郎。江秉之的族弟江邃之，南朝宋文帝元嘉初任太学博士，累迁至尚书祠部郎。江秉之的族侄江泌，也是南朝齐梁间饱学之士，天性仁义，被后人敬为“孝江泌”。江秉之的另一族人江祏，幼时与齐明帝亲如手足，后累官至侍中、中书令。

江秉之的另外一些族侄如江淹、江革、江洪等，在南朝成为著名文人。

江郎才尽

江淹（444—505），字文

通，少时孤贫好学，6岁能诗，13岁丧父，家境贫寒，曾采薪养母。20岁左右教南朝宋始安王刘子真读五经，并一度在新安王刘子鸾幕下任职，历仕南朝宋、齐、梁三代。宋明帝泰始二年（466），江淹转入建平王刘景素幕，受广陵令郭彦文案牵连，被诬受贿入狱，在狱中上书陈情获释。刘景素密谋叛乱，江淹曾多次谏劝，刘景素不听，贬江淹为建安吴兴县令。江淹的许多代表作品都写于被贬期间。宋顺帝昇明元年（477），南朝齐高帝萧道成执政，把江淹自吴兴召回，并任为尚书驾部郎、骠骑参军事，大受重用。

南朝梁武帝萧衍代齐后，江淹官至金紫光禄大夫，封醴陵侯。梁武帝天监四年（505），江淹去世，时年62岁，葬在故里江集村东北约6千米处，梁武帝为他素服举哀，谥曰宪伯。

江淹是南朝辞赋大家，与鲍照并称，其《恨赋》《别赋》流传千古。《旧唐书》记载他有作品《江淹前集》《江淹后集》各十卷，明人胡之骥著有《江文通集汇注》。

江革字休映，6岁时就会写文章，9岁时父亲去世，和弟弟江观互相激励，后来都身贵名显。江洪是南朝齐梁间颇有名气的宫体诗人，梁朝时任建阳令，坐事被处死。

江统的十世孙江总（519—594），字总持，早年即以文学才能被梁武帝赏识，官至太常卿。侯景之乱后，他避难会稽，又转到广州，至南朝陈文帝天嘉四年（563）才被征召回建康，任中书侍郎。江总是陈代亡国宰相，后宫"狎客"，宫体艳诗的代表诗人之一，在历史上声名不佳。但随着国家兴亡和个人际遇的变化，他的诗也渐渐洗去浮艳之色，而时有悲凉之音。今存诗百首，少量赠答诗及陈亡后凭吊故土之作，有一定价值，《闺怨篇》开唐人七言排律之体。

考城江氏一族历仕六朝，代有名人雅士，不愧为我国著名的文化世家。

天波杨府"杨家将"和杨氏宗亲会

在漫长的历史中，杨氏一族人才辈出，"杨家将"的故事妇孺皆知。

杨业原是太原人，北汉大将，官居建雄军节度使，因作战勇敢，屡建功勋，人称“杨无敌”，被北汉开国皇帝刘崇赐姓为刘，名刘继业。宋太宗征讨北汉时，刘继业审时度势，劝北汉第四帝刘继元降宋。宋太宗素闻刘继业之勇，亲自召见，授为右领军卫大将军，赏赐甚厚。刘继业降宋后，仍复原姓杨，名业。

北宋雍熙三年（986），宋太宗发三路大军征讨辽国，其中西路军任命忠武军节度使潘美为行营都部署，杨业副之。潘美、杨业勇猛精进，连拔云、应、寰、朔四州。辽国的萧太后亲自带兵迎战宋军，相继战胜东、中路军。宋太宗下诏命令潘美、杨业带领新克四州的老百姓迁往内地，被萧太后乘胜追击，寰州得而复失。杨业见萧太后亲率十万精兵，指挥得当，宋军孤军深入，胜算不多，就建议奉诏护民南归。监军王侁、护军刘文裕对杨业被太宗宠信颇为嫉妒，又想立功受赏，就激逼杨业与辽军决战。杨业虽然明知毫无胜算，也只得率部出战。临行前，泣求主帅潘美在陈家谷口设伏，以应不测。

杨业领兵出战，不久就遭遇到辽军的主力伏击。杨业带着两个儿子延玉、延昭和众将士奋力拼突，杀开一条血路，终于退到陈家谷口。本想能够得到伏兵接应，转败为胜，却不料陈家谷的山冈上竟连一个人也没有。杨业不禁大恸，命六郎延昭舍命突围，自己带着延玉和众将士转身苦战，终因力竭被擒，绝食三日而死，长子延玉也力战而死，帐下兵士无一幸免。

重建的天波杨府　摄影：张洁

杨业自降宋到战死，共七年时间，多半是在宋辽边防度过，骁勇善战，很得宋太宗宠信。杨业的儿子杨延昭、孙子杨文广也都能够继承祖业，常年驻守边关，北征西战，立下许多功劳，“杨家将”的故事，多半从他二人身上演绎而来。

杨业父子身死的消息传到东京，朝野为之震动，宋太宗颁诏嘉勉，称杨业“诚坚金石，气激风云”，追赠其为太尉、大同军节度使，追赠其家布帛千匹，粟千石，并把他的六个儿子都分别加官晋爵。潘美官降三级，王侁、刘文裕都被除名流放。

杨业自归宋后时居东京，明人李濂的《汴京遗迹志》记载杨六郎宅在里城内西北，其位置约略在今龙亭湖西北一侧。该书中还记载，杨业死节朔方，杨延昭上书请改家庙为寺，宋太宗亲笔题额“孝严寺”。孝严寺于靖康之难时毁于兵火，后经明、清几次重修，于1927年被废。

1992年，开封市政府在孝严寺原址上，按宋代建筑风格建起一座“天波杨府”。天波杨府构筑宏丽，供奉着杨业和历代“杨家将”以及“杨门女将”的塑像，成为国人敬仰忠烈、缅怀先贤的重要场所。

1995年，中国天波杨府联谊会成立，开展杨家将文化的研究及相关资料的收集、整理、保管工作，积极开展全球杨姓民间组织的联谊活动，先后与美洲、欧洲、东南亚各国，中国港澳台地区以及各省市的60多个杨氏宗亲民间组织取得联系，并开展一系列较有影响的活动。2005年9月23日，来自全球的杨氏宗亲相聚在天波杨府，参加全球第十届董杨童宗亲恳亲大会。杨氏宗亲伴随着洪亮的聚将钟声，谈古论今论英雄，寻根谒拜叙亲情，达到联谊、寻根、合作、发展的目的。

• 雍丘宋庠、宋祁世家 •

宋仁宗天圣二年（1024），雍丘（今开封杞县）宋氏门前一片沸腾：28岁的宋郊（入仕后改名宋庠）和26岁的兄弟宋祁同中进士，而且宋郊还高中状元！

此科状元本应是弟宋祁，他考了第一名，宋郊考了第三名。当时是刘太后垂帘听政，说弟不可先兄，就把宋郊取为第一，宋祁为第十。这样，宋郊就成了乡试、会试、殿试都是第一的“三元状元”。

宋郊、宋祁兄弟能“一科两进士”，和其家学渊源分不开。

雍丘宋氏几代以儒为官。高祖宋绅，曾为唐朝御史中丞；曾祖宋骈为五代时后汉兖州乾封（今山东泰安）县令；祖父宋耀为后周霍邱县令；父亲宋玘于宋太宗端拱二年（989）进士及第，终官荆南节度使推官。

宋郊、宋祁受家风影响，自小酷爱读书，不幸父亲早逝，生活拮据，母亲锺氏便携二子回湖北安陆娘家。锺家也是书香门第，兄弟二人读书不辍，终有所成。

宋郊状元及第后，初仕擢大理评事，同判襄州，召直史馆，历三司户部判官、同修起居注，后被刘太后看中，破格升为太子中允，再迁为左正言。刘太后病逝，宋郊为知制诰。仁宗亲政后，翰林学士李淑心怀嫉妒，妄言宋郊的名字不吉利，宋郊遂改名宋庠。

宋庠为官清正，曾上疏建议科举应文武分试，被采纳，不久，知审刑院。当时，密州一霸王澥私自造酒，并杀人灭口，宋庠不顾当朝宰相陈尧佐说情，判王澥死刑，大快民心。又迁左正言、翰林学士、参知政事、枢密使，官至同中书门下平章事，成为仁宗的宰相。宋庠遇事是非分明，因与吕夷简不和，被排挤，贬知扬州。庆历三年（1043）出知河南府，徙知许州、河阳。不久范仲淹变法失败，宋庠被召回任枢密使，皇祐元年（1049）拜兵部侍郎，同中书门下平章事，久居相位，被仁宗封为莒国公。英宗即位，改知亳州，宋庠请求辞官回乡，不准，改封郑国公。最后以司空告老还乡，治平三年（1066）卒，年71岁，朝廷追赠太尉兼侍中，谥元宪。

宋祁在仕途上不及兄长，入仕后先任复州军事推官，不久改任大理寺丞、国子监直讲，累迁同知礼仪院、尚书工部员外郎，知制诰，又改龙图学士、史馆修撰，拜翰林学士承旨。卒谥景文。

但在文学上，宋祁远比宋庠名气为高，除修《新唐书》列传一百五十卷之外，还以诗文名世，尤其是其所作《玉楼春》中“红杏枝头春意闹”一句，境界全出，人称“红杏枝头春意闹尚书”。

宋仁宗也深赏其词之妙，时常召对，勉励有加。庆历八年（1048）元宵节，东京城里张灯结彩，火树银花，万人空巷，热闹非凡。时任翰林学士的宋祁，乘一顶小轿从繁台街过，和一顶从宫中出来的绣轿发生碰撞。宋祁在灯照月映之下，见绣轿中人花容玉貌，又听她呼自己“小宋”，不禁心旌摇荡，当晚便填词一首《鹧鸪天》：

画毂雕鞍狭路逢，一声肠断绣帘中。
身无彩凤双飞翼，心有灵犀一点通。
金作屋，玉为笼，车如流水马游龙。
刘郎已恨蓬山远，更隔蓬山几万重。

不久，这首词流传宫中，宋仁宗听了笑道：“宋祁有此艳思，朕当曲为成全。”遂问，元宵那夜，是第几乘轿子，何人呼小宋的？宫人只得以实奏闻。这天，宋仁宗召宋祁侍宴，命人歌唱其所谱《鹧鸪天》一词。宋祁听了，心中惊疑不定。宋仁宗又板着脸问：“这阕艳词，是你作的吗？”宋祁连忙拜伏请罪。宋仁宗笑道：“朕当使卿不隔蓬山，得遂心愿。”召来呼“小宋”的宫人，当面赏赐给了宋祁，并命内侍备车亲送到宋祁的学士府。此事传为佳话，朝臣莫不艳羡。

• 祥符周亮工世家 •

清初文坛在乱世中仍不乏名人佳作，祥符（今开封）周亮工便是一个很有影响的学者，在文学、博物、金石、出版、收藏、鉴赏、书法、绘画等方面都有较高的造诣。

周亮工字元亮，1612年出生在开封。其父名周文炜，曾任暨阳主簿，能诗善文。周亮工5岁入家塾，过目成诵，12岁随父到浙江诸暨，14岁居金陵，21岁又回到开封。明崇祯十三年（1640）进士及第，次年进入仕途，为山东潍县令，清康熙八年（1669）在江安粮道被劾去职，宦海沉浮29年。

周亮工作为一位著名学者，在清初文化界影响很大。他自幼好学，博览群书，收藏了大量的图书、字画、砚石、古墨、铜器，尤其喜欢收藏印章。他精于书画、印章的鉴赏，是著名的艺术鉴赏家，又颇重版刻，其家刊《赖古堂集》称清初佳刻。周亮工交往众多篆刻名手，遍请他们镌刻印章，多达千余枚，兴致高时也自己治印。他著有《印人传》《赖古堂集》《读画录》《赖古堂藏印》《赖古堂印谱》等。

周亮工著《印人传》，共三卷，记录了作者鉴藏的宋代至明代旧印，撰写了59位明清篆刻家的传记，极有影响。周亮工擅长古文，宗唐宋八大家，康熙八年曾自编文集，共300余篇。但翌年忽连同已刊旧集的藏版悉数焚毁。现存集子是他儿辈重新收集而编成的。周亮工嗜绘画、书法、篆刻，文集中多题跋、引语、书后一类文字，对文物考古、版本改订多有参考价值。他家又富有藏书，所以全集后附刻有《藏书》十种，并传于世。

2009年，朱天曙编校整理的《周亮工全集》（共18册）由凤凰出版社出版。

周亮工共有六个儿子：周在浚、周在杨、周在延、周在建、周在都、周在青。周在杨早逝，周在青年幼，其他四个儿子或承其所学，或继其一艺，都有集传世，尤以周在浚成就最大。

周在浚（1640—1697？），字雪客，生于开封，夙承家学，博识多通，怜才好士，颇有乃父之风。他以贡监生考取国子监教习，后随父广交天下文士，工篆刻，能诗文，有史才，其所著《南唐书注》十八卷被大学者王士祯称赞。所作金陵百咏及竹枝词，盛行一时。又著有《云烟过眼录》二十卷及《晋稗》《梨庄遗谷集》《秋水轩集》等，并传于世。

周在延字陇客，是清初著名学者吕留良的弟子，有著作《朱子四书类语》五十二卷、《天盖楼四书语录》四十六卷、《摄山园诗集》四卷传世。周在建字榕客，曾任淮安知府，有《近思堂诗》传世。周在都字燕客，先从军粤西，后在山东、陕西担任地方小官，晚年到北京，多

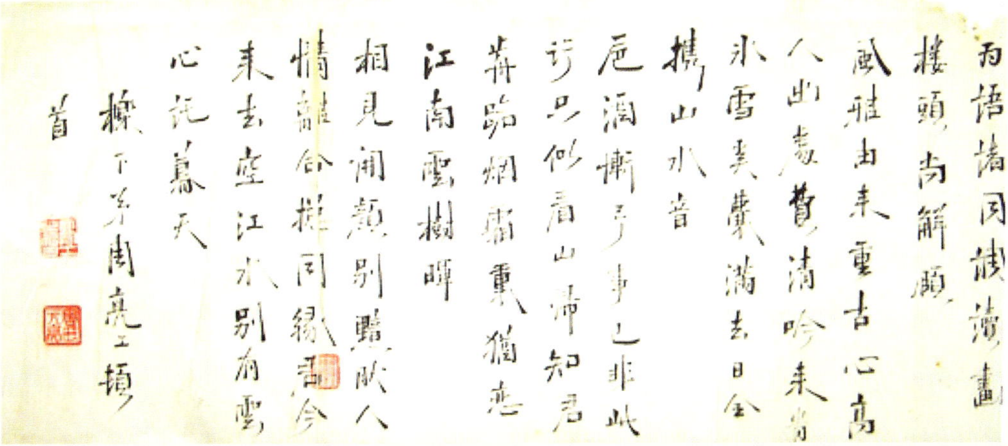

周亮工书法长卷

与当世名士唱酬，有多部诗集传世。

文化认同是维系一个民族凝聚力和同心力的一个关键因素，它包含着对祖先、对根脉的认同。

姓氏文化积淀着中华民族的血脉、文脉，形成了中华文明的文化基因，是中华传统文化的生命信息学遗产。中华民族一向具有依恋本源、尊祖敬宗的传统，这种品性是一种民族认同感和归宿感的体现，根祖文化正是出于这种民族品性，是中原文化的特质之一。

开封作为历史文化名城，中国著名古都，是中华民族和中华文明的重要根源地之一。继承祖国寻根文化、姓氏文化的珍贵遗产并将其发扬光大，不仅可以帮助海内外华人实现寻根谒祖的夙愿，而且对加强海内外华人的联系与文化交流、增强中华民族的凝聚力、推动经济和社会发展，也必将起到积极的促进作用。

古城印象

——历尽苍茫见辉煌

我们生存的这方土地，居神州之中，位大河之滨，远古时代就有先民日出而作，日落而息，采果罾鱼，捕兽种禾。日出日落，耗去了多少流光逝水，消散了多少梦花幻浪，千年沧桑造就了古城厚重的历史，似乎随手抓一把脚下的泥土，便能看到闪闪发光的历史颗粒；随意在街巷中转转，就能呼吸到悠悠飘逝的文化气息。

这，就是有“八朝古都”之称的开封。

开封的数千年历史，是一部苦难和辉煌交织而成的斑驳长卷，这座城市所经历的苦难，即使放在世界范围来看，也是少有的。

开封是一座英雄的城市，一次次毁于战火，又一次次在灰烬和废墟上重筑，仿佛不死的凤凰，浴火重生；一次次在洪水中倾圮，又一次次在残墙断垣和污水泥浆上再建新城。开封遭受灾难和荼毒时，倒下的是官殿楼台，而站立的却是不屈的城市精神。

开封钟灵毓秀，人杰地灵，在中华民族的文明发展史中，占据着举足轻重的地位。开封辖区内的一座座村落、集镇、城垣，也以其沧桑斑驳的历史和丰厚凝重的文化，共同锻铸了这座城市的辉煌。

朱仙镇——中国四大名镇之一

朱仙镇位于开封市南22.5千米处，是宋代都城东京的四大驿镇之一，明清时期成为中原地区商贸重镇，人口最多时将近30万，与湖北的汉口镇、江西的景德镇、广东的佛山镇并称为中国的“四大名镇”。

“朱仙镇”的名字来自于李白在长诗《侠客行》中描写过的朱亥，与脍炙人口的“窃符救赵”有关。信陵君“窃符救赵”，朱亥击杀晋鄙后，一直追随在信陵君左右，被任为偏将。后来替信陵君出使秦国，秦庄襄王素知朱亥之勇，想招降倚为大用，朱亥坚决不为所动。秦庄襄王命人把朱亥投至虎圈中，朱亥裂目如炬，暴吼似雷，几只老虎都被吓得趴在地上，浑身颤抖，一动也不敢动。秦庄襄王亲眼见朱亥如此英迈神武，更不肯放他回魏国了，就把他关起来，断绝饮食，想迫使他投降。朱亥说：“我受信陵

央视网

朱仙镇——家国情怀志精忠报国恩

朱仙镇　摄影：余建

君知遇之恩，当以死报之！”用头猛撞屋柱，结果柱折而头不破。于是朱亥乃用手自断其喉，气绝而死！

朱亥死后，遗体被人辗转运回故乡安葬。乡人以这位屠夫出身的英雄为骄傲，称其为“仙人”，其葬身地人烟渐聚，形成一座集镇，便名为“朱仙镇”。

经过一千多年的发展变化，到了北宋时期，朱仙镇已经成为一座拱卫京师开封的重镇。靖康之难后，朱仙镇也沦入金人之手。宋高宗绍兴十年（1140），金大将兀术违背宋金和约大举进攻南宋，被誉为“中兴名将”的岳飞率兵抗击，节节获胜，在郾城大破金兵主力，进军到朱仙镇。金兀术悉聚精兵十万与岳飞对垒。岳飞遣骁将突然袭击，大获全胜，金兀术退缩开封。当时，河北豪杰纷纷起义，人心向宋，自燕以南金号令不行。许多金国将领也密受岳飞旗榜，自北方来降，金将军韩常曾欲以五万众内附。岳飞所率的“岳家军”纪律严明，作战勇敢，战无不胜，金人说“撼山易，撼岳家军难”。

就在胜利在望之时，宋高宗赵构和秦桧沆瀣一气，连颁十二道金牌命岳飞回师。岳飞一回到临安，便被解除兵权，任命为枢密副使，多年征战收复的失地又被金国占领。两年后，岳飞被秦桧、万俟卨等罗织罪状，受诬下狱，被害于风波亭，时年才39岁。

两袖清风

岳飞为人谦抑厚重，恂恂有儒者风度，不但带兵打仗冠绝当世，其诗文也足可称道。其词《小重山》和《满江红》慷慨激昂，忠愤苍凉，算得上千古绝唱。

为了缅怀岳飞事迹，朱仙镇人于明成化十四年（1478）在河南布政使吴节、开封府知府张岫的主持下修筑了岳飞庙，这是我国最大的岳飞庙之一，与杭州岳庙并称于世，于谦、李梦阳、乾隆皇帝等都曾到此凭吊瞻仰。

朱仙镇岳飞庙坐北朝南，三进院落，外廊呈长方形，殿堂巍峨，碑亭林立，刻绘塑铸都很有特色。大殿内有岳飞、牛皋、汤怀、王贵、张宪五尊铁像，威严肃穆，气宇轩昂。寝殿有岳飞夫妇铜像，神态端详，和蔼可亲。拜殿后有碑林，多名人遗墨，其中犹以明人所刻的岳飞书写的《送紫崖张先生北伐》和《满江红》最为珍贵。进庙门不远处，有铁铸的秦桧等“五奸跪忠”像，五奸均蓬头垢面、袒胸露脐，双手反缚、两腿跪地。山门面阔三间，青石台阶，碧瓦盖顶，石狮拱卫，两边中柱上有楹联曰：

若斯里朱仙不死，知当日金牌北招，三字含冤，定击碎你这极恶滔天黑心宰相；

即毗邻关圣犹生，见此间铁骑南旋，万民留哭，必保全我那精忠报国赤胆将军。

该联对仗工整，文义畅达，爱憎分明，尤其用典十分贴切，堪称妙对。朱仙指朱亥，关圣自然是关羽，因关庙在岳飞庙东邻，仅一墙之隔，所以称为“毗邻关圣”。

朱仙镇关帝庙始建于明朝末年，是留驻在朱仙镇的晋、陕、甘商人募资兴建的，规模略小于岳飞庙，现在大殿和东西两廊还保存得比较完整，廊檐下的木雕工艺很能体现当年的风格。此庙现为朱仙镇木版年画社所在地。

朱仙镇的木版年画有着悠久的历史，其渊源可以追溯至唐代。北宋时期，过年时放爆竹、贴门神的风俗已经普遍流行。北宋末年，随着金兵攻陷东京，一些制作木版年画的匠人逃出京城，迁居到朱仙镇，木版年画遂在朱仙镇发展起来。到了元代末年，大运河已经淤塞，随着贾鲁河的疏浚和治理，位于贾鲁河航运终点的朱仙镇迎来了迅速发展的黄金时期。当时，开封市作为河南省的政治、经济、文化中心，仍是中原最大、全国闻名的都市，地处开封南郊的朱仙镇，到明代已经逐渐成为华北地区最大的水陆联运码头，南舟北车，从此分野。水路直通淮河，远达苏皖浙等繁华富庶之地；陆路交通因其地处中原，区域广大，辐射长远，吸引了山陕甘和直隶、山东的大批客商。北方的山货、皮货，南方的瓷器、盐茶等在此积聚交流，朱仙镇所产的竹竿青酒、木版年画、豆腐干等也得以行销天下。当时朱仙镇聚商户5万，人口30万左右，方圆15平方千米，为中国“四大名镇”之一。

朱仙镇现在保存较好的古迹还有清真寺、大石桥等。清真寺位于老虎洞街，始建于明代，清乾隆三年（1738）重修，坐西向东，现存建筑有山门、厢房和大殿等。山门前后檐由八根石柱支撑，柱上镌刻有山水、花鸟图案。山门上的木雕风韵独具，平板枋、大栏额为高浮雕，小栏额、拱眼壁为透雕，雕有二龙戏珠、凤穿牡丹、鲤鱼跳龙门、狮子滚绣球等图案，刻技精湛，手法细腻，是伊斯兰教文化与汉文化的巧妙结合。大殿为勾连搭式，由前后两个建筑合成，前为硬山式卷棚，面阔五间，进深三间，窗户上粘贴巨鱼的鳞片，以通明透光。后殿脊上有大宝瓶一个，殿前有青石台阶，大殿碧瓦盖顶，庄严肃穆，为信徒的斋沐圣地。在大殿和山门之间有南北厢房数间，院内有牌楼两座，一座内存乾隆三十二年（1767）所刻清真古行正教条例；另一座内存嘉庆十年（1805）所刻阿拉伯文碑。从清真寺规模宏大的建筑，便可以想见明清时代朱仙镇商户云集的盛况。

大石桥建在运粮河上，为七孔全石券拱式建筑。关于大石桥，朱仙镇流传许多传说，清人的笔记《琐事闲录》曾记载，大石桥北有一深潭，方圆半亩，深不见底，名为黑龙潭。又说在大石桥南有大鱼一尾，夜夜泼刺之声闻数里，朱仙镇人皆以为怪异，颇为畏惧。后来挖河，将水放干后，见鱼深陷泥中，众人用锨锄砍杀，几十个人还吃不完，留几段腌起来。“但其肉稍粗，不甚适口，寻常湖河之中，历来所见巨鱼，当以此为最。”该书续编还记载，清道光二十三年（1843），黄河在中牟决口，朱仙镇中房屋大半坍塌。七月十五日，黄河水陡长一丈六尺，直泻街衢，即便是高冈之地也被完全淹没。经此浩劫，贾鲁河已经淤塞，朱仙镇也日见凋敝，不复旧日繁盛。

21世纪以来，朱仙镇又赢得新的发展机遇，被评为“中国十大古镇”之一，河南省委、省政府，开封市委、市政府高度重视朱仙镇的发展，给予政策支持。现在的朱仙镇，正乘着中原经济区、郑汴一体化、郑州航空港等政策东风，扬帆再起航，开发建设朱仙镇国家文化生态旅游示范园区等，面貌焕然一新，焕发勃勃生机。

• 雍丘城——大禹后裔受封地 •

杞县的历史非常悠久，据《史记》记载，周武王姬发讨伐商纣王取得胜利后，分封天下，派人寻来大禹的后裔，封之于杞，名为东楼公，以奉祀夏后氏，这是除姬姓外在西周开国时就封为“公”的为数不多的诸侯国之一。

东楼公生西楼公，西楼公又生谋娶公，谋娶公在周厉王时生武公。杞武公十一年（前740），杞国被宋国攻灭，杞

草人借箭

抚辰楼　摄影：刘银忠

武公到齐、鲁之间的淳于一带重建杞国。杞国虽然微小，但在强敌林立的东周列国中，也苟延残喘了几百年，直到楚惠王四十四年（前445）时才被楚国灭亡。

秦灭六国后，在古杞国之地置雍丘县，五代时改称杞县。在杞县境内有众多的夏、商、周文化沉积。《商代杞国文物考》说："杞县属各代黄河泛滥区，但近年来考古工作者仍在杞县段岗、牛角岗、西伯牛岗、竹林、白畅岗、鹿台岗等地发现有不少的二里头文化和商文化遗址。特别是朱岗遗址西距雍丘城约2千米，是一处二里头文化和商代文化遗存，说明这里是夏人和商人活动的地区，应当就是或至少部分应是杞人在这里留下的物质文化遗存。"

古老的杞县虽然历经水火战乱，但仍保存下来许多历史古迹，比较著名的有孔庙、文昌庙、钟鼓楼、大云寺塔、段岗龙山文化遗址、鹿台岗古文化遗址、郭屯古战场遗址、圉城旧址、郦生冢、黄土岗秦汉古墓群以及林氏家谱碑、明状元刘理顺神道碑等。

孔庙位于县府前街路北黉学院内，为黉学的重要建筑部分。明洪武三年（1370）始建。正面为大成殿，全殿木质叠架而起，殿顶广阔，坡度坦缓，滚龙琉璃脊兽。钻尖宝塔镇顶，翅檐歇山，凌空挑角，檐突七叠，重翘重昂。檐为立体云龙雕饰，刀工精绝，线条粗犷。檐下连间并列木质浮雕5幅，或人物，或鸟兽，或花草，或虫鱼，栩栩如生。

孔庙现存大成殿与东西庑房四合院及古柏、古槐数株，大成殿辟为县文化馆展览室，庙后院明伦堂为杞县私立大同中学旧址，1985年公布为河南省重点文物保护单位。

钟鼓楼坐落于县府前街路北，初建于元代，称齐政楼，明嘉靖二十年（1541）改建，称抚辰楼。楼高10余米，蓝砖砌筑台基，中留拱券，为出入县府大门。台基上为两层楼房，砖木结构，硬山式三开间，底楼楼门居中向南，回廊四向延伸，廊下环立漆红明柱16根，以鼓形雕石为柱础。顶楼呈宫殿形，四面起坡，五脊分立，檐角展翅，上下楼八角翅飞，各悬一钟形铃铛。新中国成立后，杞县政府对该楼多次修葺，1959年公布为县级文物保护单位。

大云寺塔俗称瓦岗塔，在县城南25千米瓦岗村东北隅，明万历二十四年（1596）依宋初原塔旧迹重建而成，塔高21米，青砖叠砌，仿木结构，七级八角形，逐层内收，层层出檐。1959年公布为县级重点文物保护单位，1986年公布为省级文物保护单位。

杞县是革命老区，革命先烈在这里抛头颅、洒热血，留下一个个可歌可泣的故事，也留下许多革命遗迹，如邢口村虎丘寺杞县农民革命起义旧址、板木乡大李庄村芝圃县抗日民主政府旧址、竹林乡庄林村老党寨烈士墓、西寨村八路坟、傅集烈士碑亭、板木烈士碑亭、县城隍庙倪祥明烈士纪念碑亭、东武旗村水东军区后方医院旧址等。

虎丘寺杞县农民革命起义旧址在县城南12千米邢口村，该寺因建于虎形土丘之上而得名，始建失考，毁于明代。清康熙七年（1668）重修，有山门、大殿及东西廊房。1926年秋，中共党员张海峰、何心榕集结部分农民自卫团于此，星夜奔袭设于睢县姬房李村的北洋军阀吴佩孚部招兵处，生俘敌首，缴获部分武器，粉碎了北洋军阀破坏农民运动的阴谋。1963年由河南省人民政府公布为省级文物保护单位。

杞县历史悠久，文化积淀丰厚，历代名人辈出。古有商代名相伊尹，汉朝著名谋士郦食其，东汉洛阳令董宣和著名文学家蔡邕、蔡文姬等历史名流。近代有著名记者、新华社原社长穆青以及曾任河南省副省长的教育家王毅斋、杜孟模，著名作家师陀，中国工程院院士、副院长杜祥琬，2008年北京奥运会会徽设计者张武等。

• 尉氏古城——豪杰纷起写春秋 •

尉氏县历史悠久。早在七八千年前这里就有先民劳动生息。春秋时为郑国别狱，是狱官郑大夫尉氏采食之邑，故名尉氏。秦王政二十八年（前219）置尉氏县，属三川郡。西汉元狩元年（前122），分三川郡置陈留郡，尉氏属陈留郡。东汉建武元年（25），因战乱尉氏县人口不足三千户，降为陵树乡。西晋末年“五胡乱华”，豪门贵族及流民南渡，东晋为控制流民，在南方侨置与北方同名的州、郡、县，“尉氏县”治所在棠邑郡（今江苏南京六合区），隋文帝开皇四年（584）废之。南北朝时北魏设梁州（今开封），尉氏归属梁州，自此，尉氏县虽仍历经多次分并废置，但其隶属开封的关系和治所基本未变。

阮籍啸台遗址　摄影：张锡佑

尉氏县有丰厚的文化积淀，涌现出许多彪炳史册的风云人物。战国时尉缭协助秦王完成统一大业；“建安七子”之一的阮瑀，“竹林七贤”中的阮籍、阮咸分别以诗文、音律闻名于世；南北朝时南朝梁的目录学家阮孝绪撰《七录》，开中华目录学之先河；唐朝“儒将之雄”刘仁轨英勇善战、破寇有功，官至丞相、太子太傅，85岁去世时，武则天停朝三日，谥号“文献”；唐高僧神秀创建佛教禅宗北宗而被誉为大通禅师，其所作偈语“身是菩提树，心如明镜台，时时勤拂拭，莫使惹尘埃”广泛流传；宋历史学家陈越为我国断代史研究做出卓越贡献；明代南京工部尚书靳於中曾以同情农民起义军，救闯王于危难而留下千古佳话；清末王天佑率农民起义军抗粮抗租，威震官府；辛亥女杰刘青霞捐巨资于革命被世人赞颂；抗日名将原国民党第30军军长黄樵松曾受七枚反法西斯勋章名垂史册；中共尉氏县委第一任书记石文卓因创建尉氏县党组织，率领农民举行“九·九”暴动闻名豫东；周廷云领导人民抗日英勇不屈，表现了共产党人的高风亮节；解放初期焦裕禄在尉氏参与和领导的剿匪反霸斗争，脍炙人口……

尉氏县境内文化遗址众多，现存有阮籍啸台、北宋太平兴国寺塔、紫铜钟、青云禅寺、辛亥女杰刘青霞故里等历史遗迹。

阮籍啸台位于尉氏县东部东湖东侧，相传为阮籍的吟啸之处。啸台原高15丈，阔2丈，有层3楹，在明嘉靖十四年（1535）、清乾隆十四年（1749）和1915年曾多次重修。阮籍的特立独行为历代文人推重，苏轼等名人曾亲自登啸台赋诗。如今的阮籍啸台孑遗在闹市之中，野草萧萧，杂树丛生，登临远眺，但见参差屋舍环绕东湖一波碧水，波光粼粼，让人不禁遥想起阮籍的那个年代。

太平兴国寺塔又名东关塔，位于尉氏县城东关太平兴国寺内，建于宋初，历代累遭兵燹寺废而塔存。塔体为八层六棱重檐楼阁式砖塔，塔阶作盘旋式，现地表以上通高30米，直径7.06米，塔内外均嵌有佛龛和图案、假门、假窗等造型，腰檐互饰斗拱均仿木结构，外观庄严淳厚。明嘉靖二十五年（1546）重修上三层。1938年日寇侵犯尉氏，第二层西北角和第三层东北、西北角遭炮击破坏。同年，蒋介石扒开花园口，黄水侵蚀，下层被淤一米多，塔门坍塌。新中国成立后党和政府为了加强文物保护管理，多次修缮，1956年河南省公布为省级文物保护单位，2006年6月国务院公布为全国重点文物保护单位。

青云禅寺坐落在庄头乡高庙范村东的金鸡岭上。南北朝时在最高处建了一座五岳庙，唐初佛教兴盛，五岳庙改为青云禅寺，金朝时毁于战火，明景泰年间（1450—1456）重建，为开封大相国寺下院，规模宏大。大殿内塑释迦牟尼、太上老君、孔夫子像，集佛、道、儒于一堂。如今寺庙已非昔比，但寺前四棵千年古槐却气度超凡，虽老态龙钟，有的甚至中空，可任人由腹中攀缘上下，但仍枝繁叶茂，郁郁葱葱。青云禅寺是尉氏县开放的佛教场地之一。

洧川镇——洧水边上有名城

洧川镇位于尉氏县的西南边，南与长葛市隔双洎河相望，因处于洧水下游一片平川地带而得名。战国时分属郑、韩、魏三国。隋唐置洧州，唐贞观元年（627）州废，宋因唐旧制。金朝置宋楼镇，设惠民仓于此。金兴定二年（1218）以宋楼镇置洧川县。明洪武二年（1369）因河患北迁十里于今址。明景泰二年（1451）修土城，周长九里四十步。清沿明制，康熙十年（1671）洧川辖区由原来的四坊二十四保均并为八保，以后额定为编，长时间沿袭，所以过去有八保小洧川之称。民国时期（1912—1949）洧川县辖六区，洧川称城厢镇。新中国成立初期洧川仍设县，1954年长葛、洧川两县合并，洧川称区，属长葛县。1965年洧川公社划归尉氏，1983年改称乡，1988年改称洧川镇。现辖35个行政村，55个自然村。

洧川镇历史悠久，地方特产享誉省内外，风味小吃堪称一绝。洧川锅盔上下十八层，正面松软可口，背面黄焦酥脆，放置长年不坏；洧川的豆腐能用麻绳串起来，可用秤钩挂着称，烹炸煎炒风味各异，别具特色；拢单热豆腐细白、嫩软，为营养之佳品，老少皆宜；洧川羊肉烩豆腐亦是名吃之一，味感浓厚，鲜醇顺口，方圆数百里闻名。

洧川镇的文化遗址和名胜古迹众多，兴龙岗村裴李岗文化遗址具有较高的考古价值；城隍庙古建筑群占地六亩，房屋50余间，为明代建筑；洧川城大南门也是明代建筑，至今巍然屹立。城北门洞上方砖缝斜刺生长一株500年的古柏，柏树中空，

洧川镇　摄影：余建

里面生长一株榆树，柏榆共体，枝形奇异，称之为“柏里有榆”，讹传为“白里有余”。除此之外，唐代名相魏征庙、宋代哲学家张载墓及大批碑刻都可彰显洧川厚重的历史。

• 古圉镇——名人辈出文采扬 •

圉镇蔡文姬像 摄影：刘银忠

圉镇位于杞县南部，距县城25千米，是一座具有两千多年历史的文化古镇。早在殷商时期的甲骨文中，就出现了“圉”字，春秋时期圉先后隶属于陈国、郑国，曾做过国君的养马场。西汉时设立圉县，属陈留郡，唐贞观元年（627）废县为镇，为镇治。圉城旧址南北长两千米，东西宽1.5千米，面积3平方千米，城墙墙基为红岗土和碎沙石搅拌夯筑而成。城址内外出土有春秋铜矛、剑、戈和汉绿釉瓷壶、陶鼎、瓮、尊、绳纹大筒瓦等文物。

圉镇名人辈出，东汉时期的“强项令”董宣，文学家、史学家蔡邕、蔡琰，西晋时期的江统都出生在这里。

董宣，字少平，东汉光武年间被大司徒侯霸举荐，历任北海相、江夏太守、洛阳令等职，以为政清廉、不畏权势闻名。

董宣任北海相时，当地有一豪强公孙丹迷信卜者之言，在营造家园时令其子杀路人祭宅。董宣闻报后，将公孙丹父子处以死刑，又命部下水丘岑把为公孙丹“鸣冤叫号”、围攻官府的宗族亲党30余人杀死。青州太守以滥杀罪弹劾董宣，董宣被判死刑。他在狱中日夜吟诵诗书，处之泰然，并无惧色。临刑时，光武帝派使者至刑场特诏免死，改为降职处分。后来，大盗夏喜在江夏作乱，董宣被调任江夏太守，夏喜慑于他的威望，不战而降。当时，皇后阴丽华母家子弟任郡都尉，董宣认为借外戚关系做官并非真才，对其轻慢而被罢官。不久，董宣又被任命为洛阳令，因处死光武帝姐姐湖阳公主犯了死罪的家奴，并抗旨拒不向公主认错道歉而被汉光武帝刘秀称为“强项令”。

董宣任洛阳令5年，建武十九年（43）卒于任上，享年74岁。光武帝派人吊唁，见董宣破被覆尸，妻子在一旁号哭，家中只有大麦数斛，破车一辆。光武帝听了汇报，十分感伤地说：“董宣如此廉洁，可惜直到他死后我才知道！”于是下诏赐以艾绶，葬以大夫礼，录用其子为郎中。

耿直廉洁的董宣是家乡人的骄傲，今天圉镇的三贤祠仍香火不断，以祭祀董宣与他的两位圉镇同乡蔡邕和江统。

• 高阳镇——郦生故里美名传 •

高阳镇位于杞县城西南8千米处，是西汉名臣郦食其、郦商的故里，镇南“郦生冢”有汉代所建二郦墓祠。境内狗脊骨树为世界稀有树种。

郦食其少年时就嗜好饮酒，常混迹于酒肆中，自称为高阳酒徒。

秦朝末年，刘邦斩蛇起义，带领义军攻打到陈留，久不能克。郦食其求见刘邦，向其陈说利害，并帮他去劝降陈留县令。劝降不成，郦食其率众杀死了县令，使刘邦兵不血刃便占据一座名城，得到了许多兵器和粮食，投降的士兵也有一万多，为刘邦西进咸阳打下了基础。

郦食其冢　摄影：刘银忠

公元前204年楚汉相争时，郦食其又建议刘邦急速进兵，收取荥阳，储粮据险以争天下，并表示自己愿意去说服兵众将广、割据一方的齐王田广。郦食其的这一建议，成为刘邦夺取天下的重要战略。

郦食其到了齐地，向齐王晓以利害，齐王欣然同意罢兵守城，天天和郦食其纵酒谈心。这时由于韩信乘机攻齐，田广误以为被郦食出卖，遂将郦食其烹杀。郦食其为汉朝立下了汗马功劳，他的名字却往往不为人所知，但只要一提起“高阳酒徒”，则家喻户晓。

郦商是郦食其的弟弟，跟随郦食其在陈留投奔刘邦，率兵数千向陈留西南方向进攻，不断夺取地盘。郦商在跟随刘邦与项羽的战争中屡立战功，官至将军。汉高祖十二年（前195）以丞相的身份平定了英布之乱。吕后死时，郦商病重，周勃、陈平为保证灭吕政变顺利进行，怕节外生枝，派兵包围郦府，并让郦商之子郦寄说服吕禄交出兵权，最终灭吕政变成功。周勃、陈平等拥立代王刘恒即位，是为汉文帝，郦商以功迁右丞相，封曲周侯。

郦生冢在县城西南11千米的高阳村西南隅，铁底河南岸。冢高15米，东西120米，南北250米，上有汉广野君郦食其及大将军曲周侯郦商墓。二墓东西并列，墓后有郦祠，建于东汉延熹六年（163），毁于1939年。出土文物有小型砖室墓、绳纹筒瓦、五铢钱等。1984年公布为县级文物保护单位。

高阳镇境内金村西北隅土冈上有狗脊骨树，十分罕见，据传为宋代遗存。1919年《杞县志·采访稿》记载：“金村村后有台，高1丈，纵横10步（5丈），台之周围树根盘绕，自成纹理，密不见土……上有狗脊骨树，大小20余株，高逾常树，枝干屈曲无一直者，暑季葱茏一色，荫阴亩许，村人乘凉者如市。”后因冈台水土流失，现仅存5株。此树属落叶乔木，每年春分前后始生孪生同体叶花，形似桑葚，挂满全树，十分美观。清明节前葚球绽开，一叶一花，各为一体。黄花雄蕊6瓣、微透清香，叶为互生，全边桃形。入夏枝叶繁茂，遮天蔽日。果实圆空如椒，初呈浅绿，渐变黑绿，至褐黑成熟，夏至多数坠地。因无胚，不具备繁殖能力，分枝、压条、掩根，挪动即死，故此树为此冈独有。1986年公布为县级重点文物保护单位，1987年建红砖围墙加以保护，已成为一处旅游景点。

• 堌阳镇——两省三县展风姿 •

堌阳镇位于河南省东北部，与山东省的东明县、曹县接壤，处两省三县交接处，是原考城县旧址，现属兰考县。

兰考县紧靠黄河，很久以前就有人

类在这里活动。相传黄帝征伐蚩尤曾途经县境，黄帝的儿子青阳氏死后埋葬在青陵岗，即今兰考县红庙镇青龙岗村。西周分封天下，今兰考西部属卫国，东部属戴国。战国至秦汉时期，分别设置了东昏县和谷县，进而演变为兰阳、仪封和考城三县。

考城县在春秋时属戴国，秦朝时置甾县，后汉时改称考城，西晋初年废，不久又复置，南北朝的后魏改置考阳县，北齐改名成安，隋朝又改名考城，五代的后梁改名戴邑，后唐又复名考城。故城在兰考县东南（今属民权县），明朝时迁徙到今兰考东北，清朝时属河南冲辉府。1953年，考城县与兰封县（由兰阳和仪封二县合并）合二为一，各取一字名“兰考”，县治设在兰封旧城，考城县治所在地称堌阳。

作为故城旧址，堌阳镇曾有很多历史遗迹，可惜因黄河多次决口，已被掩埋在泥沙之下。

进入21世纪以来，堌阳镇面临新的发展机遇，利用兰考的泡桐优势，已发展成为河南省最大的桐木综合加工基地，尤其是堌阳镇生产民族乐器的工厂，达32家之多，其产品包括古筝、转调筝、琵琶、古琴、扬琴等，共有20多个品种30多个系列，另外还生产乐器配件，如桐木音板、乐器架子等，产品不仅畅销全国，还出口到新加坡、日本、美国、加拿大等20多个国家。

现在，堌阳古镇正在努力打造一个融生产、交易、旅游、购物、娱乐功能于一体的复合型中国木制民族乐器的核心产业基地。

• 招讨营——京畿重地国都里 •

招讨营位于八朝古都开封东22.5千米处，历史悠久，交通便利，地理位置优越。

招讨营的历史可以远溯至夏朝。夏是我国第一个家传天下的奴隶制王朝，自大禹立国，到夏桀被商汤灭亡，历时470年。其中，第七帝名予，《竹书纪年》记载夏第七帝予时，“帝宁居原，自迁于老丘”，传至第十三帝廑时，移至河西。夏朝在老丘建都的时间为二百余年，老丘就在招讨营北约一千米处，现名国都里村。

春秋战国时期，招讨营先后属卫国和魏国管辖，是古济水河畔的一个重要村邑，传说著名思想家孟轲、庄周西去大梁时，曾路过招讨营。公元前225年，秦将王贲决鸿沟之水灌大梁城，魏国灭亡，招讨营遂沦为秦国的村邑。汉朝建立后，招讨营曾随开封一起属于诸侯国梁国。其后的数百年间，因古济水被黄河泛滥的泥沙淤塞，招讨营沦为一个普通村落。

581年，隋文帝杨坚统一中国。605年，隋炀帝征发民夫百万，修凿通济渠，渠水出荥阳，经汴州城直下东南，连接邗沟通往江南，这便是历史上著名的大运河。其中，从黄河到淮河的一段，就是汴河。水路的畅通，为汴州的繁荣发展奠定了基础。随着汴州的兴起，作为拱卫汴州的卫星村镇，招讨营人口再次繁盛起来。其后，从唐到五代，招讨营一直作为汴州（东京，今开封）的卫星镇存在，也曾在战乱之中饱经战火。

960年，赵匡胤发动陈桥兵变，取代后周建立了北宋王朝，定都开封，称为东京。东京地处平原，为四战之地，难守易攻，赵匡胤为加强京师防卫，成立精锐的卫戍部队，称为禁军，分别驻扎在东京四周，招讨营便是其中最重要的军事重镇。宋代称奉诏带兵征讨边塞的大将军为“招讨使”，招讨营便是招讨使陛辞皇帝离京第一天的驻扎地，也是边防将军奉旨回京等待召见的驻营地。据说，赵匡胤为确保东京安全，还曾派禁军挖转兵洞，由东京皇宫直通招讨营。在“杨家将”的传说中，北宋名将杨六郎去世后，辽国大将韩昌领兵30万大举进犯，扬言要消灭大宋。宋廷一片惊慌，只好任命杨家女将穆桂英为招讨大元帅，出城御敌。穆桂英率领杨家兵在京城东北的枣林村摆下五方八卦迷魂阵，阵中间为高达三丈的帅台，台下是直通京城内转兵洞的洞口，以便随时增加援兵。布阵完毕，穆桂英派人向韩昌下战书，以决胜负。韩昌欺负穆桂英兵少将寡，率5万精兵杀奔而来。待敌军入阵，穆桂英下令拉响转兵洞的串铃，成千上万精兵从洞中源源而至。辽军被困阵中，左冲右突，死伤及被捉者不计其数。韩昌见大势已去，化装成士卒潜逃。双方激战之际，宋军击鼓撞钟，用力过猛，竟把钟鼻震坏。高悬的大铁钟从空中落下，正好套在一棵小槐树上。小槐树长势旺盛，后来突破铁钟，长成几抱粗的大槐树，人称“铁裹槐”或“铁槐树”。几十年后，穆桂英的儿子杨文广路过此地，曾在这棵槐树上拴过马。为纪念母亲的功绩，他将枣林村改名为招讨营，并沿用至今。

1127年，金兵第二次围攻东京，北宋灭亡，招讨营也随之沦为金国的一个村镇。其后，历经元、明、清数百年，招讨营虽然颇见凋敝，但仍是一个闻名遐迩的集镇，著名武侠作家金庸先生在他的名著《书剑恩仇录》中，便曾有“招讨营是黄河南岸的一个大集镇……”的描写。

招讨营因地理位置重要，还是重要的文艺之乡。河南坠子是中国曲艺百花园中的一朵奇葩，有着浓郁的河南地方特色和鲜明的中原民族风格，唱腔优美动听，雅俗共赏，流行于全国大部分地区，深受广大群众的喜爱和欢迎。据有关史料记载和老艺人传说，出生在清嘉庆年间招讨营附近小乔庄的乔治山（小名水），因小乔庄被黄河淹没，自小寄居在招讨营的亲戚家，跟着在招讨营住店的流浪艺人学唱三弦，夜里没事，便用马尾做个弓子在三弦上拉着玩儿，竟别创新声。后来，乔治山来到开封，因其拉弦、唱腔都别具风味，而尤擅唱《玉虎坠》，他所创造的新艺术形式便被大家称作河南坠子。

清末民初，河南梆子（豫剧）在开封一带蓬勃发展，开封周围如朱仙镇、清河集等开办了许多豫剧“窝班”，培养豫剧演员。1928年，招讨营附近孙庄村的卢殿元租用招讨营北门里的隆兴寺开班授徒，先后聘请于得水、王大成、张芳金、管玉田等担任老师，成立了在豫剧历史上极为有名的“卢殿元科班”。

卢殿元科班1928年开班，1932年散班，初办班时收徒30人，后增至50人，鼎盛时达到100多人。从卢殿元科班走出的演员，著名的有红脸李同心、花脸衡振先、丑角郭富贵、旦行侯秀真、邓银芝及文武须生王根保等。其中最著名的是被誉为“艺坛常青树”的表演艺术家、豫剧“五大名旦”之一的马金凤。马金凤在招讨营卢殿元科班师从管玉田学戏约一年时间，学会了《三上关》《三娘教子》《火烧绣楼》等戏，开始随戏班四处演出，历经坎坷磨砺，最终成为豫剧艺术的一代宗师。

岁月递嬗，日月轮机，招讨营在历史长河中数度沉浮，因黄水、战乱诸多原因，几经凋敝，但仍绵延流传。现在的招讨营，虽然不过是一个普通的村子，但因其地处中原经济区的核心增长极，郑汴洛工业走廊的东端，国道310穿村而过，北倚黄河、连霍高速，南临陇海铁路、郑徐高铁，东靠日南高速，西贴106国道、大广高速，优越的地理位置和便捷的交通，必将使其赢得新的发展机遇，再现新的辉煌。

• 宋都御街——皇家御道真排场 •

在开封的老街旧巷漫步，时时能感受到浓郁的历史氛围。开封古城区（城墙以内）面积比西安古城略大，是我国为数不多的保存比较好的古城之一。开封的街道基本上都是东西和南北走向，横平竖直，构成棋盘状的城市格局。街道的名称，多是明清时期形成的，其中也有很多是宋代的遗存，每一条街道都通向苍茫的历史，都能垂钓出幽邃的传说和故事。在众多的古街旧巷中，最负盛名、最有魅力的当数宋都御街。

宋代的御街，是一条贯通东京南北的中轴线，北起皇宫宣德门，过州桥和里城的朱雀门，直至外城的南薰门，长达十余里，宽二百余步，两边都是御廊，各安立一行黑漆杈子，路心又安立两行朱漆杈子。御道中心专供皇家使用，不许人马行往，行人都在廊下朱漆杈子之外。杈子里有砖石砌的两道御沟，以供排水之用。宣和年间，御沟里全部种植莲荷，近岸种植桃、李、梨、杏等各种果树，到了春夏之间，各种花朵争相开放，如锦似绣，姹紫嫣红，芳香四溢，把整个御街都装点进图画之中。

御街是供皇帝御驾出入的街道。除皇帝之外，御街还是其他皇族成员活动的场所，《东京梦华录》曾记述皇太子纳妃、公主出嫁和皇太后、皇后出乘时的盛况。每有皇族婚嫁或国家庆典，御街就是显示皇家尊严和气象的主要街道，奢侈豪华，阔绰气派。平日里雕车竞驻，宝马争驰，金翠耀日，罗绮飘香。到了每年的元宵节，更见御街的繁华荣耀，热闹喧嚣。皇宫门外，从年前的冬至就开始搭建山棚彩廊，并用大木立起大型表演台，正对着宣德楼。游人早早便聚集在御街两边的廊下，观看御街上各种杂耍表演，“奇术异能，歌舞百戏，鳞鳞相切，乐声嘈杂十余里”。玩杂技的，演魔术的，说书的，卖唱的；击丸蹴球，爬竿上索，吞铁剑，吐烈火；灰药、杂剧，箫管、鼓笛，“更有猴呈百戏，鱼跳刀门，使唤蜂蝶，追呼蝼

御街灯火　摄影：张锡佑

蚁。其余卖药卖卦，沙书地谜，奇巧百端，日新耳目”。到了正月初七，灯会已经达到高潮，“灯山上彩，金碧相射，锦绣交辉”。宣德楼前的彩山上，布列华灯“数十万盏”，结彩饰金，大部分都画着神仙故事。其时，皇帝也“与民同乐”，在宣德楼上设一御座，“用黄罗设一彩棚，御龙直执黄盖掌扇，列于帘外”。帘内也是春光融融，细乐臬臬，宫女嫔妃的嬉笑之声，时时飘飞于外。“万姓皆在露台下观看，乐人时引万姓山呼”（《东京梦华录》）。正所谓“宫漏永，御街长，华灯偏共月争光。乐声都在人声里，午夜车尘马足香”。

宣德门在御街的最北端，是皇城的南大门，北宋最大的门楼，高大宏伟，气派非凡，独具特色，集楼房的殿堂和城门的防御功能于一身，是由巨石和青砖筑砌而成的一座高台基殿堂楼阁建筑，故宋代也叫宣德楼。宣德楼内画栋雕梁，绘彩描金，曲廊回栏，飞檐斗拱，极见雄奇峻伟，凝铸了众多能工巧匠的血汗和智慧。宣德楼高大巍峨，楼上可供休息凭眺，北面是黄瓦红墙，庄严森肃的皇宫，南向是平直宽阔的御街，两边是鳞次栉比的亭台楼榭和砖房瓦舍。宣德楼下，有五个巨大的门洞，其正中者最为高大，专供皇帝使用；其余四门分列两边，参加朝会的官员依据品衔大小分别出入。宣德楼今已不存，但从宋徽宗赵佶的《瑞鹤图》上，依稀可以看到宣德门的巍峨庄严气象。

宣德楼前，原有一对石狮，高约三米，雕工精细，浑厚大气，古朴豪放，体魄雄壮，威风凛凛，造型逼真，相传是宋代皇宫的镇门狮。金灭北宋时，东京的许多奇珍异宝，无论皇室还是民间，都被金兵劫掠而去，这一对石狮，因其太过巨大沉重才得以幸免。明代时，朱元璋封其第五子朱橚为周王，在宋皇宫旧址建周王府，曾将这两只石狮安放在周王府门前，以镇王宫。清雍正年间，河南巡抚王士俊为讨好朝廷，在周王府旧址建万寿亭，下令将两只石狮移到午朝门前，结果在搬运的过程中损伤了两腿。冯玉祥将军主豫时，下令把万寿宫改为中山公园，并着人在石狮颈下刻凿“睡狮猛醒，勿伤我种”八个大字。现在，历经沧桑的两只石狮仍伫立在午朝门前，默默地守护着开封的过去与未来。

从宣德门沿御街南行约里许，就是历史上闻名遐迩的州桥。从州桥复向北去，有一地名“行宫角”，原为清帝弘历于乾隆十五年（1750）巡视开封时的行宫所在地。1900年，八国联军侵占北京，慈禧太后挟光绪皇帝仓皇出逃西安，次年农历八月起程回銮，途经开封。河南巡抚松寿亲自跑到西安迎接，并对乾隆来汴时所住的河南行宫进行大肆修葺，把行宫周围的墙壁红饰一新，所有的亭阁、廊檐、门窗、柱栏等都重新油漆一遍，对旧行宫进行改造，以供慈禧等居住。中华民国时期，原河南行宫成为河南省政府所在地。新中国成立后，直到1953年省政府西迁郑州，该处仍是河南省政府的所在地。省府西迁后，这里又是开封地区行署所在。

岁月更迭，沧海桑田，开封历经战乱和水灾，天街早已不复旧观。天街上的宝马香车，天街上的亭台楼榭，天街上的万家灯火，天街上的醉雨熏风、夜夜笙歌，都被历史的尘沙堙没，即便是御街、天街的名字，也都成前朝故事，已被许多人忘却。明清以后，御街被分段名为南门大街、老府门大街等。1927年，冯玉祥主持豫政时，将面目全非、狭隘曲折的御街拓宽取直，自火车站直达龙亭，取名“中山路”，其名一直沿用至今。20世纪80年代，开封市人民政府根据国家旅游局提出的开发中原旅游区的设想，在原东京御街的遗迹上，即今中山路的北段，北起龙亭公园的午朝门，南迄西大街口，建起一条宋代风格的街道，名为“宋都御街”。

宋都御街于1985年开始兴建，1989年全面竣工，全长400米，街宽30米，1991年4月正式对外开放。御街南端屹立牌楼一座，气势恢宏。牌楼的门楣上，南面凹刻着“宋都御街”四个大字，北面凹刻“国泰民安”四个大字。牌楼前正门左右，各立一尊石雕大象，上骑昆仑奴，手执长枪，身着紫衫，威武雄壮，貌相端严。

穿过牌楼北行，宋都御街上的各色仿宋建筑历历在目，从青灰色筒板瓦曲线屋顶，十字脊悬鱼苫草，到翚状斗拱，棱形外柱，到雕花门窗，飞檐悬铃，都采用宋代的营造法式，再现了宋代风貌。加之五彩遍装、丹粉刷饰、碾玉装、解绿装等宋代彩绘，更显得绚丽多姿，庄严飘逸，气度豪华，庶几可见当年东京之繁华富丽。

宋都御街两边的店铺，牌匾高悬，旗幌翻飞，宫灯摇曳，各个店名也都别具特色，如东京镖局、高丽医铺、惠民药局、东京烟花、宣和画院、东京钱庄、古今阁等，都有盎然古趣。在宋都御街漫步，常使人恍然感到一步踏入了历史。

新建的宋都御街上，最主要的建筑是樊楼和角楼。角楼在御街的最南端，一式两幢，分东西对列，总面积为2460平方米。樊楼位于宋都御街居中地段的路西，总建筑面积达5000平方米，完全模拟北宋东京“酒肆之甲”的樊楼模式，“三层相高，五楼相向，飞桥栏槛，明暗相通，珠帘绣额，灯烛晃耀”。

樊楼是东京的第一大造酒作坊和大酒店，位于北宋皇宫东华门外的景明街，与潘楼街、土市子街、马行街等热闹去处连接一起。樊楼的经营采用的是前店后坊的机制，年产销官曲五万斤，是东京七十二家正店（大酒店）之冠。樊楼规模巨大，当然与当时的达官显贵颇多来往，甚至与皇宫大内也关系密切。宋天圣五年（1027），宋仁宗曾颁诏三司，令拨定在京师经营的酒店、饭馆和酒的零售业务的三千户，都到樊楼“取酒沽卖”。樊楼不仅是日常营业的第一大酒楼，而且还成为钦定的酒类批发中心了。宋徽宗宣和年间（1119—1125），樊楼又进行了大规模的装修改造，更加巍峨壮观，金碧辉煌。樊楼高三层，是五栋楼连在一起的合体建筑，每栋楼既各自独立，又有栏槛、飞桥相互勾连，明暗相通，曲径回廊，仿佛是一座迷宫，时常给人“别有洞天”和“柳暗花明又一村”的惊异和新奇感。由于毗邻大内，西楼的最高一层禁止士人登眺，表面上说是其可以俯瞰皇宫禁苑，实际上则是因为该楼有暗道与皇宫相通，风流皇帝宋徽宗时常潜来，与东京名妓李师师吟诗抚琴，把盏品茗，谈画论艺，自然也少不了鱼水云雨之乐。

• 开封皇宫王府——影响北京的都城建制 •

从宋都御街北行，过午朝门，就是五代时后梁、后晋、后汉、后周和北宋的皇宫所在地。

唐朝末年，藩镇割据，军阀混战，盗贼蜂起，民不聊生。军阀朱温在混乱中逐渐控制了中原一带，于907年自立为皇帝，国号为“梁”，史称“后梁”。因为当时战乱频仍，朱温只是在原宣武军节度使署衙的基础上略加修整，就作为皇宫驻跸其间。皇宫得以大规模扩建和整修是在后周的世宗柴荣时期。

柴荣于后梁龙德元年（921）出生在邢州（今河北邢台）龙冈，是后周开国皇帝郭威的内侄。郭威无子，因见柴荣长得英俊挺拔，相貌不俗，并且弓马娴熟，平日里喜欢读书看史，性情沉稳练达，遂收其为义子。954年，周太祖郭威驾崩，柴荣继位，是为世宗。柴荣神武雄略，堪称一代英主，他继位以后，兴利除弊，励精图治，抱着“十年开拓天下，十年养百姓，十年致太平”的宏图伟志，外修武备，内靖朝政，均土地，废寺院，使国力不断繁盛，东京的人口不断增多，东京的城池显得狭窄起来，“诸卫军营，或多狭窄，百司公署，无处兴修”，遂于显德三年（956）扩建外城，兴修皇宫，使得东京规模大备。周世宗柴荣雄才大略，可惜敏者不寿，仅当政六年，便英年早逝。

960年，后周的殿前都点检赵匡胤在陈桥发动兵变，建立了北宋王朝。赵匡胤在后周的基础上，南征北伐，统一了中国，结束了唐末以来军阀割据、混战不已的局面，国力更加强盛，东京成为全国的政治、经济、文化中心，“八荒争凑，万国咸通，集四海之珍，皆归市易，会寰区之异味，悉在庖厨”。东京城由高峻的城墙、雄伟的城门、川流不息的运河和繁华的坊市和街道组成，人烟浩穰，达百万以上，皇宫也建设得更加富丽堂皇。

宋代的皇宫，宫墙周围五里，四壁设门七座。皇宫里面有大庆、文德、紫宸、崇政、明堂等多所殿阁，巍峨壮观，参差连绵，极尽豪华。北宋灭亡时，金兵仅在明堂的柱子盘龙上刮下的金屑就达四百多两。皇宫诸殿中，最著名的是大庆殿，“殿九间，挟各五间，东西廊各六十

龙亭大殿夜景　摄影：耿鑫

间”，“殿庭广阔，可容数万人”，朝廷的许多大典如元正朝会、册尊号等均在此举行。由大庆殿南望，过宣德楼，便是宽阔平直的御街。

到了北宋末年，宋徽宗于政和二年（1112）筑延福宫。宫址在大内拱辰门外，东自景龙门，西抵天波门，殿阁亭台不计其数，凿池为海，引泉为湖，鹤庄鹿寨，文禽奇兽，孔雀翡翠，数以千计；嘉花名卉，类聚群分；怪石异木，幽胜天成。于政和七年（1117），在皇宫之东北处营造了一座“万岁山”，又名“艮岳”。艮岳工程历时六年，直到宣和四年（1122）才告落成。艮岳位于东京的东北隅，西起天波门，东至封丘门，北达城墙，南至闹市边，周围纵横十五里，最高一峰广九十步，上有介亭，分东西二岭，括天下之绝，藏古今之胜，集中国南北园林建筑之大成，荟华夏名山大川之雄伟、险峻、奇秀、幽美、畅旷诸特色之萃，蔚为大观。宋徽宗恬然自得，洋洋洒洒地作了一篇《艮岳记》：“……峰峦特起，千叠万复，不知其几十里，而方广兼数十里……真天造地设，人谋鬼化，非人力所能为者。”万岁山奇石异木都是从江浙一带运来，船舻自淮河入汴河，首尾相衔千里不绝，时称“花石纲”，耗尽了民力国财，也使许多人家破人亡，《水浒传》中在开封州桥卖刀的杨志，就是押运的花石纲翻船才致命运蹉跎的。可惜好梦不长，不久，金人北来，四面围城，徽宗慌忙之中自名教主道君太上皇帝，退居龙德宫，传位太子赵桓，是为钦宗。金人围城日紧，东京城内民怨四起，钦宗命取万岁山禽鸟十万，尽投入汴河。为据守京城，市民拥入山中，“拆屋为薪，凿石为池，伐竹为笆篱”。御养的几千头鹿麋，也都被杀死充作守城将士的食物。等到了靖康二年（1127），东京城破，徽、钦二帝被劫掠北去，仓皇辞庙，万岁山早已不复旧观。及至金宣宗扩建汴京城时，命取艮岳之土为北面城垣，改景龙江为城壕，延福宫、万岁山尽成遗迹矣！金人大掠东京时，连遗石也没有放过，现在北京的北海、中南海、故宫的太湖石多为艮岳旧物。

明朝建立，朱元璋封其第五子朱橚为周王，在宋、金皇宫旧址上营建周王府，并且扩大规模，周围达九里十三步，建筑宏丽，构筑庞大，为诸藩之冠。周王府内建有银安殿、存信殿、养老宫等殿堂楼阁多处，银安殿尤其高大巍峨，雄奇峻拔，金碧辉煌，与北宋皇宫里的殿阁相比也不逊色。因此南京城里谣诼纷传，都说汴梁“王气”太重，明惠帝卧不安枕，借口周王有同燕、齐、湘、代、珉诸王合谋篡位的迹象，于1399年命令曹国公发兵围攻周王府，将周王、世子及后宫眷属押送南京，削去朱橚王爵，发配云南蒙化监管，并将银安殿、唱更楼、尊义门楼等建筑拆除，东华门严禁开启，四角石上均用巨钉钉死，门前堆土成台，其土取自郑州，且经火炼熟，草木不生。风水术士解释说，毁银安殿是挖龙心，拆唱更楼是剜龙目，钉四角石是缚龙爪，堆土作台因为土能克水，使龙不得因水飞腾；东华门不开，谓之文官闭口，拆尊义门谓之武将断头。此外还把城南九层高的繁塔拆去六层，名曰“铲王气”。如此这般，东京的“王气”是被铲了，但北京的燕王、朱元璋第四子朱棣兴兵南征，以叔篡侄，赶跑了建文皇帝朱允炆，自己龙登大宝，改年号“永乐”。后来，永乐皇帝朱棣恢复了周王朱橚的爵位，但银安殿始终也没有恢复，繁塔再也不见旧观。

明崇祯十五年（1642），黄河决口，大水灌城，在汴梁传十一世、凡265年的中原第一名藩周王府被深埋在黄水泥沙之下，王府旧址竟成水泊潦洼。清雍正十二年（1734），河南巡抚王士俊为讨好清廷，在周王府煤山旧址上修建了规模宏大的万寿宫，俗称“龙亭”，前立牌楼，稍北建端门，门内为长达180丈的驰道。万寿宫周围筑有围墙，院内东西两边建有长廊、朝房，向北穿过朝房就是龙亭山，山上构筑重檐歇山式大殿一座。大殿坐北朝南，从地面到大殿共七十二级台阶。台阶中间，雕刻有形态各异的云龙图案，中有一串马蹄形的窝印，民间附会说是赵匡胤“黄袍加身”后，为防止发生同类事变，便显示武威，故意骑马登殿留下的痕迹。站在龙亭山上凭栏远眺，古城风光尽收眼底。龙亭大殿和东西朝房内，有宋代文物以供观瞻，并于1982年在全国率先建造第一座蜡像馆，1984年建成开放，蜡像馆演绎了北宋168年的历史，共有《宋朝开基》《杨业归宋》《澶渊之盟》等九组塑像，计有赵匡胤、包拯、苏轼、王安石、范仲淹等人物68个，皆如真人大小，形象逼真，栩栩如生。

从龙亭大殿拾级而下，出大门，过嵩呼，穿牌楼，但见一条平直的驰道把一湖碧水分为两截，东为潘家湖，西为杨家湖，传说是由潘美的家庙和杨业的家庙分别沦陷而成。其实，这大片的湖水，正是五代、北宋的皇宫和明朝的周王府所在地。

·古巷旧居——曲折幽深尽风流·

从朱门厚重、雾锁尘封的皇宫王府出来，应该到开封的老街旧巷走一走。

事实上，最能代表一个城市风貌和文化底蕴的，不是豪宅官衙，也不是皇宫王府，恰恰是万千百姓生活其间的普通街巷。朱门豪宅中，多的是攀比雷同，多的是规矩和成例，多的是虚妄和矫饰，而街陌里巷里，才演绎着真实的人生。

开封老城区内的街道，纵横交错，四通八达，基本呈棋盘状，较好地保持了历史风貌。街道大多沿袭旧名，粗略计之，仅以祠、庙、寺、观命名的就有30条以上，如游梁祠街、文庙街、家庙街、玉皇庙街、铁佛寺街、文殊寺街、延庆观街等；以衙府坊宅命名的也有许多，如北道门街、河道街、理事厅街、馆驿街、演武厅街、徐府街、袁宅街、省府前街等；犹以历史遗迹命名的居多，计有40条左右，如杏花园街、花井街、鼓楼街、吹古台街、天地台街、红洋楼街、惠济桥街、磨盘街、辇子街等；其余有以行店市场命名的，如山货店街、豆芽街、书店街、弓箭街、马道街；以河道关门命名的，如胭脂河街、辘轳湾街、蔡河湾街、北太平门街；以时代和吉祥之意命名的，如大兴街、博爱街、自由路、中山路、明伦街、龙虎街、乐观街、慈善街等。另有“七角八巷”之说，是为县角、行宫角、双龙巷、贤人巷、南京巷、聚奎巷等之总称。此外，还有数以百计的胡同，如刘家胡同、镟匠胡同、秀水胡同、绣球胡同、教经胡同等，林林总总，形形色色，不能尽述，每一条街巷都尘封了无数的历史沧桑，又在演绎新的生动故事。

北宋时期，由于有较长一段时间的相对和平稳定，东京的人口迅速发展膨胀，带动手工业、商业的繁荣发展，产生了城市富裕阶层，加之是天子脚下，皇亲贵胄、文臣武将、巨商大贾、达官显宦多如牛毛，手工业、商贾业极其发达，聚敛天下财富于一处，所以极见繁华富丽。除士农工商外，也衍生了寄生人群，如僧道、卜巫、妓女等。北宋崇佛敬道，僧尼道冠便云集京师，据《宋会要·道释》记载，宋真宗天禧五年（1021）时，东京有道士、女冠959人，僧、尼22 941人，计约24 000人。到北宋末年，宋徽宗大倡道教，自号道君皇帝，致使东京城里道长释消，

书店街　摄影：余建

但总人数仍在两万以上。直到现在，开封市得以保留的以寺庙观阁命名的街道仍有三十多个，足见当时之繁盛。

由于东京富甲天下，多的是豪绅富商，王孙公子，纨绔子弟，浮滑浪子，所以也成了娼妓的汇聚之地，数量惊人。宋人陶穀的《清异录》记载，“四方指南海为烟月作坊，以言风俗尚淫。今京师鬻色户将及万计，至于男子举体自货，进退恬然，遂成蜂窠巷陌，又不只烟月作坊也”。不但女妓万人，而且还有不少的男妓，孟元老的《东京梦华录》中对妓馆的记载多得刺目：“向西去皆妓馆舍，都人谓之院街。”朱雀门东边麦秸巷、状元楼外，“余皆妓馆，至保康门街”。朱雀门外西边之杀猪巷“亦妓馆”。旧曹门外之南北斜街，“两街皆妓馆”。牛行街“亦有妓馆，一直抵新城”。马行街鹩儿市之东，西鸡儿巷，“皆妓馆所居”。

世事沧桑，宋朝都城东京已深埋在今天开封市十多米的地下，许多街道早已不复旧观，但它们留下的名字，还在抒写着苍茫的历史，教经胡同就是一例。

宋真宗咸平元年（998），一支犹太人的队伍扶老携幼，历经七年艰苦跋涉来到东京，向朝廷进贡了西洋布，宋真宗赏赐给他们土地，恩准他们留居汴梁，并且准许他们“遵守祖风”，保持犹太教特有的风俗习惯。犹太教在当时被称为“一赐乐业教”，《圣经·旧约》记载，希伯来先人雅各与天神角力而扭伤了腿筋，故犹太教徒宰杀牛羊时有挑去腿筋不食的习惯，开封市井上便称之为“挑筋教”，把犹太人修建的寺院称为“挑筋教寺”，把犹太人集聚的地方称为“挑筋教胡同”。后来，因嫌名字太过粗俗，遂改为“教经胡同”。关于犹太人的事迹，有四通碑文，分别为明弘治二年（1489）、正德七年（1512）和清康熙二年（1663）、康熙十八年（1679）所镌，现存于开封市博物馆。犹太人远来定居一事，说明开封在宋代就是一个开放的城市，是一个能够对各种文化兼容并蓄的大都市。

20世纪中期以来，随着省会西迁郑州，开封绵延千余年的中原都会地位遂见动摇、削弱。改革开放之后，沿海地区经济发展突飞猛进，一些新兴城市相继崛起，开封与之相比，显得相对滞后。但开封就像一个还没有完全适应时代的贵族之家，虽然宫墙残破，荒草侵径，苔藓暗长，仍然不失其气度、内涵。这气度和内涵就是其丰厚的文化积淀。

近年来，河南省确立了深化文化体制改革、推动社会主义文化大发展、大繁荣，加快推进河南省由文化资源大省向文化强省跨越的宏大战略。开封作为省内第一批文化改革发展试验区，确立了以建设“全国知名的休闲文化旅游产业试验区”为目标，以“大宋文化体验之都，北国水韵休闲之城”为总体定位，在空间上形成具有宋都水韵特色的休闲文化旅游产业园区的“一城”与朱仙镇木版年画产业基地和堌阳中国木制民族乐器核心产业基地的“两镇”产业格局，推动文化运营工程，实现文化产业与国民经济和谐发展，文化产业发展与社会发展相和谐。

在这一宏大战略推动下，开封与其所辖城、镇、村的广大干部群众，必将凭借着其苍茫的历史和丰厚的文化，凭借着这块土地上祖先热烈不屈的灵魂，群策群力，奋斗不息，创造开封新的辉煌。

考古探秘

——旷世奇观城摞城

早在五六千年前，我们的祖先就在开封这块丰美而神奇的土地上生产生活和繁衍生息了。大量的考古发掘为此提供了确凿的证据。在开封城郊东南的万隆岗，挖掘出了石镰、陶器等新石器时代的遗物。在尉氏县城西南21千米处的断头岗，发现了一处新石器早期裴李岗型文化遗址。还有杞县的竹林遗址，属于仰韶文化中期。杞县县城东裴村店乡的鹿台岗文化遗址，则发现了龙山、商代及春秋等不同时期的文化堆积。

开封拥有众多的文物古迹。据统计，目前全市有全国重点文物保护单位19处22项，河南省文物保护单位44处47项。地下文物宝藏数量和价值更难以估量。最令人惊奇的是，随着开封城摞城奇观的发掘，一个千年前的国际大都市——北宋都城东京城遗址逐渐展现在世人面前。即使是惊鸿一瞥，也足以让每一个开封人，乃至每个华夏传人为之振奋了。还有巍峨壮观的明周王府，让人不由想起明惠帝“铲王气”的故事。而州桥遗址的挖掘，也让人联想起汴梁八景之一“州桥明月”和《水浒传》中杨志卖刀的生动情节。说起古遗址，尉氏县大营乡的椅圈马遗址，庄头乡鸡王村的康王故城，大新庄附近的汉墓葬，永兴的汉代六室砖墓，十八里乡锦被岗村和凡家村的岑彭、马武墓，以及杞县高阳镇段岗村的段岗遗址，祥符区万隆乡大孟昶村的孟昶墓等，都极具代表性。

得陇望蜀

• 老丘尚在——国都里村说国都 •

关于夏都老丘为开封首任古都的问题，相关的专家学者很早就已发现。只是那时连夏朝历史尚存疑问，学术界怎敢提出这一问题呢？20世纪末，国家调动大规模的学术力量，开始夏商周三朝的探源工程。直至2000年才得出结论，夏朝的存在是无可置疑的。古本《竹书纪年》云："帝宁居原，自迁于老丘。"《绎史·少康中兴》引《竹书纪年》说得更明确："帝杼元年己巳，帝即位，居原。五年，自原迁于老丘。"有鉴于此，开封的古都研究者对夏都老丘进行了深入的探访、论证和考古发掘，从而确认了夏都老丘的存在及大致的遗址地点，并最终得到权威部门的认可。

老丘的具体地理位置，《竹书纪年》引《春秋地名考》记载："老丘，古地名，在今河南陈留城北。"《大清一统志·开封府》记载，"老丘在开封府陈留县北四十里，有老丘城"；清人顾栋高在《春秋大事表》中记载："今开封陈留县东北四十五里，有老丘城。"《中国历史地名大辞典》解释说："老丘邑在今河南开封市东北，相传夏帝所都。"开封市的专家学者依据历史记载进行实地勘探，确认夏都老丘遗址在今开封市祥符区国都里村一带，西距开封古城（曹门）仅20千米。

为了解开国都里村是不是夏都老丘遗址之谜，1993年秋天，开封市文物工作队开始在国都里村附近展开了考古调查，并对重点区域进行了勘探。但是，由于这块地域是黄泛区，沉积了非常厚的淤沙，没能发现老丘遗址。五年后，"商开"高速公路准备破土动工，市文物工作队为配合项目建设，用考古钻机进行了文物勘探。在位于国都里村刘京寨的北部，探明一处较大型的古文化遗址。这块遗址尽管历经水患淤埋，仍高出地面3米多，在距地表11米以下发现了文化堆积层，部分探孔在距地表3～12米的深度，出土了具有明显夏商文化特征的残碎陶片。这一重大发现，为我们寻找夏都老丘遗址提供了重要线索。

2013年10月，中国古都学会在开封召开年会，就夏都老丘及开封的古都地位问题展开了深入的研讨，并形成了广泛共识。确认夏都老丘为开封的第一次建都，进而肯定了开封“八朝古都”的历史地位。

• 鹿台岗立——逐鹿中原从此始 •

说起“逐鹿中原”这个成语，可谓是妇孺皆知，可知道这个著名典故发源地的人就不多了。这个地方就是现在杞县城东裴村店乡的鹿台岗村，村西就是鹿台岗古文化遗址。2006年5月，“鹿台岗遗址”被国务院公布为全国重点文物保护单位。

在新石器时代，豫东大地水草繁茂，麋鹿成群，方圆数百里大小沼泽星罗棋布。到了夏朝，这里活跃着夏族、东夷族和商族这三个大的古族。一天，居住在高岗之上的一个氏族首领，率领族人围剿一群鹿时，遇到了也在追击鹿群的另一个氏族。两个氏族同心协力，围追堵截，捕获了这鹿群。接下来，却在如何分配战利品时发生了严重分歧，导致了激烈冲突，在血光中你争我夺，最终居住在岗上的氏族获胜。为了纪念胜利，氏族首领一高兴，就把高岗命名为“得鹿岗”，后来人们叫作“鹿台岗”。这个当地人代代相传的传说符合当时的情况吗？这三大古族是否在这里活动过呢？

1959年的一次考古发现，基本上回答了这个疑问。当时河南省文物工作者在鹿台岗考察，这里岗高5米，遗址东西宽约120米，南北长约150米，总面积约18000平方米。从厚3～5米的文化层里，出土了大量的陶器、石器、骨器、蚌器和少量的青铜器，还采集到了鬲腿、鬲裆、泥质灰色陶器残片、砂质红褐色陶片等标本以及鹿角化石、蛋壳陶片、骨针、房基等，还发现了一些房屋、灰坑和祭祀遗址，其中包括距今4000余年，属于河南龙山文化的两处祭祀遗址。旋即这里以“鹿台岗遗址”命名并被确定为文物保护单位。

这一考古发现，说明当时有人类在此活动是确定无疑的。可怎样证明他们是夏、商和东夷这三族的人呢？为了寻找这一答案，1989年和1990年，郑州大学考古专业的师生和开封博物馆的考古人员对“鹿台岗遗址”进行了一系列发掘，并有了惊人发现：这里的文化层竟然有龙山、先商或岳石、早商、晚商、春秋等不同时期的文化遗存，这与附近同时发掘的朱岗、段岗、牛角岗遗址的文化内涵大相径庭。

深奥的考古学咱不多讲，我们只需记住这个文化差异现象所给出的结论就行了：在夏朝，鹿台岗是华夏、东夷、先商三大古族的交会地和分界岭。三大古族在这里生存发展和繁衍生息，既相互交流，相互依存，又相互角逐，相互竞争。“鹿台岗遗址”的神秘面纱由此揭开了。因此，我们可以说，以鹿台岗遗址为半径的诸多遗址群是夏、夷、商三大古族逐鹿中原的历史见证。

那么鹿台岗这块弹丸之地到底有什么魅力，吸引着三大古族竞折腰呢？首先，专家对鹿台岗遗址的孢粉做了分析，得出了鹿台岗当时为亚热带、温带气候的温暖期，天公相助，风调雨顺，利于从事农耕生产和其他劳动。其次，鹿台岗在一片低洼卑湿之地中犹如鹤立鸡群，是先人们躲避水患的最佳选择。再次，人们交往交流和交换的需求促使着三大古族在这里交融。

• 启封故城——从此启动不停留 •

开封在历史上有很多名字，每个名字都有一段耐人寻味的历史故事。那么，现在的开封是什么时候建的城，又是什么时候才有这个闻名中外的名字呢？这要从一个大土堆说起。

这个大土堆位于开封市祥符区朱仙镇的古城村，在今开封市南22.5千米处。它长100多米，高约8米，宽有30多米，上面长满了树木野草。一马平川中矗立着这么一个土堆，很是显眼。土堆东边有块水泥标牌，上写四个大字：启封故城。这是一处全国重点文物保护单位。

2700多年前的春秋时期，这一带是郑国的边陲，因有逢泽，盛产粮食。郑庄公为拓展实力，在今朱仙镇附近古城村构筑城邑和仓城，主要用来储粮，取名“启封”，含“启拓封疆”的意思。这在《太平寰宇记》和清《开封府志》序中都有记述。

当时雄心勃勃要称霸中原的郑庄公派遣大将郑邴超常规建筑了这座启封仓城。启封城东西略短，南北稍长，周长1000多丈。这在今人看来，是块巴掌大的地儿，但在当时可是严重逾越礼制的。因为列国都城的规模也不过900丈，一个装粮食的仓库就敢大于别国的都城，这足以显示郑庄公叫板周王室的决心了。

秦横扫六国，启封北边几十里外的魏国都城大梁被秦军决鸿沟之水淹没了。秦统一中国后，在全国实行郡县制，以加强中央集权，启封由仓城升为县治，大梁则由魏都降为浚仪县。到了西汉，为避景帝刘启的名讳，把启封县改为开封县。从西汉到唐朝前期，开封与浚仪一直是两县分置。而自南北朝后期开始，浚仪的地位逐步上升，先是设郡，后又将陈留郡治移入，不久又相继改设梁州、汴州，管辖范围也逐步扩大。尤其是隋朝修筑了大运河（名通济渠，汴州段又称汴河）后，汴州的地位迅速上升。至唐朝中叶，已成为重要的藩镇所在地。唐延和元年（712），移开封县治于汴州城内。至此，开封、浚仪县治同城，属地各异。开封取代浚仪、汴州等称谓，直至五代成为都城的代名词。

1986～1987年，开封市文物工作队对启封故城进行了考古发掘，初步探明了故城的位置、形制、面积及部分门址。正如史料记载的那样，遗址呈东西略短、南北稍长的不规则梯形，城墙周长3300米左右。由于屡遭水灾兵燹，只有故城的西墙部分地段残存在地面之上，夯筑城墙时留下的夯层、夯窝仍然清晰可见；其余三墙都淤埋于地下数米之处。在故城的北端断裂处，发现土质坚硬，分层明显，似是土坯垒砌墙，附近还散落有大量绳纹装饰陶片。另外，发现整个城址西高东低，呈倾斜状，落差较大，说明当时这一带极可能是丘陵地貌。在故城西南方向的老谭寨村，考古队员还征集到一方北魏时的墓志砖，铭文对于确定故城遗址为启封城和西门位置提供了有力佐证。

除确定了启封故城遗址外，考古人员在这里还有另一个重大收获。他们从那块墓志砖的内容上，得出了故城外西侧为华夏郑氏家族墓地的重大结论，从而印证了启封就是荥阳郑氏的发祥地，古城村才是华夏郑氏的祖根。

为纪念启封故城，发展朱仙镇的文化旅游业，由河南开心一方置地集团投资、河南省朱仙镇文化旅游有限公司开发建设

启封故城遗址　摄影：张玉发

了启封故园。该园集文化、旅游、生态农业观光于一体，是朱仙镇国家文化生态旅游示范区。园区位于开封市朱仙镇北侧、开尉路以西、运粮河两侧，总建设周期10年，计划累计投资120亿元，总建筑面积80多万平方米。项目规划分为古镇风情展示区、环湖风景游览区、温泉休闲度假区、古战场文化体验区、生态农家体验区、文化创意养生区、生态湿地体验区、生态林地观光区等8个功能区。其中，一期古镇风情展示区已建成，主要建筑有启封楼、四面牌坊、验粮楼、潜龙桥、状元桥、魁星街、信义桥、聚仙桥、下八行街、券洞门、凤鸣茶楼、博弈广场等，已于2016年10月开园。

• 城摞城奇观——水患兵灾永不灭 •

在开封流传着这样一句家喻户晓的谚语：“开封城，城摞城，地下埋着几座城。”

那么，实际情况是不是这样？开封的地下到底压着几座城？如果真埋有城，那么分别是哪些朝代的城？这些问题长期以来一直没有得到考古论证。但是，人们结合开封屡遭水淹的史实和民间的传说，都坚信“城摞城”的真实性。

1981年春的一天，开封龙亭湖底清淤工地上，显得平静而又忙碌。在潘家湖的施工过程中，竟意外发现了宋明时期的遗物，规模宏大的明代周王府遗址得以重见天日。史书上说周王府是在宋、金皇宫的基址上修建的。那么找到了周王府的遗址，能不能推断出王府的下面真的埋藏着北宋东京城呢？

央视网

地球档案·城墙下的秘密

大规模的“宋城考古”由此拉开了帷幕。初步发掘得知，北宋东京城遗址距地表平均深度为6～8米，外城西墙新郑门距地表最浅，只有30厘米，内城南北墙部分地段距地表最深，有11米左右。后来大量的考古勘探发掘表明，北宋东京城东西略短、南北稍长，呈长方形，由里及外依次筑有皇城、内城、外城三重城墙。由于历代兵火水患，如今三道城墙全部被埋在地下。

外城又称新城、罗城，是防御京师的第一道屏障。史书记载，东京外城的基础是后周显德三年（956）所筑的旧城，规

通往龙亭大殿的『路下路』 摄影：张玉发

模是48里233步。到了宋真宗大中祥符九年（1016），增筑到50里165步，宋哲宗元祐元年（1086）再次修筑。考古人员在对外城的发掘中，探明外城遗址周长近30千米，按宋代的计量标准换算，与文献记载大致吻合。外城面积达50多平方千米，位于开封城四郊，全部淤埋于地下2到8米深浅不等的位置。外城西南角的城墙残高8米多，底宽34米多，顶宽4米，呈上窄下宽的梯形，版筑异常坚硬，可以想象当时外城的宏伟高大。北墙毁坏最为严重，分析原因在于离黄河较近，历次水患都首当其冲。

内城又称里城、旧城，是东京城最繁华的区域。共长20里155步，呈东西稍长、南北略短的正方形，坐落在开封市旧城区。内城同样是在后周的城墙上加固增高而成的。不同于外城的是，内城在土坯墙外侧包上了墙砖。勘探得知，它的东、西墙被开封现存的明清城墙叠压着，南北墙则比现在的城墙稍短，南墙位于大南门北300米左右东西一线，北墙位于龙亭大殿北500米左右东西一线。史载内城共有10座城门和2座水门，但现在只有朱雀门和汴河西角门的位置大致测定，朱雀门在朱雀门广场东侧与泰山庙街西侧之间的中山路路面下，而汴河西角门位于现存城墙小西门的北侧。

1983年，在午朝门的石狮子地面以下4米处，开封博物馆考古队勘探到一些建筑残迹，初步探明是建筑物的基址。再往深处发掘，竟然发现还有一层遗存。考古专家根据这两处基址的位置，结合文献记载，得出了令人振奋的科学判断：上层的基址是明朝周王府的南门——端礼门；下部也是一座门址，初步断定是宋代的，但还不能认定是哪座门。两年后，开封考古队又在正南方向的新街口地面以下4.5米处，发现一座东西长70米、南北宽50米的城门遗址，判断这应是明周王府萧墙的正南门，即午门。再往下发掘，考古工作者惊奇地发现，午门遗址下面还有两层城门遗址，判断出其分别是金朝的皇宫正门——承天门和一座宋代的门址。若干年后，才确认出这座宋代的门址是北宋皇宫的南门宣德门，距地表8米多深。从这种“门摞门”的奇观窥斑见豹，说明“城摞城”有很大的可能性。

现在世界上有中轴线的城市本来就不多，可城市中轴线千年不变，并一层层叠压的，除了开封，没有第二家。这种“路摞路”奇观又是怎么回事呢？经考古探明，在开封市旧城的中轴线，也就是现在繁华的中山路地下，分别叠压着清代和明代的路面，再往下更是让人振奋，原来竟是北宋东京城被称为御街的南北中轴线。

后来的考古勘测表明，在今天开封龙亭景区地下约8米深处，是北宋东京城的皇城遗址，上面依次被金代的皇城与明朝周王府的紫禁城遗址叠压着。内城是皇城外的第二道城，考古工作者对宋内城北墙西段的发掘表明，明、金、宋三座城墙自上而下确实是层层叠压的。

门摞门、路摞路、墙摞墙，以至于马道摞马道，到最后的城摞城，这些千古奇观，立体地展现了开封自建城以来的变迁历史。随着考古勘探的进一步深入，现已探明，在开封地下3至14米处，上下叠压着6座城池：地面以下14米左右是魏国的大梁城；地下12米左右是唐代的汴州城，也是五代时期的东都（京）城；地下8米左右是北宋的东京城；地下6米左右是金代的南京城；地下5至6米是明代的开封城；地下3米左右则是清代的开封城。

压在最下面的魏都大梁城，规模宏大。现已探明，它东西宽约5.8千米，南北约6.4千米，面积比现在的开封城区稍大一些。“城摞城”天下奇观是怎么造成的呢？一句话，是开封屡遭兵燹水患形成的。金代以前黄河与开封距离较远，水患不甚严重。从金代开始，黄河逼近开封，成为水患的主要患源。而其中水患又主要来自人为（战争）因素。

开封城摞城奇观，不仅是世界城市

发展史上的罕见特例，在世界考古史上也是绝无仅有的。作为中外古都史的“活化石”，它不仅创造了世界文明史上的一个伟大奇迹，也象征着开封人民百折不挠的精神和中华民族生生不息的活力。

• 宫摞宫奇观——龙亭下的历代皇宫探秘 •

20世纪80年代龙亭湖清湖挖淤工程，再现了开封历史上的宫廷建筑遗址，印证了史书记载的龙亭一带重叠的宫廷建筑，即龙亭宫摞宫。这是开封城摞城奇观的精华部分。

1981年，勘探开封地下城和龙亭湖宫摞宫的试掘工程启动。那年5月中旬的一天中午，长期在龙亭公园工作的张玉发先生，在潘家湖清淤堆岛施工中，发现推土机推出很多古建筑用的方八砖和朱砂红的帘子篾，当即让停工并马上打电话告知开封市博物馆领导。对此，省、市文物部门高度重视，迅即组建了开封宋城考古队，在龙亭的潘家湖开展了勘探试掘工作。

首先发掘出来的是明周王府东偏院的房址，后又勘探出北宋皇宫大庆殿及其周围的廊庑台基和大庆门等遗址。周王府是明太祖朱元璋为其第五个儿子朱橚建设的府第紫禁城，是在宋、金皇宫旧址上建起的，规模周回达9里13步，比宋皇宫大了将近一倍，是藩王中最宏伟的王府。

考古发掘表明，周王府紫禁城的地面

央视网

开封明代古殿发掘记

龙亭湖清淤时的惊天发现——明代周王府遗址 摄影：张玉发

在湖底地面下1.5到2米处，大多是用青砖铺地，而重要的位置如有些房基门前则用青石条铺地。考古人员共清理出房基十二座、花坛两座、排水沟两条。所清理出的房基均为高台建筑，有的台基高出当时地面1.6米，可以想象当年紫禁城内的建筑是多么雄伟高大。

周王府的下面，是宋金皇宫。它最早是唐代宣武军节度使的衙署，五代后梁在衙署的基础上改建为皇宫——建昌宫。后晋把建昌宫改建成大宁宫。后汉、后周均以大宁宫为皇宫。北宋建立后，在大宁宫的基础上扩建北宋皇宫——大内。宋皇宫的宫殿建筑巍峨壮丽，金碧辉煌，建筑布局严谨对称。据考证，现北京故宫的建筑格局就是参照开封宋皇宫修建的。1127年，东京陷于金，北宋灭亡，宫殿建筑焚烧殆尽。金正隆三年（1158）又在北宋宫殿原址的基础上重新修建了金皇宫。

考古发掘和文史资料证实，宋金皇宫深埋在今天的龙亭大殿和潘杨二湖的地下，它和周王府等建筑一起，是一幅层层叠叠压在一起的宫摞宫的立体画卷，形成了世界上独一无二的“湖底宫殿”。这是开封城摞城的精华，是世界奇观的典范。

张玉发先生在发掘龙亭湖皇宫遗址的过程中，用相机拍下了珍贵的照片资料，记录了湖底皇宫摞王宫的稀世奇观。明周王府遗址是潘家湖首先发掘出的宫廷建筑遗址，位于潘家湖偏西北部。房屋坐北朝南，青石台阶，方砖铺地，屋内设有火炉炕、暖气道、烘热腔、排烟道等取暖设施。院内有花坛、树木、艮岳遗石等。从发掘现场看，该遗址是周王府人员的生活居住区。对照史料记载，该处的下面，正是北宋皇宫大内的生活服务区，证实了明代周王府紫禁城是承袭宋皇宫建筑布局而营建的。

皇宫宫门遗址位于潘家湖西南部，是一座面向东西穿心殿式的皇宫宫门。对照中国工程院院士傅熹年先生绘制的北宋汴梁宫城平面示意图，该门应是大庆殿东侧的左太和门。该遗址中间三大间是带坡道的横贯东西的通道，是出入大庆殿的东侧门。两厢有耳房，四周挑檐出厦，耳房南北两侧有长廊连接。这是一座建筑宏伟壮丽的皇宫侧门，建筑规模、建筑体量和建筑形式上都可与现北京故宫东华门相媲美。根据《宋史·地理志》和《宋会要·方域》记载，该门在宋初叫日华门，大中祥符八年改曰左太和门。该门的下边叠压着五代后梁的金乌门。

1985年夏天，在营建龙亭玉带桥挖掘桥基时还发掘出周王府的银安殿殿基遗址，资料证实是明代周王府紫禁城主体建筑，被称为周王府的“龙心”。该殿于1399年被明惠帝以“铲王气”为名拆除。该遗址下面叠压的正是宋金皇宫的主体建筑大庆殿，为皇宫内体量最高大的宫殿建筑。该殿与清代建设的龙亭大殿南北相照，进一步证实了开封延续一千多年的纵贯全城南北中轴线的建筑格局始终未变。如今的中山路、宋都御街、龙亭公园午门、玉带桥等的下面就是昔日北宋东京的朱雀门、天汉桥（州桥）、宣德门、大庆门和大庆殿。

考古发掘还在今午朝门石狮子以下约4米深处，探到了明周王府紫禁城的南门——端礼门遗址。接着，紫禁城的东门礼仁门和北门承智门两处遗址也被探到。

众多考古发掘已清晰地告诉人们，在以清代万寿宫（龙亭）为主体的龙亭湖下面，是明代周王府紫禁城，再下面叠压着金皇宫、宋皇宫以及五代时期的大宁宫和建昌宫，最底层是唐朝宣武军的衙署。这样的宫摞宫奇观举世无双，堪称世界奇迹。基于此，国务院于1988年1月13日批准北宋东京城包括宋皇宫遗址为全国重点文物保护单位。

龙亭宫摞宫是古都开封厚重的历史文化底蕴的象征，是发展旅游文化产业和振兴开封经济的宝贵资源及财富。它的考古发掘是对宋都古城国家级文化产业示范园区建设的一大贡献。

• 州桥弯弯——明月何时照我还 •

“州桥明月”是著名的汴京八景之一，在老开封人心里占有重要的位置。《水浒传》中杨志卖刀的故事，也发生在州桥。可这座位于北宋东京城御街上最著名的石桥，如今在哪里呢？

中山路是现在开封最繁华的路段，更是一千年前北宋帝都的中轴线。在这条路中段、大纸坊街东口至小纸坊街东口之间，竖立着一个标牌，上写着“州桥遗址”。原来州桥就在这里，但是埋在了地下。

州桥，正名天汉桥，始建于唐德宗建中年间（780—783），有1200多年的历史

央视网

古城迷踪

了。五代称作汴桥，宋初称升平桥，老百姓则叫它州桥。 它曾是京城内御街上横跨汴河、通往皇城的一座石桥。据《东京梦华录》记载，州桥正对着大内御街。桥柱是青石的，还有石梁、石榫、石壁，以及海牙、水兽和飞云等石雕。

1984年秋，在中山路中段市政地下管网改造工程实施过程中，考古工作者发现了州桥遗址，并进行了局部发掘。探明现场的地层堆积分为四层：第一层是现在的柏油路面，第二层是灰色和黑灰色土，第三层是灰色路土，土中有清代青花瓷碎片和碎砖瓦，第四层也是灰色路土，也有青花瓷片，但是明代晚期的。进而在距地表4米多深处发现了州桥桥面，它在明崇祯十五年（1642）开封遭受黄河灭顶之灾时，被压在淤积而成的黏土层的下边。推断出州桥是在这次水患中从地面消失的。

由于这次发掘时州桥两端的上面都是大型建筑物，又地处交通要道，限制了进一步的考古发掘。当时只是开出一条探沟，清理出部分桥面后，打破局部桥面和拱圈进入了桥孔，即便如此，发掘成果也是惊人的。考古发现，州桥实际上是砖石结构的拱形桥，说它是石桥也不错。据考古材料显示，州桥南北长17米，东西宽30米，说明桥的宽度大于长度，这种规制的桥梁，在中国古代建桥史上较为少见。桥面是青石条铺砌，石条下衬着两层砖，下面是青砖砌成的三券三伏的桥券，约有1米厚，青砖具有明代特征。孔高6.58米、拱跨5.8米，桥券内可跑公交车，券洞可容纳近千人。桥基有近3米高，用青砖石条砌成，桥底下铺砌青石板，石板下衬有方木，保存完好。石桥墩和河底的铺砌工艺符合宋代营造法式，应属宋代桥基。值得一提的是，桥底部的木质筏基要早于此前发现的南宋福建泉州金鸡桥的木质筏基，这把我国古代桥梁使用该技术的时间提前到了北宋时期。考古人员还在桥洞里出土了瓷碗、瓷炉、瓷盆、瓷罐等金、元、明不同朝代的文物。

州桥遗址发掘现场　摄影：张锡佑

据专家介绍，州桥遗址的考古发现，不仅使淤埋地下360多年的州桥露出了真容，还对确定御街的宽度和研究东京城的城市布局提供了可靠的依据和坐标。取得初步成果后，考古工作者回填了发掘现场，州桥只是和外界来了次短暂的会面。

州桥遗址，被誉为“中国地下赵州桥”。开封市上下围绕州桥进行过三次大讨论，要求开发的呼声十分高涨。有关部门计划在这里建设一座开封古州桥地下博物馆，全面发掘和整修州桥，以显现出桥体的雄伟壮观。地上配以明月楼、天汉阁、得月楼、望月楼、照壁、牌坊等。但是由于投资巨大，项目至今未能实施。

“明月何时照我还”，无论是开封人，还是外地人，都希望州桥能尽快发掘出来，早日重现“州桥明月”的盛景。这是我们的期待，也是至今仍埋在地下的州桥的期待。

• 新郑门出——千年大都展风貌 •

宋东京城是国家文物局公布的全国150处重要大遗址之一。但开封地处黄泛区，淤沙堆积厚，文化遗存埋藏深，地下水位浅等，这些制约着开封东京城考古工作的开展，一直以来多依靠文物钻探的资料开展研究工作。

由于宋东京城的皇城位于今天开封市的潘家湖和杨家湖之下，地表环境上不具备考古发掘的条件。内城也全部处在今天开封老城区范围之内，区域内人口稠密，道路逼仄，商业繁荣，人文和经济条件方面不具备考古发掘要求。而外城占地广袤，城墙所在的区域多是农田和空地，基本具备现阶段开展考古发掘的场地要求。

东京外城遗址占地约53.2平方千米，城墙周回约29.2千米。四面城墙上共有12座陆门和7座水门，其中每面墙上有一座正门。从交通便利、区位优势、拉大开封城市旅游景点框架等现实因素考虑，选择以东京城外城西墙上的正门（新郑门）作为东京城考古的切入点。

为了推进宋东京城遗址的整体保护，为北宋东京城的保护规划提供科学依据，避免在城中村改造过程中对新郑门遗址造成破坏，近年来，在国家、省文物部门和开封市委、市政府的支持下，开封文物部门开展了对新郑门的考古发掘。

新郑门位于宋东京城外城西墙偏南部。出新郑门向西2千米，南有琼林苑（北宋时期皇家园林之一），是每年春季殿试后皇帝宴请新科进士的地方；北有金明池（北宋时期皇家园林之一），是每年举行金明争标的固定场地；再向西，是皇家前往巩义宋陵祭祀的必行通道。

新郑门是东京城的标志性建筑之一。从形制上讲，新郑门是一座方形瓮城。在周、秦、汉、隋、唐等代的都城西安、洛阳等古城址中，均未见使用瓮城的先例。北宋东京城不仅首开了我国古代都城之上大量使用瓮城的先河，而且还因为其作为都城的特殊身份和地位，使得瓮城很快在之后的其他都城抑或是地方城池中普遍得到推广使用。至明清之际，瓮城更是成为各地修筑城门的定制。

宋东京城新郑门遗址考古，目前已完成项目一期、二期考古发掘工作。新郑门考古印证了开封城摞城的概念，城摞城奇观初现。开封城摞城体现了两点，即历代典型文化遗存的直接叠压和历代道路的上下重合叠压，已发现宋代城门和城墙遗址、宋至清代层层叠压的“路摞路”现象，以及清代民居院落“夹路而居”的村落场景等。

考古资料显示，新郑门在北宋末年废弃，但通过新郑门的道路一直在使用，直到清道光年间毁于洪水后才废弃。考古人员在新郑门外道路两侧清理出多处民居和大量遗物。

已发掘清理的是清道光二十一年（1841）黄河泛滥后的遗址。清代遗存之上的堆积，除地表现代遗存外，全部为纯净的沙土和淤积土层，厚4到5米。发掘出的清代院落，布局完整，规模宏大，内涵丰富，不但具有很高的学术价值，而且还有很好的可视性。村落夹道对称分布，秩序井然，院落相连，房屋错落，设施齐全。每家院落大小基本一致，院内布局大同小异。每家基本上都是拥有两间主房，而且房屋的材质和大小也基本相同。生产、生活用具基本同质，显现不出经济上的分化和社会地位上的差异。

新郑门遗存发掘的成就，见证了历代这一地区人们的生产、生活，还原了当时的环境地貌，定格了灾难的瞬间，为我们带来了诸多的感慨和启迪。2016年，新郑门遗址考古成果开始对外展示。

胜景掠影

——风景这边独好

在中华民族五千年的文明史中，开封长期处于中原政治、经济、文化的中心地带，留下了难以计数的历史宝藏。尽管开封在历史上屡遭破坏，几度兴衰，迄今留存下来的众多文物遗存、名胜古迹却记载着这个城市的悠久历史与灿烂文化。遍布市县的文物古迹和湖泊水面，以宋代东京御街为轴线的棋盘式街道和三重城格局、大量的清末民初建筑和传统街区构成了开封古城的特有风貌。特色浓郁的民俗文化、绚丽多姿的秋菊，显示了古都的风韵和魅力。开封旅游突出宋都特色。宋都御街、清明上河园、铁塔、繁塔、大相国寺、包公祠、天波杨府等古朴典雅，与碧波荡漾的包公湖、龙亭湖、铁塔湖和雄伟的城门楼、古城墙交相辉映，形成了以宋代建筑风格为主，宋文化氛围浓郁，具有北方水城美誉的宋都古城旅游景区。开封深厚的历史文化积淀记录着过去的辉煌，现存的十多处园林，恭候着八方宾客的到来。

清明上河园 1　摄影：张卫东

• 清明上河园：梦回千年见繁华 •

开封清明上河园是以《清明上河图》为蓝本修建的大型宋文化和民俗文化主题公园。《清明上河图》是中国十大传世名画之一，宽24.8厘米，长528.7厘米，绢本设色，由北宋画师张择端绘制，属一级国宝。《清明上河图》生动地记录了中国12世纪城市生活的面貌，这在中国乃至世界绘画史上都是独一无二的。《清明上河图》的中心由一座虹形大桥和桥头大街的街面组成，栩栩如生地描绘了清明时节北宋都城的日常社会生活与习俗风情。这幅画可以帮助我们了解北宋的城市面貌和当时各阶层人民的生活，具有极高的史料价值。

清明上河园景区占地600亩，其中水面160亩，总建筑面积3万余平方米。它按照《清明上河图》布局，采用宋代营造法式，结合现代建筑方法，再现了一千多年前盛世开封的繁华市景、民俗生活。公园将《清明上河图》向城内和皇家园林延伸，把宋代民间娱乐与皇家园林景观相结合，把古代娱乐文化与现代休闲理念相结合，把古代娱

央视网

中原传奇：清明上河图

央视网

清明上河图

乐项目与现代科技相结合，用自然化、历史化、娱乐化的主题贯穿整个景区，从而营造一个古老、清新、欢乐的休闲度假环境。游客置身其间，沉浸于不同时段的情景表演中，仿佛又回到了千年前的大宋王朝。

每天上午九点，清明上河园都要举行热烈的开园仪式，场面极为壮观。首先出场的是马队。骑手们个个身着宋式短装，手擎彩旗，在一片冲天锣鼓声中呼啸而

虹桥夜色　摄影：文君

清明上河园 2　摄影：康泰

来，分列门前广场两旁。紧接着奔腾而出的是欢迎盘鼓，盘鼓手也是宋装打扮，大鼓悬在腰间，动作整齐划一，鼓声震天，鼓点欢快豪放。最后是在张龙、赵虎、王朝、马汉簇拥下上场的名垂青史的开封府尹包拯包青天，他铁面黝黑，双目有神，大步向游客走来，欢迎游客到清明上河园游览。至此，马队骑士们手中旌旗挥舞，盘鼓手腰间大鼓齐震，游客们在“包青天”的带领下，一同走进清明上河园，享受“一朝步入画卷，一日梦回千年”之旅。

清明上河园仿照原图，设驿站、民俗风情、特色食街、宋文化展示、花鸟鱼

清明上河园民俗表演　摄影：余建

央视网

清明上河读宋朝（一）穿越千年的名画

央视网

清明上河读宋朝（二）图里图外谜团多

虫、繁华京城、休闲购物和综合服务等八个功能区，并设有校场、虹桥、民俗、宋都等四个文化区。游览清明上河园，可以跨虹桥，登上善门，游鸿福寺，览文绣院，住古驿站，就餐在孙羊正店，可以尽情欣赏民间杂要、木兰织房、木版年画，还有吹糖人、剪纸、风筝等民间工艺，当然更少不了闻名中外的开封小吃。

清明上河园中拍照最佳取景处为虹桥，它是仿照原图建造的。北宋虹桥为中国十大古桥之一，是著名的木拱桥，始建于1050年，飞架于汴河之上，为当时北宋京城的水陆交通运转畅通发挥出了巨大的作用，后毁于战火。据史书记载，汴河始于战国的魏，通于隋，畅于宋，上起河洛，下至淮泗，直通长江，为北宋南北贯通的大动脉。各地所产的粮食，所收的赋税，各种奇珍异宝都是沿着这条河运到京城来的。汴河对于当时的北宋可谓至关重要。由于舟船往来，客商众多，于是在河的两边就出现了许多店铺，在当时的东京城，汴河两岸是最繁华热闹的地方，虹桥左右店铺林立，舟船如梭，商贾云集。虹桥下面是东京码头，游客感兴趣的话，可以荡起宋式木船，饱览北国水城的万顷碧波。

清明上河园中精心设计的民俗表演遍布各处，园内一些表演节目均有固定时间，如民俗绝活、杨志卖刀、王员外招婿、梁山好汉劫法场、岳飞枪挑小梁王等，可供游客自由观赏。夜晚，汴河上的虹桥、

逼上梁山

《东京梦华》实景演出·虞美人

岸边的亭台楼阁华灯齐放，大型水上实景演出《大宋·东京梦华》，呈现给游客一个梦幻般的北宋东京之夜。《大宋·东京梦华》总投资数亿元，演出时长70分钟，由700多名演员参与演出。它将《虞美人》《醉东风》《蝶恋花》《满江红》等八首经典宋词及其意境串联，共分为六幕四场，以豪华的场景、经典的宋词、高科技的舞美，带给广大游客强烈的视听震撼，勾勒出北宋王朝鼎盛时期都城东京的印象画卷，构成对开封古城辉煌历史的追溯。

• 龙亭：皇家气派尽辉煌 •

龙亭公园位于开封市老城区西北隅，坐落在后梁、后晋、后汉、后周、北宋和金代皇宫及明周王府的遗址上，是一处集皇家园林、历史文物和秀美风光于一体的国家AAAA级旅游风景区，被人们视为“古都的象征”。龙亭的古建筑，有史可查的可上溯到唐德宗李适在位时（780—805）所建的永平军节度使治所——藩镇衙署。之后，五代的后梁、后晋、后汉、后周相继将其改建为皇宫。北宋时的皇宫也位于此，称之为大内。金代后期，亦以此为皇宫。元灭金后，它是河南江北行省的衙署。元末红巾军农民起义中龙凤政权也以此为临时行营。至明，当时的统治者

开封龙亭

龙亭公园菊花花会　摄影：雷建设

又大兴土木建起周王府。清初曾以之为贡院，后改建为万寿宫。民国年间改为龙亭公园、中山公园。新中国成立后正式命名为龙亭公园至今。

开封是中国八大古都之一，作为北宋王朝的都城达168年之久。当时的宋京极为繁盛，宫殿建筑很是辉煌。可惜金人侵占开封时，宋皇宫建筑大部分被烧毁了。后来，又经过多次兵燹和水患，宏伟的宫室已荡然无存。在过去皇宫遗址上只留下了清代所建的龙亭。龙亭坐北朝南，高踞在台基之上。从地面到大殿共36丈高，代表36天罡；有72级台阶，代表72地煞。台阶中间是雕有云龙图案的石阶。登上平台，四周有石栏围绕。大殿是木结构，重檐歇山式建筑，很壮观。游人登上平台，入殿观看陈列的文物后，多在石栏前眺望开封古城景色。龙亭前有一条笔直的大道，道旁有两个东西对峙的湖，东为潘家湖，西为杨家湖。传说，东湖为宋朝“太师”潘美的府第，他陷害忠良，是个奸臣，宅院里的湖水是浑的；西湖原为宋朝抗辽名将杨业的府第，他舍身救国，是个忠臣，宅院里的湖水是清的。现在龙亭，潘、杨两湖，以及龙亭后面的假山花园，都划入龙亭公园。从龙亭前的大道过潘、杨两湖，再往南，仍是一条笔直的大道，两旁店铺林立，这条大道历史上是一条宽阔的御道。现在这条大道已仿照《清明上河图》的模式改建为“宋都御街”，长约400米，两旁的店铺全部是仿宋建筑，主要出售土特产品、工艺美术品和书画。宋代著名的樊楼也按照“三层相高、五楼相向、飞桥栏槛、明暗相通”的格局加以恢复，主要经营高档食品及北宋皇宫御菜。这条街与龙亭公园连成一片，成为一个具有宋代特色的游览区。

龙亭大殿和龙亭西侧的几间侧殿里有九组反映宋代历史的蜡像，将北宋皇朝九帝执政时期政治、经济、文化、外交、科技等方面的重大事件（包括杯酒释兵权、王安石变法等），分别用蜡像表现出来。

上元灯会　摄影：孙国强

【知识链接】 **北宋九帝**

一、太祖赵匡胤（927—976），960年称帝，在位17年。

二、太宗赵光义（939—997），宋太祖的弟弟，976年即位，在位22年。

三、真宗赵恒（968—1022），太宗第三子，997年即位，在位25年。

四、仁宗赵祯（1010—1063），真宗第六子，1022年即位，在位41年。

五、英宗赵曙（1032—1067），宋太宗曾孙，濮安懿王赵允让第十三子，因仁宗无子，被立为皇太子，1063年即位，在位5年。

六、神宗赵顼（1048—1085），英宗长子，1067年即位，在位19年。

七、哲宗赵煦（1077—1100），神宗第六子，1085年即位，即位时9岁，由祖母宣仁太后垂帘听政，在位15年。

八、徽宗赵佶（1082—1135），神宗第十一子，宋哲宗死后，因无子由哲宗弟赵佶继位。1100年即位，在位26年，1125年传位给钦宗。

九、钦宗赵桓（1100—1161），1125年即位，在位1年，1127年被金兵俘虏，1161年被杀，终年62岁。

这些历史人物的设计，包括衣帽的颜色和款式、玉带的样式等，都是经过宋史专家考据，尽量做到接近历史实际，工艺十分逼真。

金秋时节，以龙亭公园为主会场的一年一度的菊花花会早已名扬海内外，而近年来好评如潮的上元灯会，也已成为龙亭的新招牌。

开卷有益

• 开封府：倒坐南衙得民心 •

开封府，又称南衙，初建于五代后梁开平元年（907），历五代后梁、后晋、后汉、后周以及宋、金、元、明、清各朝，至今已有千余年历史。历代的开封府，以北宋时规模最大，是北宋首都官吏行政、司法衙署，也是管理国都及京畿地区的重要机构。据史料记载，北宋开封府共有183任府尹，宋太宗、宋真宗、宋钦宗等三位皇帝都曾潜龙在此，先后有寇准、包拯、欧阳修、范仲淹、苏轼、司马光、宗

开封府 摄影：余建

泽等一大批杰出的政治家、文学家、思想家、军事家在此任过职。不仅树立了“公生明”“清慎勤”的道德正气，也形成了以“廉正刚毅”为鲜明特色的开封府官衙文化，开封府因此深得民心，名垂青史，成为四海闻名的中国古代官衙。所有开封府尹中，尤以包拯铁面无私倒座南衙最为著名，“包龙图打坐在开封府”，扶正祛邪、刚直不阿的故事流传至今。

开封府景区位于包公东湖北岸，是以宋代开封府衙为原型重新修建的主题文化景区。它占地60余亩，建筑面积1.4万平方米，与位于包公西湖的包公祠遥相呼应，同碧波荡漾的湖水相映衬，形成了东府西祠、楼阁照水的秀美景观。

开封府依北宋营造法式建造，以正厅、议事厅、梅花堂为中轴线，辅以天庆观、明礼院、潜龙宫、清心楼、牢狱、英武楼、寅宝馆等五十余座大小殿堂。作为主题景区，开封府坚持动静结合、雅俗共赏、历史与演义相映成趣的经营理念。在开封府，除了能够看到大批珍贵史料和陈展外，还能够看到“开衙仪式”“包公断案”“演武场迎宾表演”“喷火变脸”等

央视网	央视网	央视网	央视网	央视网	央视网
开封府(一)	开封府(二)	开封府(三)	开封府(四)	开封府(五)	开封府(六)

丰富多彩的表演活动，真切地体会到“游开封府，品味大宋文化；拜包龙图，领略人间正气”。

北宋开封府机构庞大，官员众多，公务“日不下数千”。府内官员通常有六七百人，每个月用秃的毛笔论箱计算，官印每年都要更换。由于地位特殊，开封府尹一般要由级别很高、很有威望的人担任，下属官员中也出现过许多了不起的人物。如著名宰相、《资治通鉴》的作者司马光曾任开封府推官；诗、书、画乃至文章冠绝有宋一代的苏轼曾任开封府评事。北宋末期，开封府尹宗泽留守京都，他招募义勇抗击金兵，任用岳飞为将，大败金兵，又接连上疏20余道，力主收复失地，最终因壮志难酬，忧愤成疾，疽发于背，大呼“过河”三声而死。

熟能生巧

在开封府内，立有一块《开封府题名记》碑，碑上刻有北宋历任开封府尹的姓名。上面有彪炳千古的历史功臣，也有臭名昭著的千古罪人。奸邪误国、败坏朝纲的蔡京，弃京南奔、水淹开封的杜充，都曾就任开封府尹，永远受后人唾弃。

• 包公祠：追思“青天”警后人 •

开封包公祠是为纪念我国北宋时期著名政治家包拯而建的，是国内外资料最全、规模和影响最大的包公纪念场馆。它坐落于开封城内碧波荡漾、风景如画的包公湖西畔，为国家AAAA级旅游景区。

包拯，字希仁，庐州合肥（今安徽合肥）人，北宋名臣。天圣五年（1027）登进士第，累迁监察御史，曾建议练兵选将、充实边备。历任三司户部判官，京东、陕西、河北路转运使。入朝后担任三司户部副使，请求朝廷准许解盐通商买卖。改知谏院后，多次论劾权贵。授龙图阁直学士、河北都转运使，移知瀛、扬诸州。再召入朝后，历权知开封府、权御史中丞、三司使、枢密副使等职。嘉祐七年（1062）逝世。追赠礼部尚书，谥号“孝肃”。包拯廉洁公正，立朝刚毅，不附权贵，铁面无私，且英明决断，敢于替百姓申不平，故有“包青天”之名，后世将其奉为公平正义的化身。包拯千百年来深受人们敬仰，自金、元以来，开封城

大国清官·包拯

屡次修建包公祠。

开封包公祠占地1万平方米，仿宋风格的古建筑群凝重典雅、气势恢宏，与位于包公东湖的开封府遥相辉映，形成了东府西祠、楼阁碧水的壮丽景观。包公祠内分主展区、园容风景区、功能服务区。主展区由大门、二门、照壁、碑亭、二殿、大殿、东西配殿等展区组成，以文物、史料典籍、铜像、蜡像、模型、拓片、碑刻、画像等形式详细介绍包公的生平，展示其清正廉明形象；园容风景区内假山起伏，瀑布飞泻，玉桥卧波，锦鲤戏水，石雕精美，四季翠绿，花香扑鼻，幽雅宜人；功能服务区有停车场、商品部、多媒体游客中心等。

包公以民为本的思想、清正廉明的作风、执法公正的准则、反腐倡廉的言行，形成了独具特色的包公文化体系，承载着人们对公正、法治的期待及对美好生活的向往。包公精神也成为我国独特的历史文化瑰宝，是忠孝、清廉、正义的代表，这也正是推动社会进步必不可少的精神力量。作为展示包公文化的窗口，包公祠借助深入人心的包公形象，打造了一个弘扬包公精神和廉政文化的良好平台，不仅是开封市廉政教育基地，还被焦裕禄干部学院列为现场教学点。同时，在海外也有深远影响，新加坡、泰国、越南等国的领导人都曾前来拜谒。

• 铁塔：倒提铁笔向空题 •

铁塔素有“天下第一塔”的美称，是开封市的标志性建筑之一。它如擎天玉柱耸立在开封城东北隅，以精湛绝妙的建筑艺术和宏伟秀丽的身姿而驰名中外。人们常说“来开封不登铁塔，等于没来”。这座塔，默默地注视了开封城近千年。

铁塔原名开宝寺塔，始建于北宋皇祐元年（1049），其外表全以褐色琉璃砖镶嵌，远看近似铁色，加之本身坚固异常，犹如铁铸，故从元代起民间就称之为“铁塔”。据史料记载，铁塔前身是一座木塔，系我国北宋时期著名建筑学家喻皓为供奉佛祖舍利而建造的。据说，他经过八年的构想设计和建造，终于在989年把这座佛塔建成。木塔共八角十三层，高120米，上安千佛万菩萨，塔下做地宫，供奉佛祖舍利子。木塔造工精细，在京城诸塔中最高，被称为“天下之冠”。初建成的塔向西北倾斜，有人问喻皓缘由，他说，京师地平无山，又多西北风，要不了百年的时间，塔受风力作用和河水浸岸的影响，自然就会正过来，并预言此塔可存在七百年不倒。但令人遗憾的是，这个木塔在宋仁宗庆历四年（1044）夏天被雷火焚毁，仅存世五十多年。为了继续供奉舍利并避免火灾，北宋皇祐元年，宋仁宗下诏在原塔址东边的夷山上，依照木塔的式样重建佛塔，建材改用铁色琉璃砖，历时二十多年建成，这就是保存至今的铁塔。

铁塔以其卓绝的建筑艺术而闻名遐迩。塔高55.88米，八角十三层。如今塔基已被泥沙淤没，塔基下面的地宫是安奉佛祖舍利的地方，保存完好。据专家分析，铁塔的地宫之所以保存完好，历史上从未被盗过，是因为倘若有盗墓者去挖，不到2米深水就会溢出，过去又没有抽水机，想发掘地宫是基本不可能的，所以地宫中珍贵的文物至今保存完好。

远看近观，铁塔的飞檐高翘，斗拱、额枋、雀替、瓦当样样俱全，仿佛就是一座木结构的楼阁。原来设计师建造铁塔时采用仿木结构，以许多形状大小各异的“结构砖”相结合。这些结构砖就像经过斧凿的木料一样，有榫有卯，有凸有凹，交错砌在一起，合榫对缝，结合严密，完全符合力学要求。

塔映云影　摄影：李新政

铁塔内有砖砌登道，绕塔心柱盘旋而上，历168层台阶可至塔顶。这里有个历史的巧合：铁塔的台阶是168级，而依民间纪年方法，北宋王朝也正好存在了168年。塔内的台阶较陡，空间又小，这是先辈给后人留下的一个考验，不经过一番艰苦的攀登，难以体会到成功的喜悦。

铁塔胜景历来是文人骚客歌咏的对象。元人冯子振曾赋诗歌咏中秋节铁塔燃灯的壮观：“擎天一柱碍云低，破暗功同日月齐。半夜火龙翻地轴，八方星象下天梯。光摇潋滟沿珠蚌，影落沧溟照水犀。火焰逼人高万丈，倒提铁笔向空提。”

• 翰园：书法名园誉神州 •

中国翰园碑林坐落于开封西北隅，占地120亩，是目前中国最大的民办碑林，2009年被中国书法家协会命名为“中国书法名园”。

翰园碑林是一座融山水艺术景观和古典园林建筑艺术为一体，集古今中外诗词、书画、碑刻艺术之大成的文化园林。园内山水奇峰竞秀，景色迷人，瀑布跌宕，喷泉丛生，宛如人间仙境。汇集历代书法名碑名帖、广纳当代书画巨匠名篇大作的3800块碑刻，枯润险奇，异彩纷呈，分类镶嵌于古典迷宫式碑廊之中，展线长达3千米。综艺舞台每日两场的精彩演出让人领略雅俗共赏的游园乐趣，这里还有每年一届的春季花鸟鱼虫博览会、翰园金秋文化旅游艺术节以及独具特色的春节庙会等。

开封城湖泊很多，是有名的北方水城，唯独缺山。翰园碑林为了弥补这个不足，在南部风景区建造了仰圣山、文萃山和翰园山。有7条小道可以攀登至山顶，举目远望，附近景观尽收眼底。

翰园碑林的主体是碑廊。碑廊建筑面积1万平方米，雄伟壮观，气势恢宏，以书法艺术为主，集诗书画印精华之大成，如同一部刻在石碑上的中国文化发展史和书法艺术发展史。历史书法碑廊按照朝代顺序镶嵌，其中有殷商的甲骨文、金文，秦代的小篆，汉代的隶书，魏晋南北朝的钟繇、王羲之书法碑刻，一直到清末，刻着历代书法名家的墨宝。

现代书法碑廊按照篆、隶、楷、行、

碑林 摄影：余建

草书体排列，比较全面地反映了自新中国成立迄今现代书法艺术发展的辉煌成就和整体面貌。特别是20世纪80年代以来，名家辈出，可谓群星灿烂。这里刻有毛泽东、郭沫若、舒同、启功、王学仲、欧阳中石、沙孟海、沈鹏等及港澳台等书法名家的笔迹。

翰园碑林还设有中山碑廊、篆刻碑廊、绘画碑廊、国际人士书法碑廊、少数民族书法碑廊、少儿书法碑廊、名人题词和名人书法碑廊等，可谓佳作荟萃、百花齐放。

中国翰园碑林是由开封市退休干部李公涛先生1985年发起创建的，他带领全家，节衣缩食，艰苦奋斗，无私奉献，被誉为“当代文化愚公”，其精神感染了海内外无数游客。胡锦涛视察中国翰园碑林时曾称赞李公涛先生“为弘扬民族文化艰苦奋斗，无私奉献”。韩国前总统金泳三访华时专程造访李公涛先生，并挥毫题词“东方文化艺术宝库”。

目前，翰园碑林已被命名为河南省爱国主义教育基地、河南省先进文化教育基地，并被河南省教育厅和二十余家大、中、小学校定为德育教育基地。

• 大相国寺：闹市净土传梵音 •

大相国寺，坐落于八朝古都开封市中心，是中国十大佛教寺院之一，在中国佛教史上有着崇高地位和广泛影响。在人们的印象中，古寺名刹总是与明山净水、深山老林联系在一起的，似乎只有远离世间的滚滚红尘，长伴青灯古卷，才能四大皆空，修成正果。初次来到开封的人看到大相国寺栖身于闹市中间，听着大相国寺里念经的声音与寺外小贩的吆喝声混在一起，往往会惊异于这里的一代代高僧是如何在喧闹的市声中敲打木鱼、聆听佛音、修成正果的。

千手千眼观音菩萨像　摄影：余建

其实，大相国寺的热闹与嘈杂由来已久。《东京梦华录》里更是详细地描述了“相国寺每月五次开放万姓交易”的盛况，凡是市面上流通的服饰、文具、药物、日常生活用品等，在这里几乎都可以买到，许多东西甚至是独此一家，别无分号。这里的市集不仅老百姓经常光顾，就连皇亲国戚、达官贵人也常常流连忘返，黄庭坚就曾在这里买到过史学家宋祁的《唐史稿》手稿，李清照夫妇也喜欢到这里淘宝。到了民国时期，主政河南的冯玉祥将军更是干脆把大相国寺改成了中山市场。

大相国寺始建于北齐天保六年（555），当时称为建国寺。传说这里原为战国魏公子信陵君的宅院，后毁于战火。武周长安元年（701），僧人慧云来汴，托辞此处有灵气，募化款项，购地建寺。动工时挖出了北齐建国寺的旧牌子，故仍名建国寺。唐延和元年（712），唐睿宗李旦为了纪念他由相王即位当皇帝，遂钦赐建国寺更名为相国寺，并亲笔书写了“大相国寺”匾额。

唐宋两代是相国寺的鼎盛时期。尤其是北宋时期，相国寺屡有增修，成为全国最大的佛教寺院，全寺占地500余亩，辖64个禅院、律院，养僧1000余人，其建筑之辉煌瑰丽，有“金碧辉映，云霞失容”之称，相国寺的住持由皇帝赐封。皇帝平日巡幸、祈祷、恭谢以至进士题名也多在此举行，所以相国寺又称“皇家寺”。北宋灭亡后，相国寺遭到了严重破坏，以后各代屡有重修，时盛时衰。现在相国寺的主要建筑都是清代遗物，布局严谨，殿宇崇丽，高大宽敞，巍峨壮观，不愧为久负盛名的古寺宝刹。

大相国寺历史上名僧辈出，名士荟萃，活动频繁，寺藏丰富。进入寺门，首先看到的是钟鼓两楼。钟楼里的铜钟是清乾隆年间（1736—1795）的遗物，重达5吨，高2.23米，口径1.81米，上铸“法轮常转，皇图永固”“帝道遐昌，佛日增辉”十六个大字。钟声响亮优美，尤其是秋冬霜天叩击，声音清越，响彻全城。“相国霜钟”曾是汴京八景之一。大相国寺八角琉璃殿中的四面千手千眼观音菩萨像是相国寺的镇寺之宝。这座立像是用一株千年银杏树雕刻而成，四面造型相同，每面各有6只大手及扇状小手三至四层，每只手掌中均刻有一眼，共计1048只眼，民间俗称“千手千眼佛”，为观音菩萨众多法相之一。此造像不仅材料珍贵，雕工更是精巧，据说是清朝乾隆年间一名民间艺人花费毕生精力雕刻而成的。相国寺藏经楼佛龛中端放一尊盈盈含笑的释迦牟尼白玉佛，是海外华侨所赠，材料珍贵，雕刻精美，堪称一品。藏经楼西侧的大师堂中安放的铜像是日本佛教真言宗创始人空海大师。空海生于774年，卒于835年。他31岁那年入唐求法，其间曾几次到开封大相国寺修行，拜方丈澄晖为师，学习天台宗密法。后来，空海用中国汉字的草体偏旁创造出平假名，至今仍在日文中使用，在日本文化史上有着重要地位。1992年，日本友人捐资铸此铜像，并在相国寺修建“大师堂”供奉。

• 延庆观：中原道观数第一 •

延庆观是全国重点文物保护单位，位于河南省开封市中心，南临开封府，东为相国寺，西接包公祠，是开封市包公湖景区重要景点之一。它与北京的白云观、四川的常道观并称为我国的三大名观，堪称中原第一道观。延庆观是为了纪念道教全真派创始人王喆，即《射雕英雄传》中全真七子的师傅——王重阳而修建的。

金世宗大定九年（1169），王重阳祖师带领弟子西归中原，途宿汴京太宁坊王氏客店，在开封传道，不久羽化。后人为纪念重阳祖师，在他羽化的地点汴京太宁坊王氏客店修建了一座重阳观，作为纪念全真教开山宗师之所。步入元代后，全真教绝处逢生再度崛起，达到鼎盛。长春祖师派栖云真人王志谨主持重阳观教务，在这里大兴土木，经过十年营建，形成广袤七里、规模宏大、气压诸方的道教圣地。元帝赐名为万寿宫。元末红巾军攻占开封，万寿宫毁于战火。明洪武六年（1373）恢复道观，改名延庆观，观名一直沿用至今。

延庆观于1984年重修，景区建筑保存基本完好。院内建筑呈中、左、右三路分布格局，中路为二进院落，从南至北依次为穿心殿、玉皇阁、三清殿；左路有六十

延庆观玉皇阁　摄影：余建

甲子殿、八仙醉酒殿廊等；右路是重阳殿。寺院坐北朝南，在建筑风格上保留了宋元时期汉文化同蒙古文化融合的显著特征。

延庆观主体建筑玉皇阁，又名通明阁，坐北朝南，通高18.25米，是一座汉蒙文化巧妙结合、具有元代特征的明代无梁阁，距今已有700多年历史。它在中国道教史、建筑史、艺术史、民族关系史上占有重要地位。而且，它的存在也使开封地区自宋朝以来的古建筑保持了宋、元、明、清的完整序列。

玉皇阁第一层外部呈四方形，阁内却像个大蒙古包；玉皇阁的第二层是个八楞形的实体，不是空的，它要隔开的是地与天；第三层是个亭阁，里面住的是玉皇大帝。二、三层与一层之间，不设楼梯，象征玉皇大帝居于神秘的天庭之上，高不可攀。三层阁顶的八角攒尖上是铜质的火焰宝刹，八条垂背通过铁链与宝刹相连。

• 开封城墙：留得城垣警后人 •

开封城墙全长14.4千米，是我国现存的仅次于南京城墙的第二大古代城垣建筑，系全国重点文物保护单位。开封城墙之下叠压着5层古城墙，其城池分别为元代汴梁城、金汴京城、北宋东京里城、五代东京城、唐代汴州城，叠压层次之多、规模之大，在中国五千年文明史上是绝无仅有的，在世界考古史和都城史上也是独一无二的。

开封历史上最早的城墙，是筑在2300多年前的大梁城。公元前225年，该城被秦将王贲决水淹毁。如今的开封城墙始建于唐代。唐建中二年（781），时任永平军节度使兼汴州刺史的李勉重筑南北朝时的汴州城，是如今开封城墙历史的开始。

960年，北宋定都开封，史称东京城，历经九代帝王168年，形成由外城、内城、皇城三座城池相套的宏大城郭。据史料记载：北宋后期，东京外城周长50里165步，高4丈，宽5丈9尺，居住人口达150余万。开封城墙作为东京城重要组成部分之一的内城，不断得到增筑，其规模壮阔，气势雄伟。

北宋灭亡后，汴京城曾两度作为金国的首都。金人扩筑后的东京内城，确定了今日开封城墙的规模。金以后，经元、明、清各代，几经战火和水患的侵袭，开封三道城墙均遭破坏。清道光年间（1821—1850）水患后重修的开封城墙，周长为14.4千米，高度有所增加，城门升高丈余，且保存至今，成为仅次于南京城墙的国内第二大城垣，是河南省保留下来的最大一处古代城墙。千百年来，开封城墙匡正古城格局、决定街道网络、固定城址坐标、左右城区规模，对开封古城格局产生着重大影响。1996年，开封城墙被国务院确定为全国重点文物保护单位。

为了维护开封作为历史文化名城的总体风貌，从1994年开始，开封市人民政府多次对开封城墙进行整修。此举得到开封人民的大力支持，市民纷纷捐款捐物，献计献策，民间群体自发组织了城墙守护队，全市人民共同建设自己的家园。不到一年，古城墙标志性工程——大梁门便巍然屹立在城墙的西端。城门楼上红柱青瓦颇有千年前之风尚，正中牌匾“大梁门”面西而挂，向每一位进城者昭示着昔日的威严；向城一面高悬“永丰”，诠释着古老城池对开封的祝福。

如今，开封城墙已成为古都的重要象征，大梁门以东为老城，以西为新城。城门北侧现已探明多层古城马道，为开封独特的城摞城历史提供了又一重要佐证，现已被辟为古城墙博物馆。开封城墙挺过了2300余年的沧桑岁月，记录了这座城市的兴衰荣辱，聚集了开封千年不散的灵气，作为开封城精神的守护神，它一直陪伴在开封人身边。

开封城墙 摄影：余建

城墙是开封历史文化名城的标志，是开封历史文化遗产与传统风貌相结合之地，具有较高的科学文化和艺术价值。2015年，开封成立了小西门至迎宾门段城墙旅游风景区，全长1.6千米，主要景点包括开封古城墙遗迹展示区、宋代攻防展示区、游客休闲体验区、《武经总要》仿真实物图文展示区、宋装服饰研究展示区、抗战时期场景复原展示区，以及城墙咖啡馆、画家工作室、城垣驿主题邮局等。

• 繁塔禹王台：阅尽沧桑满园春 •

繁塔为楼阁式仿木青砖塔，是开封现存年代最久的地面建筑，因位于开封城外东南1.5千米的繁台上而得名。此塔造型奇特，六角形状，层层垒砖，砖砖坐佛，为全国重点文物保护单位。

繁塔原名天清寺塔，始建于宋太祖开宝七年（974）。后周显德二年（955）曾在繁台上兴建寺院，落成之日，恰巧是周世宗柴荣的生辰“天清节”，为了做柴荣的功德院，便取名天清寺。北宋时期，天清寺的名声很大，与当时的相国寺、开宝寺、太平兴国寺并称为京都四大名寺。宋开宝年间（968—975）重修天清寺时，同时在寺内兴建了一座砖塔，名为兴慈塔，也称天清寺塔，因其坐落在繁台上，故又称繁塔。繁台宽阔，繁塔雄伟，每到春季，繁台上桃李争春，百花吐艳，绿树繁茂，殿宇峥嵘，人们常在此春游赏花，烧香拜佛，饮酒赋诗，从而形成汴京八景之一的“繁台春色”。

繁塔原高九层，是当时开封最高的塔，比稍晚于它建成的铁塔高得多，至今开封流传着铁塔与繁塔对比的说法：“铁塔高，铁塔高，铁塔只到繁塔腰。”后

繁塔之晨 摄影：杜卫兵

阳春白雪

古吹台

来繁塔遭雷击毁掉一部分，明朝又因“铲王气”被人为拆除一部分，现在遗存只有原塔下面的三层。直到清初重修时，才在三层繁塔上部修成一个平台，又在平台上修建了一个实心小塔，使繁塔呈三层大塔上面摞三层小塔的奇特造型，一直存留至今。

繁塔全身内外遍嵌佛砖，一砖一佛，有释迦、弥勒、阿弥陀佛，还有菩萨、罗汉、乐伎等，近七千块造像砖千姿百态，形象生动，显示了宋代艺术家雕刻模制的高超技艺。

从建成到现在，繁塔在雷击、水患、战火等重重打击之下，顽强地保留下来，湮没于今天开封市井民居的红墙绿瓦间。它是开封阅历最久的一位“长者”，目睹了昔日的繁华，也经受了千年的苦难，见证着开封历史的变迁。目前，开封市已将繁塔和禹王台公园整合为一个风景区。

禹王台公园位于开封市的东南隅，占地面积400亩，是一个以古吹台为主景，以樱花园、牡丹园、芳春园、石榴园、科普园五大植物园为主体的古典园林式公园。

古吹台已有2500多年的历史。春秋时期，晋国有一位双目失明的音乐家名叫师旷，他的音乐造诣很深，是晋平公驾下的一名乐师，经常在这座高台上弹奏乐器。《史记》中记载，师旷给晋平公弹琴，引来玄鹤起舞，天地动容，《淮南子》中记载说他有辨别八方之风乐调的才能。他还是一位出色的作曲家，据说古曲《阳春白雪》就是师旷所作。当地的百姓为了纪念师旷，就把他经常弹奏曲子的高台叫作古吹台。明代嘉靖二年（1523），由于黄河泛滥成灾，人们饱经水患，谈水色变，为了纪念历史上治水有功的大禹，改古吹台为禹王台。现在台上所存的建筑是清康熙七年（1668）重建的，距今已有300多年的历史了，它的整座建筑都具有典型的清代建筑风格。

禹王殿是古吹台上的主体建筑，是为了纪念古代治水有功的大禹而修建的，初建于明嘉靖二年（1523）。殿内东西两侧是大幅仿汉代的砖雕壁画，内容是大禹治水图和治水完工以后的庆功图。殿内后墙壁上四块石刻是清光绪二十三年（1897）河南巡抚刘树棠刻制的，碑文内容是歌颂大禹治水的丰功伟绩。

大殿西侧院是水德祠。水德祠始建于明正德年间，奉祀自战国时期至清代的38位治水有功者，各立牌位，其中包括战国时期魏国人史起、元代人贾鲁、清代民族英雄林则徐等对治理开封水患做过贡献的人。

大殿东侧院是三贤祠，始建于明代，是明代河南巡抚毛伯有感于唐代大诗人李白、杜甫、高适曾同登古吹台饮酒赋诗而建造的。主殿有“三贤相聚”塑像，表现的是三位诗人相聚在古吹台上的情景。

唐天宝三载（744），在京名噪一时的李白因赋“可怜飞燕倚新妆”之句而得罪了杨贵妃，被解除翰林职位。他东下洛阳，结识了杜甫。两位大诗人神交已久，相见恨晚，便相偕沿黄河漫游，饱览锦绣山川。初夏时，他们来到开封，在开封遇到怀才不遇、浪迹天涯的诗人高适，文坛三杰，风云际会。李白在古吹台上写了《梁园吟》，杜甫写下了《遗怀》，高适写下了《古大梁行》。

相传三位诗人在古吹台上饮酒赋诗走后不久，一位端庄俊秀的姑娘宗小姐来到这里，当她看到李白写在白墙上的《梁园吟》之后，被深深吸引了，为了保住墙壁上《梁园吟》这首诗，拿出一千两银子买下了那堵墙，留下“千金买壁”的佳话。当李白知道这件事之后，对宗小姐也十分爱慕，托杜甫和高适到宗小姐家做媒，最后两人喜结良缘。明代，开封人在李白题写《梁园吟》那堵墙的旧址上修建了三贤祠。

每年四月，禹王台都要举办东京禹王大庙会，突出以民俗、民风、民情为特色的中原传统文化。庙会期间，除了有禹王祭祀仪式、中华民间绝活、变脸魔术、吴桥杂技、盘鼓表演、驯兽表演外，还有宋词乐舞、诗歌朗诵、古琴演奏、文人雅集等特色活动。

• 刘青霞故居：辛亥女杰美名扬 •

刘青霞故居位于开封市顺河回族区北土街刘家胡同，始建于清光绪六年（1880），是与秋瑾齐名的“辛亥女杰”刘青霞在开封的宅院，2006年被确定为全国重点文物保护单位。

刘青霞原姓马，1877年出生于河南安阳显赫的官宦之家。她的父亲马丕瑶，一品顶戴，在官场以实干闻名。光绪二十一年（1895），卒于广东巡抚任上。马青霞于光绪二十年（1894）嫁给尉氏县的大地主刘耀德为妻后改姓刘。刘家号称“刘半县”，门前挂有“双千顷”牌，开设了数以百计的钱庄、当铺、银号，还有众多生意铺面遍布开封、南京、北京等地的几十个府州县镇，可谓富甲中原。刘耀德家数代单传，他自幼深受父母宠爱，却是一个典型的纨绔子弟，奢侈成性，嗜好鸦片。婚后第七年，刘耀德患背疮去世，因为其未留下子嗣，万贯家财落到年仅25岁的孀妇刘青霞手中。刘耀德死后，众多族人为

刘青霞故居大门

刘青霞故居　摄影：余建

谋其家财，争相过继。为维护自家权益，刘青霞与婆母商定，采纳女佣计策，诈称有遗子在腹，躲到开封宅院（今之刘青霞故居），伪称保胎。后来刘耀德姐姐诞下孩子之后，刘青霞抱着孩子返回尉氏。但是族人并不相信，议论纷纷，并乘机无理讹诈刘青霞。对此，刘青霞寸步不让，据理力争。一场财产诉讼案延续十余年之久。直到冯玉祥进入河南，这场诉讼才告一段落。

刘青霞乐善好施、服务社会。她不仅不挥霍钱财，而且以己之能，出资捐地，救济贫民。久而久之，名望直达清廷。清政府授予她“一品命妇”，并准给“乐善好施”字样，允自制匾额悬挂。1906年，刘青霞在哥哥陪同下赴日本游历，在同盟会成员的影响下，她接受了资产阶级民主革命思想，并加入了同盟会，多次捐资帮助宣传革命。回国后，她决心创办女子教育，以启迪民智，于1908年在尉氏县创办“华英女校”，还捐银三千两资助开封女学堂，捐银一千两资助中州公学。

辛亥革命前夕，革命党人张钟端从日本归国，刘青霞资助其筹措起义经费，并积极参与了河南起义。民国肇建，刘青霞无比兴奋，以极大的热情投身于国家建设。1912年，被推举为国民捐事务所总理。后因袁世凯窃取了辛亥革命成果，刘青霞愤然辞职。

1913年，刘青霞辗转至上海，面见孙中山，提出将财产捐给国家以充修建铁路之费用。孙中山接受了她的请求，并亲自题写匾额相赠。但由于政局急剧动荡，刘青霞慷慨捐资救国的愿望未能实现，还险些因此罹难。尽管如此，刘青霞拳拳爱国之心和兴国图强的初衷并没有改变，兴办学校、工厂和从事慈善事业的热情亦毫无消减。1922年，冯玉祥主豫期间，刘青霞厌倦了没完没了的族人争讼，以“与其族人争讼，不如收归国有”为由，将大部财产捐出归公。直到去世前，刘青霞对社会公益事业的关注从未间断过。她自奉甚俭，虽握有巨大财富，却始终“节己襄助社会”，临终时，她盖的被子上尚打着补丁。

刘家宅院始建于清光绪六年（1880），坐北朝南，大院分东西两宅，均为三进四合院，左右两侧对称，共6个小院，院后的花园将两宅连成一体，占地面积900余平方米。整座院落建筑雕饰素雅，门敞窗明，相配益彰，青砖灰瓦的门楼，绿色的木质门窗，灰瓦挑檐下的粉红彩绘，黑色的檐柱，檐下木刻，壁上砖雕，能看出昔日的辉煌，是目前河南省保存最为完整的中原古典建筑风格四合院。

• 大宋御河：桨声灯影夜开封 •

御河游船是开封最重要的夜游项目之一。为保护古城风貌、凸显北方水城特色，开封实施“六河连五湖”宋都水系工程规划，利用六条河道连接五大湖泊，形成连续完整的城市水系。该规划共分成四期，其中水系二期命名为大宋御河，贯通开封市龙亭湖、包公湖两大景区。御河游船项目，融合开封独有的古都宋韵，打造出自然景观、历史文化、商业景观、演艺活动相互渗透融合的水上旅游项目。

开封龙亭湖周边有AAAAA级旅游景

御河游船　摄影：余建

区清明上河园，AAAA级旅游景区龙亭公园和中国翰园，AAA级旅游景区天波杨府，以及沉睡湖底的千年国宝——六朝皇宫遗址。包公湖旁边有AAAA级旅游景区包公祠和开封府，以及全国重点文物保护单位延庆观，御河包公祠码头紧临西司夜市，大宋御河像一条珍珠项链，把众多景点连成了一道风景线。

大宋御河景区共有桥梁11座，其中市政桥5座、景观桥6座，均参照宋代名桥原型仿建而成，一桥一景，古朴典雅，桥桥有来历、有说法，桥桥风格迥异，造型优美，使御河景区成为全国唯一的宋代桥梁“博物馆”。

御河景区由北至南共建有5个景色各异的景观园区，分别为集锦园（会馆文化区）、春花园（酒楼）、夏荫园（戏楼）、秋韵园（茶楼）、冬凝园（船舫）。五大园林景观均以宋代民俗文化为主题，按照宋代营造法式建造而成，为北宋园林景观。

御河每天晚上都精彩上演民歌、民舞、民乐表演等12台演艺节目，参与的主要演员超过200人。夜幕降临，华灯初上，伴随着悠远的古筝声，从古色古香的包公祠码头出发，坐在挂着大红灯笼的游船中，沿着御河缓缓行驶，宋风浩荡，宋韵满眼。蜿蜒曲流的河道，绚丽多姿的两岸景观，结合富有“新宋风”城市风格的古建筑群，配以西司桥、八字桥、板桥、木

夜游御河　摄影：任仕英

御河千古情

春天御河

大宋御河 摄影：赵文建

栈曲桥、陆福桥、母子桥、金奎桥、天波桥等各具特色的桥梁，一桥一景，移步换景。船在水上行，视听享盛宴。两岸灯光影绰，亭台楼阁若隐若现，歌声曲声两侧呼应，此起彼伏，直如在画中一般。近年来，在桨声灯影中船游御河，已经成为很多外来旅客的选择。

河南大学：百年名校润中华

河南大学坐落在历史文化名城、八朝古都开封。河南大学明伦校区位于开封市东北隅，其近代建筑群是全国重点文物保护单位。它北依全国重点文物保护单位宋代开宝寺铁塔，东临全国重点文物保护单位开封城墙。这是块文化圣地。据史料记载，1000多年前的后周王朝就将此辟为国子监，是当时中国唯一的高等学府。北宋定都开封后，这里仍为国子监。清雍正九年（1731），这里建起了规模宏大的“河南贡院”。1900年，八国联军攻入北京城，京城的试院被毁，1904年全国会试地点改在河南贡院举行，这是全国最后一次科举考试，延续了几千年的中国封建科举制度在此地终结。1912年，以林伯襄为代表的一批河南仁人先贤在这里创办了河南留学欧美预备学校，成为当时中国的三大留学培训基地之一。1922年，河南督军冯玉祥将军

央视网

烽火育才记（上）

央视网

烽火育才记（下）

河南大学　摄影：余建

应教育界人士在河南创办大学的要求，决定从查抄军阀赵倜的财产中拨出专款作为大学的筹备基金。1923年3月3日，在河南留学欧美预备学校基础上建立的中州大学正式开学，学校设文、理两科，冯友兰、曹理卿分任文、理科主任。1927年6月，在冯玉祥将军的支持下，河南公立法政专门学校、河南省立农业专门学校并入中州大学，成立国立第五中山大学，增加了农科和法科，1928年9月增设医科。1930年8月，学校更名为省立河南大学，并改文、理、法、农、医五科为五院，张仲鲁任校长，就此河南大学正式命名。1942年改为国立河南大学，成为拥有文、理、工、农、医、法等6大学院的综合性大学，是当时学术实力雄厚、享誉国内外的国立大学之一。新中国成立后，经院系调整，河南大学农学院、医学院、行政学院分别独立设置为河南农学院、河南医学院、河南行政学院，水利、财经等院系也先后调入武汉大学、中南财经政法大学等高校，校本部更名为河南师范学院。后又经开封师范学院、河南师范大学等阶段，1984年恢复河南大学校名。2008年10月17日，河南省人民政府和教育部签订共建协议，河南大学正式进入省部共建高校行列。2016年9月，学校入选国家“111计划”。2017年9月顺利入选“双一流”建设高校。

建校百余年来，河南大学严守“明德，新民，止于至善”的校训，在一代代学人的精心铸造下，逐渐形成了“团结、勤奋、严谨、朴实”的优良校风和前瞻开放、面向世界，坚持真理、追求进步，百折不挠、自强不息，兼容并包、海纳百川，不事浮华、严谨朴实的河大精神，在推动社会发展、科技进步、经济建设和教育振兴的过程中实现着自身的价值。在以范文澜、冯友兰、董作宾、冯景兰、罗章龙、郭绍虞、罗廷光、萧一山、樊映川、毛礼锐、姜亮夫、嵇文甫、任访秋、党鸿辛等一大批专家学者、院士为代表的名师执教下，河南大学已培养了60万名各类人才。在河大校友中，侯镜如、袁宝华、王国权、赵毅敏、尹达、邓拓、白寿彝、杨廷宝、高济宇、姚雪垠、周而复、吴强、马可、赵九章、梁光烈等都已成为蜚声中外的社会名家。

1915年以来，该校先后建设了六号楼、七号楼、东西斋房、南大门与大礼堂等教学、办公和生活用房，形成一组既具有鲜明中国传统建筑特色，又吸取了部分西式建筑手法的中西合璧的优秀近代建筑群。它是中国高等学校中构造精妙、建筑雄伟、中西完美结合的国之瑰宝，其建筑形制巧妙地融合了我国官式建筑与河南地方建筑手法，吸收了西方建筑如柱式、门窗等局部形式，既具有鲜明的时代特色，又继承了祖国优秀建筑文化传统，是我国20世纪初期大型民族建筑设计与建筑工程的优秀代表作品之一。该建筑群是河南乃至我国近代高等教育事业历史进程的有力见证，具有极高的历史、科学、文化和艺术价值。2006年，这组建筑被确定为第六批全国重点文物保护单位。

其中，1936年兴建的河南大学南门是整个近代建筑群的代表，南北两个牌楼圆拱相连，中间为正楼，两边为次楼，形成重檐效果，是我国古代四柱三楼式牌楼的进一步发展。正楼匾写“河南大学”，次楼匾额镶古典花纹，檐下额枋、雀替均作彩绘。大门建成后不久即遭七七事变，但历经抗战幸未毁于战火，保存至今。

大礼堂与南门遥遥相望，这幢宫殿式建筑极具历史感，青砖红瓦，飞檐斗拱，气势恢宏。1931年11月20日破土动工，至1934年12月28日落成，历时三载，耗资20万元，可容纳3000多人。其规模之宏大，在当时全国高校中首屈一指；其设计之精美，质量之高，为当时国内所罕见，至今仍在使用。1937年10月，抗日烽火燃遍全国，上海救亡演剧队洪琛、金山、崔嵬、贺绿汀、冼星海率队多次在大礼堂举行公演，把开封的抗日救亡运动推向高潮。1950年4月，河南省第一届各界人民代表会议曾在此举行。

六号楼、七号楼分别建成于1919年和1921年，均是20世纪20年代中西建筑艺术完美结合的建筑精品。东西十二斋房是学生宿舍，砖木型结构，屋面为横三道屋脊且四周有城垛式女儿墙相围，斋房门口均设有仿古式垂花门罩，顶部覆有筒板瓦。大小不等、形状各异的30块木雕花板镶刻在两个垂柱之间，板上雕有梅兰竹菊、珍禽异兽，为整幢建筑的明珠。斋房位于南大门至大礼堂轴线之两侧。礼堂两侧分布斋房是沿袭古代书院讲堂左右布置斋舍的做法，而且对建筑群起衬托作用。

校园内有河南贡院石碑二通。据碑文记载，清雍正九年（1731）为劝学敬教，耗银25 556两，建了一座占地197亩的河南贡院，北面正对开宝寺塔。工程完结后立碑为记，碑高4米，宽1.06米，厚0.32米，碑上端篆书“改建贡院碑记”。清道光二十四年（1844），洪水冲毁河南贡院，水退后乃重修，并立碑纪念，碑高4米，宽1.15米，厚0.3米，碑上端为篆书“重修贡院碑记”。双碑碑帽前后均刻有双龙腾飞于黄河巨浪之上的石雕，碑文楷书字体工整，是具有极高艺术价值的书法佳作。现建有四角攒尖顶碑亭两座。

河南大学近代建筑群继承了明清建筑的优秀成果，其风格中西合璧，体现了学校厚重的历史及洗练凝重的风貌。

河南大学建校百余年来，严守校训“明德，新民，止于至善”。1936年，河南大学南大门建成后，学校就将校训用柳体金字镌刻在正门内侧的门楣之上，正中上额横书“止于至善”，左书“明德”，右书“新民”，八字校训给河大学子以光大学术、恢宏文化的启示，一入校门便油然而生对国家、民族崇高无上的历史责任感。

• 山陕甘会馆：砖石木雕耀中原 •

开封市山陕甘会馆坐落在徐府街明代中山王徐达后裔的府第旧址上，布局严谨，建筑雄伟，富丽典雅，以砖、石、木雕艺术的“三绝”誉冠中原，是河南省明清时期建筑艺术的代表作。

山陕甘会馆建于清乾隆年间（1736—1795）。明末的崇祯十五年（1642），黄河水患，汴城被淹，直到清初，开封城仍是废墟一片。经过一百多年的休养生息，到乾隆年间开封日渐繁华，南来北往的客商纷至沓来。起初是山西、陕西两省的富商为扩大经营、保护自身利益筹结同乡会，

山陕甘会馆石雕　摄影：余建

后来又有甘肃籍商人加入，遂名“山陕甘会馆”。

山陕甘会馆为一处庭院式景区，主体建筑如照壁、戏楼、牌楼、大殿等置于中轴线上，附属建筑位于东西两侧，建筑之间以檐廊相连，整座建筑群整齐而精致。照壁临街而建，覆以庑殿顶、绿琉璃瓦，显得方正庄重。照壁两侧有飞檐高耸的东西掖门。进入会馆，迎面是戏楼。戏楼又称歌楼，旧时每逢节日、祭祀、还愿、祝寿等活动，这里均有精彩演出。穿过戏楼的门洞，正对的是牌楼和大殿。大殿是会馆最主要的建筑，殿内供奉的是关公像。

大殿巍峨气派，最精彩的当属殿檐下的装饰木雕。木雕为镂空透雕，上下宽度达170厘米，雕刻题材有象征吉祥如意的祥云、蝙蝠、松鼠、牡丹、葡萄，以及人物、龙凤、神兽等，雕刻技法精湛，玲珑剔透，栩栩如生，加之丹青彩绘，更显得绚丽多彩。会馆内还有垂花门、钟鼓楼、东西配殿、东西跨院等建筑，院内树木扶疏、花香莺啼，有茶桌椅凳可供小憩，颇有意境。

开封山陕甘会馆规模虽不大，但建筑精巧，匠心独具，可谓雕梁画栋，鬼

山陕甘会馆　摄影：胡胜

斧神工。

开封虽然褪去了往日的繁华，但其城市品格、市民精神并没有改变，深厚的中原文脉一直在开封传承。世界上众多城市中，唯有开封在遭遇一次次黄水和战乱的毁灭后，一次次以顽强的生命力在旧城上重建并获得新生，成为中华民族、中原文化生生不息精神的典型代表。街道还是原址上的街道，宫殿还是原址上的宫殿，园林还是原址上的园林，这些街道、宫殿、园林，还有保存完好的四合院都成为这座名城历史文化传承的珍贵标本。

名品荟萃

——汴京风味天下名

历史上，开封作为中原重镇，人口众多，消费集中，商贸服务业和手工业繁荣兴盛。各地巧匠汇集于此地，围绕贵族们的高端消费和普通百姓的日常所需，逐渐制作出一大批生活日用精品，形成了具有浓郁地方特色的风味名产。当今在开封市场上有影响的风味特产，多数具有较长的历史渊源，突出地表现在美食和工艺两个方面，记载北宋东京市井盛况的《东京梦华录》一书中，有着非常翔实的描述。该书记载的正店就有七十二家，美食佳品数百种。工艺品如宋绣、灯笼等精妙绝伦。所有这些在如今的开封都传承下来并加以创新，得到了发扬光大。在饮食方面，如桶子鸡、灌汤小笼包子、鲤鱼焙面、套四宝、红薯泥、黄焖鱼、油条、豆沫、胡辣汤等达上千种之多，饭店中的传统老字号如又一新、第一楼、万芳春、中兴楼、马豫兴、梁园春、老宝泰、晋阳豫、老五羹、新生饭庄等名店林立；手工艺品如汴绣、官瓷、木版年画、灯笼、风筝等一百多种享誉海内外；在农副特产方面，菊花、西瓜、花生、泡桐、稻米、大蒜、青豆等均闻名中原。

• 朱仙镇木版年画——中国木版年画的鼻祖 •

2006年5月20日，国务院在中央政府门户网上公布了第一批国家级非物质文化遗产名录。在民间美术门类中，开封市申报的朱仙镇木版年画榜上有名。这是开封第一个获得批准的国家级非物质文化遗产项目，朱仙镇木版年画作为中国木版年画的鼻祖，开封作为民间文化遗产保护的发端，确实实至名归。

朱仙镇位于开封城南20多千米处，以木版年画、岳飞庙、清真寺而闻名全国。曾是中国四大名镇之首，是现今中国最美十大村镇之一。

说木版年画就要先说过年习俗。自周代以来，中国的老百姓就有过年挂桃符的习俗。而贴门神的习俗据说与唐太宗李世民有关，因为经常有厉鬼冤魂闹皇宫，使太宗夜不能寐，忠心耿耿的秦琼和尉迟敬德就一个紧握双锏，一个手持金鞭，为皇帝站岗。时间长了，皇帝心痛爱将，就把他们的画像贴在宫门上，竟也起到了镇宅辟邪的作用。上好之下必随之，这个做法也就传到了民间。重镇汴州（今开封）的水运码头朱仙镇开始有人做年画生意了。至于新春贴对联，更是与开封朱仙镇有关。大家都知道中国第一副春联是后蜀才子皇帝孟昶撰写的“新年纳余庆，嘉节号长春”，谁料想新春刚过，孟昶就被宋太祖破国并押至汴京，最后死在了朱仙镇。

朱仙镇木版年画　摄影：李洪武

朱仙镇木版年画

朱仙镇木版年画（上）

朱仙镇木版年画（下）

后来，过年贴门神和对联以祈福纳祥就演变成了朝野固定的传统习俗。

朱仙镇木版年画诞生于何时，业内的定论是它起源于唐，兴于宋，鼎盛于明清。北宋时期，由于皇室的推崇和科技的发展，木版年画依靠当时世界上最为先进的印刷术，实现了过去“画”年画到“印”年画的历史性改革，大大提高了这一行的生产力。

开封朱仙镇、天津杨柳青、苏州桃花坞、潍坊杨家埠并称为中国四大木版年画产地，可为什么说朱仙镇的木版年画是中国木版年画的鼻祖呢？据史料记载，中国的木版年画最早出现在北宋时期的首都东京，也就是今天的开封及其周边地区。孟元老的《东京梦华录》中讲到，北宋京都城有很多年画作坊，叫作“纸马店”，一到腊月就大量印刷门神等木版年画，以表达黎民祈求美好生活的愿望。这在张择端的《清明上河图》里也有反映：画上有个“王家纸马店”，门前的门神画也看得清，这就是做年画生意的。到了明清两代，朱仙镇的木版年画就十分兴盛了，作坊最多时达三百余家，年画产量高峰年可达三千万张。每年九月初九，朱仙镇依例举行“门神会”，全国各地“打码子”的客商云集于此，批发和抢购木版年画。而上述另外三大著名木版年画产地只是在明末清初才有产品，技艺上虽有改进，但与朱仙镇有师承关系。

朱仙镇木版年画制作现场　摄影：余建

朱仙镇木版年画之所以能列入国家级非物质文化遗产，主要有以下几个方面的因素：从技艺上说，讲究用色，始终以矿物、植物做原料，坚持手工磨制，色彩纯净艳丽，久不褪色；构图拙朴，匀实对称，线条粗犷，风格独特，人物头大身小、形象夸张；题材繁多，多以民间故事、神话传说和戏曲为主，内容各异，老少皆宜，祈福纳祥的深刻寓意，在不同阶层、不同年龄的人群中极有人缘。鲁迅先生就曾珍藏26幅作品，称赞它“富有民族色彩的制作”“刻线有力”“不染脂粉、人物无媚态、很有乡土味”“具有北方木版年画独有特色”。

这项遗产在传承上还存在一些问题。

首先是精品老版匮乏。开封及朱仙镇年画艺人创作的年画老版有500多种，已挖掘、整理出的老版220多块。其次是艺人青黄不接。“天成”“云记”“汇川”等名噪一时的老字号年画作坊培养出来的老艺人仅有六七位，目前年事已高，技艺无人继承，特别是传统的矿物、植物颜料磨制方法已鲜为人知，如不及时加以总结整理，朱仙镇木版年画制作技艺有失传的可能。

进入21世纪以来，随着盛世收藏热的出现，收藏和研究朱仙镇木版年画已成为一个新的热点，俄罗斯、德国、日本等国家博物馆也有收藏，价格一路攀升。2002年10月，“首届中国木版年画国际学术研讨会”和“中国木版年画大联展”在开封和朱仙镇举办。此举被称作是“中国民间文化遗产抢救工程”的发端。木版年画抢救因此成为“中国民间文化遗产抢救工程”的龙头工程，朱仙镇也被授予“中国木版年画艺术之乡”的称号。

2008年1月，中国木版年画抢救保护发展国际高峰论坛、中国木版年画联展和中国开封《朱仙镇木版年画》特种邮票首发式等三项活动均在开封举办，巧合之中亦是必然。

• 汴绣——从皇宫到民间 •

关于汴绣的来历，有一个神奇的传说。在开封城东二十千米的地方，有一个村子叫国都里村，据说是黄帝建都时的遗址。黄帝的正妃叫嫘祖，她发明了种桑、养蚕。她从蜘蛛织网受到启发，又发明了用蚕丝织丝绸的技术，用丝绸做成衣服，人们就再也不用披兽皮裹树叶了。相传有一年，黄帝和炎帝所统治的两族合并后，黄帝决定举办一次庆祝大典，嘱咐嫘祖做一件高贵的盛装。嫘祖费尽心思裁剪设计，用最细的骨针缝制，缝了六六三十六天，才把一件新装做好。嫘祖把这件黄色的袍子放在院中晾晒，不知何时被风吹落在地上。当嫘祖发现时，衣服上竟盘卧着一条蟒蛇。因为这种蟒蛇身上有一种黏液，把蟒蛇的身影印在上面，花花搭搭，弯弯曲曲，怎么都洗不掉。又用力洗了几遍，不少地方洗烂了。嫘祖看着，心疼急了。眼看庆典的日子就要到了，再做新的已来不及。嫘祖急中生智，就用丝线一针针绣了起来。绣完之后，只见黄色的袍子上似有一条大蟒蛇，她干脆把这蟒蛇按照原始图腾龙的样子补绣起来，看上去就像活的一样。黄帝见了，不但没有责怪，反而特别高兴，因为他太喜欢自己亲手选定的龙图腾了，如今能天天盘在自己的衣服上，那才真正显示身份呢。庆典那天，黄帝穿着这件新衣一出场，就迎来了众人的欢呼之声。人们把这件衣服叫作龙袍。从此龙袍成为皇帝的象征。从那以后，妇女们竞相效仿，根据个人的喜好，绣出不同的饰物来。因为是用骨针一针一针刺进丝绸绣出来的，就称这种工艺叫刺绣，又尊发明这种刺绣的嫘祖为刺绣的祖师。

刺绣的技术一代一代传下来，针法也在一代一代地改进。到了北宋的时候，开封成为人口逾百万、富丽甲天下的国际大都会，文化、工艺代表着当时世界的最高水平。朝廷把各地的刺绣巧手召进京城，刺绣成了开封手工业的一个重要行业，产品花样儿应有尽有。皇家还成立了文绣院，专为宫中绣制饰品。皇帝还常把精美的绣品作为国礼送给来朝的使者。因为这些绣品出自京都汴梁，就称这种刺绣为汴绣。从此，汴绣艺术在世界上传播开来。据孟元老的《东京梦华录》记载，相国寺里每月有五次开放百姓交易，买卖最好的就是汴绣。相国寺旁的大街小巷，刺绣作坊遍布，俗称绣街和绣巷。有的街巷居民多是绣女。当时的酒楼茶肆，无不珠帘绣额，灯光耀眼，金碧相射，锦绣交辉。汴绣的艺术风格独树一帜。明朝的屠隆在他的《画笺》一书中对汴绣给予了高度的评价，他说宋代汴绣山水人物，楼台花鸟，

汴绣　摄影：宋润泽

汴绣　摄影：余建

针线细密，不露边缝。绣时，用绒一二丝，用针如细发，所绣人物，眉目毕具，绒彩夺目，丰神宛然。设色开染，较画更佳，女红之巧，十指春风，迥不可及。汴绣开启了刺绣书画之风，有“画绣”之称。

北宋靖康二年（1127），金人入侵，宋朝国亡。汴绣工匠，有的随赵构南迁，有的被金人掳去北国。汴绣工艺也随之传播到四面八方，并与当地文化相融合，渐渐在苏杭形成了苏绣，在两广形成了粤绣，在四川形成了蜀绣，在两湖形成了湘绣。

汴绣在发源地开封，经过能工巧匠们一代代传承，一代代创新，如今得到了空前的发展和繁荣。汴绣具有古朴、典雅、细腻的艺术风格，以绣画为特色，以民族性、地域性、传统性、创新性为特点，以针代笔，以线代墨，运用平、齐、亮、明、净、细、密、匀、薄、活的工艺技巧和多种针法，用“打子绣”绣花蕊，“齐套绣”绣花叶，“滚针绣”绣水纹，“钉针绣”绣树枝，“盘金绣”绣戏装，“毛针绣”绣羽毛，“双面绣”绣异色，“叠彩绣”绣动物，“十字绣”绣图案，“蒙针绣”绣山水，“双合绣”绣篱竹，“乱针绣”绣油画，“发绣”绣白描人物，“垫绣”绣立体效果，还有编绣、棚绣、网绣、盘绣、纳纱绣、穿罗绣、贴补绣、缠针绣、洒线绣、散套绣、反拴绣、平针绣、包针绣、别针绣、锁边绣、羊毛绣、纳点绣、对针绣、席篾绣、交叉绣，等等，使绣品更加锦上添花，美轮美奂，形象逼真，技精艺绝。

中华人民共和国建立初期，为了向国庆献礼，开封人民把一幅巨幅汴绣《清明上河图》送到北京，毛泽东、刘少奇、周恩来、朱德等党和国家领导人交口称赞，无不称绝。

• 北宋官瓷——一片可抵家财万贯 •

北宋官瓷是宋徽宗因不满当时贡御瓷器的瑕疵，引入当时全国瓷器制作精华，在都城东京，即今河南开封，按照自己的设计，亲自指挥烧制的一种新瓷。它不仅是我国陶瓷史上唯一一个将窑址建在宫廷烧制的瓷器，也是第一种被皇帝个人垄断的瓷器。宋顾文荐《负暄杂录》关于“宣政间，京师自置窑烧造，名曰官窑”的记载，说的就是这件事。创建于帝王之手的北宋官瓷，在我国琳琅满目的瓷器世界中，可谓独具禀赋，充盈着非凡的艺术神韵和光彩，其稀有的作品，堪称大师巨匠精湛技艺和徽宗杰出艺术才华之合璧。官窑从诞生那天起，其地位就在北宋五大名窑之首。其制作之精美，品质之优异，作品所洋溢的雍容华贵的皇家气韵，无与伦比，堪为天下之冠。再者，因北宋官瓷创制和生产的时间极为短暂，不过十余年间，用料异常考究，制作又异常精细，故而产量极少，作品寡鲜，在当时即为瓷器中百求而不可得的艺术神品，民间更难得一见。当年宋徽宗在金兵破城之际，为不使自己的艺术心血和创作成果落入金人之手，竟放弃稍纵即逝的逃生机会，以自己的生命为代价，亲自留下来捣毁窑炉，毁坏神器，颇具玉石俱焚的气魄。仅此一点就可见徽宗对北宋官瓷珍视的程度。当然，经此浩劫，能传之后世的北宋官瓷作品已寥若晨星，目前基本收藏在北京故宫博物院和台北“故宫博物院”，海外虽有几家著名的博物馆零星收藏几件，也不过是八国联军的“战果”。在这种令人扼腕长叹的历史情形下，硕果仅存的北宋官瓷，其艺术价值和收藏价值之高，当可想而知。故有“家有万贯，不如官瓷一片”之说。

北宋官瓷具有独特的艺术风采。其造型通常以仿青铜器为主，主要有瓶、尊、鼎、炉、觚、盘等。因其源于皇室，

仿宋官瓷　摄影：李洪武

风格多追求宫廷的华贵和大气，故作品古朴庄重、雍容典雅，完全不同于民窑器物的艺术风格。北宋官瓷在原料选用、色调调配上甚为讲究，尤其在原料选用上，可以说是穷其奢华，不惜代价，添加有品质上乘的翡翠、玛瑙等玉粉入釉，这也自然成为注重烧制成本的民间和其他窑口不可仿造的主要原因。在烧制过程中，按器形的要求，北宋官窑对当时的支烧法加以改进，增添了垫、支结合的烧法，器物受力更均匀，使得胎骨也更坚挺，从而为釉质更趋淳厚、匀润创造了条件，真正达到了肥若堆脂、如缎似玉的质感，器形也随之丰富。其次，北宋官瓷对釉色的追求与完善也达到了一个很高的水平，其釉质肥厚，瓷无修饰，主要以釉色之美、纹裂之俏，去追求艺术上至高的大境界。常见有天青、粉青、月下白、炒米黄等釉色，且以粉青为上。再一点，与其他瓷器不同的是，北宋官瓷在制作过程中，多次上釉，工艺极为复杂，故而北宋官瓷釉面的开片，片纹极富节奏感，如水波粼粼，晶莹剔透，开片不仅流畅，且小器大片，纹如鳝血，产生出令人惊叹的纹裂美。在火候的掌握上，北宋官瓷也有其不传之秘，使用多次轻重不一的还原烧制方法，并辅以向以“神火”著称的“瞬间氧化气氛”烧法，使得用火恰到好处。在这种复杂的驭火工艺烧制下，作品器物口所施之釉微有下垂，内胎微露，产生了另一美感的“紫口”，而底部由于釉分子的气氛还原而成为黑红色，是为“铁足”。此独具神采的“紫口铁足”，清籁幽韵，趣致拔俗，令人畅心悦目，构成了北宋官瓷的独特风韵，绝响天下。也正是基于其烧制工艺复杂和对完美艺术近于苛刻的追求，北宋官瓷向有“十窑九不成”之说。一件体态粉青、开片明晰、片如龟背、纹如鳝血、“紫口铁足”的官瓷作品的烧成，绝对难得之极，实乃皇家不惜人力、财力、工时所求的结果。

北宋以降，虽历代王朝对北宋官瓷均有仿烧，但基本未闻有罕见的杰作。改革开放后，出于对我国优秀传统文化的挖掘和继承，开封北宋官瓷研究所从1980年起，在北宋官瓷之乡——古城开封重燃炉火。1984年，根据中国轻工业部〔84〕轻艺字第16号文，由河南省第二轻工业厅组织的“仿北宋官窑青瓷鉴定会”于6月16日至18日在河南开封宾馆举行。鉴定委员会由政府官员和冯先铭、邓白、李国桢、叶喆民、郭演仪、宋伯胤、傅振伦、李知宴、汪庆正、安金槐等来自全国的专家计34人组成，他们共同为开封用河南当地原料烧制出的宋官窑仿制品做了见证，并予以普遍认可。专家们认为，“仿制产品釉色如玉，风格逼真，可与故宫博物院、上海博物馆等收藏的宋官窑传世品媲美”。随后，北宋官窑仿制成功的消息通过新华社传遍海内外，北宋官瓷终于在其故乡开封浴火重生。

北宋官瓷复仿成功后，在历届重大的艺术展览活动中，几乎囊括了中国陶瓷、中国工艺美术以及科学进步等诸多奖项，影响日渐深远。为进一步巩固这一科研成果，使这一美好事物永放光彩，世代传承，开封北宋官瓷研究所、河南大学及有关单位长期致力于北宋官瓷的研发和创新，作品更臻完美，已将历史馈赠给开封的这个非物质文化遗产切实发扬光大。目前，北宋官瓷在开封已实现公司化运营。集产研、销售、展示、欣赏为一体的北宋官瓷企业已达10多家，成为开封市文化产业的重要排头兵。北宋官瓷正以其重放的异彩走向世界。

• 灌汤小笼包——包进天下美味 •

包子是人们喜爱的面食之一。史料记载，发明包子的是三国时蜀国丞相诸葛亮。宋人高承的《事物纪原》中有这样一段记述：“诸葛武侯之征孟获，人曰蛮地多邪术，须祷于神，假阴兵以助之。然蛮俗必杀人，以其首祭之……武侯不从，因杂用羊豕之肉，而包之以面，像人头以祠……后人由此为馒头。”也就是用羊、猪肉做馅，用面做皮，做成像人头的大包子祭神。从那以后，“馒头”成为祭品和食品。南方人一直把有馅和无馅的都叫作馒头，而北方则把二者逐渐区分开来，无馅的叫馒头，有馅的叫包子。直到今天，北方人祭品中仍然沿用馒头：15个馒头配5个小菜叫“小供”，25个馒头配10大碗称“大供”。有馅的包子则早就不做供品了。

包子常分荤素两大类。在荤馅包子中，汤多流油者备受人喜爱。包汤的分量越多，技术要求就越高。俗语说：“纸里包不住火，面里包不住水。”而开封的馅中灌汤的包子早在北宋年间已有。北宋时

灌汤小笼包 摄影：余建

期的开封，有史可考的面食有107种。那时“包子”和“馒头”已初步分开称呼，有时也混用不分，如灌浆馒头、包子、虾肉包子、水晶包子、细馅包子、糖肉馒头、羊肉馒头，以及按形状和颜色取名的绿荷包子、梅花包子，等等。

北宋以后，开封的厨师取梅花包子之形，灌浆包子之技，做成灌汤包子，俗称汤包。灌汤包子原为大笼蒸制，20世纪30年代，“开封第一楼”店主、著名厨师黄继善改用小笼蒸制，每笼15个，就笼上桌，故名小笼包子。其特色是皮薄、馅大，满汤满油，褶纹达18至22个之多，提起像灯笼，放下像菊花。小笼包子的吃法也颇讲究，手拿不能食，必配有两碟一勺儿，用筷子将一个包子从桌上笼中夹入小碟中，再用筷子夹住，先在包子的一个边上咬一个小口，把包子里的汤倒在小勺里，一个包子能倒出满一勺汤，俗称口汤。另一碟儿倒点香醋、酱油，吃包子时先蘸一下再入口，油而不腻，清香利口。每一个包子吃过，再喝勺里的汤，分外有滋味，余香满口。

开封小笼包子的技术要领是灌汤。汤之多，在中国的包子类中首屈一指。例如：400克面粉的皮，绞碎的精猪肉500克，要往馅中逐渐打入清水400克以上，小磨油125克以上，另有适量的料酒、酱油，因此汤的重量在馅中占了大半以上。

百业之中，谁有一招鲜，除了其子孙之外，是秘而不传的，且有传媳不传女的旧俗。第一楼的小笼包子，也有不少人争相仿做，但总是在灌汤上学不到家。为了能灌汤，有的做馅时，用肉加皮冻，利用皮冻遇热化水的原理，虽然汤灌进去了，但那皮冻的味儿邪，包子也就不鲜不香。

同开封第一楼灌汤小笼包子相近的就是江苏的淮安汤包子，它也是以汤多、皮薄、味美而闻名，但它的馅是先加工成汤冻再包进皮中的。

如今的开封第一楼，在传统灌汤包子的基础上，又推出了包子宴。每宴10笼，10个品种，有虾仁包子、韭菜包子、南荠包子、菊花包子、鸡丁包子、香菇包子，等等。其在全国的连锁店已达40多家，成了包子集团公司。从冯玉祥在开封主政河南起，到改革开放的今天，外地客人来开封，都要一品灌汤包子以饱口福。

灌汤包子，成了开封的品牌，开封的骄傲。一次，笔者接待影视界几位艺术家，胡庆树老师说：“我们可是冲着开封的灌汤包子来的呀！”朋友说：“来开封不吃第一楼的小笼包子，就等于没来开封。”评价之高，是开封人没有想到的。

• 桶子鸡——此物只应汴梁有 •

桶子鸡是开封的传统名菜，它以肥嫩母鸡为主料，用白色卤汤慢火卤制而成。因其在制作过程中不开膛不破肚，仅在翅膀下开小口，取出内脏，并用秫秸秆撑鸡裆，身上既不见洞又圆如小桶，故称桶子鸡。开封桶子鸡1981年被评为河南省优质产品，1982年和1984年又两次荣获商业部优质名特产品的称号。

这道菜原名“孔雀开屏”，相传是由北宋时期皇宫一位姓马的御厨创制而成，因其技巧与所有烧鸡的宰杀、煺毛、用火、卤汁都不相同，色泽口感别致，又取名孔雀开屏，时称一绝。“马一绝”也就成了这位御厨的代名。宋徽宗宣和年间（1119—1125），宋徽宗曾在皇宫宴请金国太子，特地让马一绝做了此菜。几年过后，金国太子率兵攻陷汴京，指名抓到马一绝带回北国做御厨，为的就是能天天吃上“孔雀开屏”这道美味。马一绝冒死逃出金营，带着一坛老汤随难民南逃。在一个风雪之夜，马一绝连病带饿，昏倒在建康（今南京）街头，被一个叫马哈哈的小伙子所救，为报答救命之恩，马一绝决定把自己的绝技传给他。一天，马一绝把坛子抱到怀里说：“这是我马家祖传下来的老汤。我祖上三代都是宫廷御厨，以母鸡做原料，用它可以卤制出举世无双的名菜‘孔雀开屏’。此菜只许真龙天子独享，连王公大臣都不配尝。皇上严令不准把烹制方法传入民间，否则就犯了欺君大罪，要抄家灭族。直到现在，开封的父老乡亲们也没有尝过这道菜的味道。我现把老汤和烹制方法都传给你，但你必须答应我一个条件：有朝一日，你要带着老汤回到开封去，让家乡的父老都能尝尝‘孔雀开屏’这道菜的美味。”马哈哈跪在地上，对天起誓。于是马一绝将老汤的兑制、保存方法，鸡的宰杀、火候和卤制技巧都一一传授给马哈哈。为了避免南宋皇帝发现后招来杀身之祸，“孔雀开屏”也改名为“桶子鸡”，并很快在金陵打响，生意越做越红火。

马一绝下世后，马哈哈时刻记着师父的嘱托。可惜南宋小朝廷不争气，终未能收复失地。一直到了清朝后，马家的后代才实现了马一绝的遗愿，全家带着陈年老汤搬迁到开封，马家桶子鸡很快在开封兴盛起来。

这个传说并非全是杜撰。此菜源于北宋开封市场上的卤鸡。宋室南迁，流落到南京的一户马姓人家，以经营此品为生。清代咸丰年间（1851—1861）其后裔马有仁由南京重返开封故里，并带回一桶千年老汤，创建马豫兴卤鸡店，一直经营至今，已有150多年的历史。

桶子鸡风味独特，源自其选料和工艺的独特。要做它必须选用三年以内胸脯圆润、油脂丰满的母鸡；宰杀后，用75摄氏度热水煺掉大毛，在凉水中浸泡，再用镊子去净绒毛；然后除去翅膀尖和鸡爪，用刀在脖子下割一刀，取出嗉囊；再用刀在一侧翅膀下开月牙口，手指伸入抠断三根肋骨，用食指在内脏周围搅一圈，摘除内脏，将鸡冲洗干净；取净荷叶卷，从刀口塞入，再用约4寸长的秫秸秆从脖下开口处塞入，用两手指顶住两头，使其顶住荷叶，并把鸡裆撑起；取熟盐、花椒、茴香、生姜，搅匀装入鸡肚内，腌制12个小时；腌好后，用小绳把鸡腿拴住，用手捉住绳头将鸡放入烧开的卤锅汤内涮；涮的时候，把鸡脖顺在鸡脊骨上，视其定型后放入锅内煮15分钟，然后把锅端离火焐焖10分钟，再上火煮；如此连续两次，见鸡胀起，呈金黄色时捞出，晾凉，在鸡上刷上一层麻油即成。

桶子鸡的吃法也与一般的烧鸡不同，切食时刀工十分讲究。先用刀从鸡身中间左右分成两半，然后再分别将脯、腿、膀根剔去骨架，使鸡肉散成条状放在上面，或只要肉块切条上盘。上盘的肉，鸡皮金光闪闪，鸡肉银白发亮。其味咸香，肥而不腻，其口感熟而不烂，清爽脆嫩，越嚼越香。

开封桶子鸡做法独到，滋味别致，物美价廉，一百多年来一直是豫菜中的名菜。又因其比一般的烧鸡贮存期长，清朝时即成为贡品。据开封市接待部门负责人介绍，新中国成立后，党和国家领导人及外国元首来开封，都吃过开封桶子鸡，无不给予很高的评价。现在随着科学技术的进步，桶子鸡通过真空包装远销全国各地。现在，在不少大城市的餐馆里，人们都能品尝到开封桶子鸡的美味。

• 鲤鱼焙面——大都佳肴宴贵宾 •

鲤鱼是我国养殖分布最广的淡水鱼，因其鳞有十字纹理，故名鲤。远在春秋时代，就有以鲤相赠之习。当仲尼得子后，鲁昭公以鲤相赠，表示祝贺。《诗经》云“岂其食鱼，必河之鲤；岂其娶妻，必宋之子”，把挑选鲤鱼与挑选美女相提并论。这里所说的鲤，就是黄河鲤鱼。到了汉代，鲤鱼的烹制技巧已达到很高的水平。《羽林郎》云：“就我求珍肴，金盘烩鲤鱼。”把鲤鱼奉为龙且尊而不食是从唐朝开始的。段成式所撰《酉阳杂俎》说：“道书以鲤多为龙，故不欲食。”陶穀《清异录》则说：“鲤鱼多是龙化，……龙通神。”唐人不食鲤还有一个原因，即唐朝天子姓李，“李”与“鲤”同音，因避讳而不能食。炎黄子孙都自称是龙的传人，小龙食老龙，就是食祖宗，岂不大逆不道？食鲤之禁不存，但称鲤为龙，依然沿袭至今。北宋宰相蔡京的厨娘有一道拿手珍肴叫“炒龙须”，徽宗皇帝曾多次去蔡府品尝，其实就是炒鲤鱼的胡须。

鲤鱼是一种营养丰富、鲜嫩肥美的食品。《食疗本草》称：“将鲤鱼煮汤食，最有补益而利水。”《枣林杂俎》称：“黄河之鲤，肥美甲天下。”《清稗类钞》称：“黄河之鲤甚佳，以开封为最……甘鲜肥嫩，可称珍品。”这是因为，九曲黄河流经孟津之后，进入华北平原，尤其从开封西部的花园口到开封东部的兰考东坝头的百里水域，河道变宽，水流变缓，浮游生物和有机质大量聚集，为鲤鱼的生长和繁殖提供了得天独厚的条件。这一带水域所产的鲤鱼，形色艳美，口鳍呈红色，有两条美丽的黄中透红的胡须，鱼体鳞色金黄，尾鳍鲜红，故有“黄河金鲤鱼”之称。

开封人食鲤之法甚多，最具特色的是

“糖醋软熘鲤鱼焙面”。早在北宋时期，“糖醋鲤鱼”就已享有盛名。明清时期，开封厨师把“龙须面”与“糖醋熘鱼”结合在一起，始有此名。

这道菜有熘鱼和焙面两道工序。熘鱼的做法是：坡刀将鱼两面解成瓦垄形花纹，继入热油锅炸透，把油滗出，放入葱花、香醋、白糖、食盐及适量清水等原料熘制，再用旺火热油烘汁，至油和糖醋汁全部融合即成。经糖醋软熘后，鱼色泽柿红透亮，油重而融合，利口而不腻，甜中透酸，酸中微咸，鱼肉鲜嫩。焙面又称龙须面。据《如梦录》载，明朝时，开封人在每年农历二月二“龙抬头”这一天，都以“龙须面”相赠，以示吉祥。龙须面是用手拉如丝的面条焙制而成，故称焙面。仅这拉面一项，就是一招绝技。开封拉面最有代表性的人物，是杞县人何孟祥师傅，他制作的龙须面人人乐道。1959年，全省烹饪技术大赛时，他曾以三两水面，拉成1300米的长度，令观者惊叹，人称“细如发丝”“口吹飘风的绝技”。何孟祥师傅带了不少徒弟，新中国成立后，开封的拉面高手，无不出自他的门下。他有一个顺口溜，总结拉面的经验：“拉面条，下力活，盐碱一定要对准，四季水温不能错；先和硬面后轧软，面条粗细厚薄才匀和。”如今，开封的不少大饭店，都把拉面作为一个表演项目展示给顾客。

鲤鱼焙面　摄影：李克君

焙面的制法也很讲究。面拉得细如发丝后，截去两头，取中间一段。炒锅须用中火，油至五成热时放入须面，炸至柿黄色时捞出，盛于盘内，与做好的糖醋鲤鱼同时上桌即成。这道菜的吃法，因袭“先食龙肉，后食龙须”之说，在吃过熘鱼之后，将鱼汁重新烘制成活汁，再把焙面倒入，利用焙面干燥酥脆易于吸汁的特点，食之酥香适口，达到一个菜肴两种风味、相得益彰的效果。近些年，有的厨师把焙面直接盖在糖醋熘鱼之上，同盘上桌，肉、须同食，也仍然不失其特色。

这道菜在中原地区千里飘香，成为豫菜中最有代表性的特色菜之一，是喜宴和请贵客时必不可少的一道佳肴。1901年，慈禧太后和光绪皇帝为避八国联军之乱，从西安返京取道开封行宫时，开封府名厨孙可法备膳款待。吃了“鲤鱼焙面”之后，光绪皇帝称赞是“大都一佳肴”，慈禧太后则说“膳后忘返”，随身太监还写了“熘鱼何处有，中原古汴州”，赐给开封府衙。

1934年，鲁迅先生在上海会见友人萧军、阿紫等名作家，到“梁园豫菜馆”治馔，特意点了开封的“醋熘黄河鲤鱼”，以饱口福。

“糖醋软熘鲤鱼焙面”这道名菜，如今仍以开封的百年老店“又一新”饭庄的最具特色。四方之客，在这里品豫菜风味，赏宋都文化，无不称道。

• 红薯泥——主食的华丽转身 •

红薯，又名甘薯、红芋、白薯、番薯、红茹、地瓜、山芋、金薯等，其瓤有白、黄、红之分，我国各地均有种植，有400多年的栽培历史。据传，明朝万历年间，福建人陈振龙到南洋去做生意，看到红薯可当粮食吃，产量又高，就买了些红薯秧带回国，在福州试种。后来陈氏的子孙把栽培技术传到全国各地。过去，不少地区有“一年红薯半年粮”之说。在改革开放以前，开封一带流传着这样一首民谣：“红薯汤、红薯馍，离了红薯不能活。”红薯可粮、可蔬、可果、可药，常吃可防癌和延年益寿。据说，红薯在日本被视为几种长寿食品之一。

红薯的做法很多，三年困难时期，开封饮食原料奇缺，开封的厨师们竟用红薯一种原料，制作出1 200多种食品，且吃红薯不见红薯，充分表现了开封人的饮食智慧。在红薯食品系列中最负盛名的，当属杞县红薯泥。

红薯泥这道菜是杞县名厨蒋思奇所创。清末，蒋思奇在杞县大同饭庄当厨师。他出身贫寒，一心想为穷人创制一些名菜。经多次试制，他终于把红薯做成了红薯泥。红薯泥原料简单，只要有红薯、白糖和香油即可。其他配料，可有可无，可多可少，常用的有青红丝、核桃仁、碎冰糖、山楂丁、桂花糕等。

红薯泥制作工艺也不复杂。先把红薯煮熟，剥皮去丝，用白布包住轧成泥状，不能有小粒儿。白糖在炒锅中化成糖浆，兑入香油和红薯泥，要不停地加热搅拌，待油、糖、薯泥融为一体，呈红色时，出锅上盘即成。撒上青红丝的，如桃花盛开；撒上碎冰糖的，如玛瑙滚动；撒上核桃仁的，如琥珀映辉；撒上山楂丁的，如霞光蒸腾；撒上桂花糕的，如日光照水。红薯泥色泽鲜润，味道甘甜，馨香四溢，爽口开胃，老少皆宜，成为中原地区的一道名菜。

高厨做出的红薯泥，油占主料的一半却不渗油，热在百摄氏度以上却不冒烟，由于油的封闭保温，即使在数九寒天，骑马外送百里仍然热而不凉。1901年，慈禧太后和光绪皇帝住在开封行宫，要吃杞县红薯泥。蒋思奇在杞县大同饭庄做好，官差骑马带着红薯泥送到开封，太后和皇帝用膳时，仍然温热适度，迎来他们的一致称赞，从此，杞县红薯泥的名声更响。

由于红薯泥有高温保热的特点，吃红薯泥是要先吹凉后入口的，不然会闹出笑话，吃出洋相来。关于吃红薯泥的笑话很多。至今，开封一带还流传着林则徐以红薯泥教训几个外国公使的故事。

红薯泥

据说林则徐在广州禁烟时，有几个外国公使请林则徐吃饭。饭后，上了一道冰淇淋。林则徐从来没有吃过冰淇淋，捏一柄在手，只见冰淇淋冒着气，他不知道这是热气遇冰产生的反应，以为会烫嘴，便吹了又吹，不敢入口，惹得几位外国公使哄堂大笑。林则徐感到受了污辱，一直记在心里，总解不开这个疙瘩。后来，林则徐被革职，奉命在开封治黄河戴罪立功。当他吃了杞县红薯泥后，便邀请那几位外国公使来汴观光。在宴会上，林则徐特意安排了红薯泥这道菜，并把做红薯泥的名厨请到开封，现炒现上。林则徐把这道菜绘声绘色地介绍一番，唯独不介绍它的高热保温不冒烟。宴会先上鸡、鸭、鱼、肉，最后才上红薯泥，早把几位外国公使的胃口吊到了半空。当堂倌放开亮腔刚刚报出“红薯泥”三字时，几位外国公使早已伸直了脖子。林则徐说：“诸位莫慌，听我——”林则徐故意放慢了声音。

这时没等堂倌把红薯泥放稳，几位外国公使都已站了起来，持匙一挖，见无热气，大口吞食。转眼间，有的流泪张口、伸脖子搡咽喉，有的撕腮帮往外呕吐，有的拍桌子惊叫，一时桌前丑态百出。林则徐则纹丝不动，用小勺挖上一点，在嘴边吹了又吹，方才入口，而后说道：“真对不起，我劝诸位吃红薯泥不能心急，不听我介绍，你们就吃。这红薯泥可不同于冰淇淋！”几位外国公使明知林话中有话，也只能瞠目以对，自认倒霉。

如今，杞县红薯泥已从中原走向全国，并制成红薯泥罐头远销各地，物美价廉，成为国宴和民家都能享用的一道名菜。

• 羊肉汤——寺门儿汤香汴州 •

东大寺是开封市区现存最大的伊斯兰教建筑，坐西朝东，大门面阔五间，门楣正中悬“东大寺”匾额。寺门的南、北、东儿条街被称为寺门儿，为回民饮食街，回民风味的名吃名点、名汤名肴都集中在这里。几百年来，远近闻名的开封羊肉汤，也以这里的最佳。“寺门儿的汤”是开封人对“寺门儿羊肉汤”的简称，虽不带“羊肉”二字，却人人都明白。

开封的羊肉汤，不用羊杂。羊肉先要用清水浸泡数小时除血沫，煮汤时用羊骨垫锅底，再放上羊肉和花椒、大茴香、白芷、桂皮、葱、姜等作料，加水烧煮至肉熟汤呈白色。食时，取汤锅中熟羊肉，切碎后放入碗中，再盛上羊肉汤，加香菜即成。盐、味精、炸辣椒等，放在桌上，由食者自己根据口味加入。此汤不膻、不腥、不腻，鲜美可口，为滋补佳品。

开封羊肉汤是早餐食品，天不亮即已上市。喝汤时，多配有开封锅盔。也有自己从家里带上馍去喝的。开封喝羊肉汤有个规矩：一碗饱。就是只收一碗的钱，若一碗喝不饱，再加汤是不收钱的，直到食者吃饱喝足为止。

寺门儿的汤与慈禧太后还有一段渊源呢。相传慈禧生肖属羊，倘遇杀羊者，她必灭之。她做了太后，掌了大权之后，宫中设宴庆贺，其中有一道扒羊肉，她为了显示自己至高无上的权威，不但未吃，反而下了一道懿旨，把做这道菜的厨师和御膳官都斩了首。从此，清宫里谈羊色变。因为回民杀羊，慈禧便憎恨回族人，总设法灭之。那一年慈禧住在开封行宫，有一天她心情好，坐着八抬大轿在汴京城观

羊肉汤　摄影：耿鑫

光，行至东大寺附近，闻到一股诱人的香味，便问随行的太监李莲英是什么东西味这么香。李莲英知道是羊肉汤，但不敢回答。再问，仍未答。慈禧看到李莲英面带惧色，知他必有难言之隐，就说：“你只管说吧，无论有何忌，免你不死。”李莲英这才告诉她是羊肉汤的香味。慈禧遂让落轿。李莲英吓坏了，以为老佛爷又要杀人了，便和随行官员一齐跪下，请老佛爷开恩。当时的河南巡抚是个清官，聪明过人，这时他想，反正就是一死，就编了个瞎话瞒哄太后说：“开封一带有个风俗，谁过生日时，都要杀一个与过生日人生肖相同的动物，分给贺寿的吃，叫嚼灾。这羊肉汤正是开封百姓给老佛爷嚼灾的，绝无他意。”慈禧听后，转怒为喜，当即传下口谕，让巡抚差人把寺门儿的羊肉汤送到行宫。她品尝之后，觉得鲜香可口，大加赞赏。从此，慈禧才开了杀羊之戒，寺门儿的汤也更加有名气了。

开封回民很多，得知这一消息，如囚人获释，奔走相告。在此数年前，开封回民有一桩冤案，曾多次上书朝廷，均无回音。这一次，他们又联名上书太后，请求申冤。太后一看，当即表态，并亲笔为开封回民题了一块匾。从此，慈禧多年对回民的憎恨也随之化解。

近几十年来，寺门儿的汤又有不少新的改进。比如在传统的汤肉同煮同食的基础上，又创制出肉汤分煮分食之法。煮肉不用铁锅，而用陶瓷焖罐，叫焖罐羊肉。而用羊骨和少量肉、羊脂、作料煮汤。吃时，小碗盛肉，大碗盛汤，又别有一番风味。

此味以金记穆盛斋的“焖罐羊肉”最为著名。焖制时，在罐中加上不同的作料，做出不同的风味，分食膳和药膳两大类，如樱桃焖羊肉、杞果焖羊肉、龙眼焖羊肉，等等。

寺门儿的汤，如今成为开封早餐的一大特色。说来你也许不信，笔者曾遇上郑州几位画家一大早在寺门儿喝汤。问何时来汴，答曰：“刚来，专门来喝汤的，喝过不误回去上班。”

• 汴梁西瓜——消夏解暑最此物 •

开封与山东的德州、浙江的平湖并称全国三大西瓜产区。开封种植西瓜的历史非常久远。传说1170年，南宋诗人范成大奉使金国，到达汴京开封，城外的田野里处处都是成熟的西瓜，汴京城内卖西瓜的也到处可见。他吃了西瓜之后，便即兴赋《西瓜园》诗一首，诗中有这样两句：碧蔓凌霜卧软沙，年来处处食西瓜。

北宋画家张择端的《清明上河图》，也专门画出了卖食西瓜的场景，可见汴梁西瓜在宋代已大量种植，并成为人们喜爱的水果。人们还在西瓜上雕刻花样，谓之“花瓜”。开封古称汴梁，因此，市郊和周边各县所产西瓜，均称汴梁西瓜。

开封地处黄河冲积平原，土质疏松，上沙下淤，气候温和，雨量适度，阳光充足，瓜农经验丰富，因此种植西瓜有着得天独厚的条件。汴梁西瓜素以皮薄汁多、瓤沙子少、含糖分高而闻名。20世纪60年代，汴梁西瓜就畅销北京、上海、武汉、沈阳、哈尔滨等地，并出口国外，在国内外市场上都有很高的声誉。

西瓜原产于非洲的沙漠地区，栽培始于古埃及人，于五代时传入中国。当时，开封为京城，西瓜最早种植就在开封地区，之后其栽培技术逐渐推广到外地。开封西瓜施肥讲究。种西瓜必上香饼，即芝麻香油的油渣和花生榨后的油渣，其他肥料是不上的，否则，瓜就走味。早在数百年前，在皖、豫、鲁一带就有“萧县石榴砀山梨，汴梁西瓜甜到皮”之说。盛夏酷暑，每逢汴梁西瓜上市，其他瓜果均为之逊色，素有“夏季瓜果之王”的美称。

汴梁西瓜品种很多，且随着科学技术的发展而不断演变、提高。仅1980年以来，开封农业科技人员培育出的“汴梁一号”“中汴一号”“开杂二号”“丰收三号”“汴宝”“汴杂七号”等，均在全国西瓜评比中获得头等奖，得到了专家的

汴梁西瓜

一致好评。汴梁西瓜传统名品为三白瓜，以其白皮、白瓤、白子而得名。三白瓜个大，一般为二三十斤，大的可达五六十斤以上；皮厚盈寸，能远途运输；瓜瓤沙甜，在阳光下白沙瓤闪闪发光。20世纪80年代以来，汴梁西瓜向薄皮、多汁、脆瓤、无子、多糖发展，遂取代了三白瓜的名牌地位。

西瓜食用、药用价值都很高。医圣张仲景在《伤寒论》中有一药方名为“白虎汤”，就是用西瓜配药治疗“大汗烦渴热邪盛”的。因西瓜汁多味甜，是清热解暑之佳品，古人汪颖赞誉其为“天生白虎汤”。西瓜除直接食用外，在开封，以西瓜为主料或配料的名菜还有十多种，如西瓜盅、拔丝西瓜、西瓜蒸鸡，等等。

随着改革开放的深入，汴梁西瓜品种越来越多，质量越来越高，影响也越来越大。世界上有十几个国家和地区，每年都要进口一批汴梁西瓜。一位日本友人，不但喜欢吃汴梁西瓜，还特别喜爱吟诵有关西瓜的诗句，特意请开封书法家为他书写了元人方夔的《食西瓜》：

缕缕花衫粘唾碧，痕痕丹血掐肤红。
香浮笑语牙生水，凉入衣襟骨有风。

试想，这位日本朋友，将此诗挂于书房之内，不见西瓜，回味诗意，早醉在食西瓜的境界之中啦。

开封历史悠久，战国时期，开封作为魏国的都城，商业就已经很发达，手工艺制品和烹饪文明已经有了较高的水平。五代时期，开封先后成为四朝国都，工艺文化和饮食文化得到了进一步发展。特别是到了北宋，开封成为中国乃至全世界最大的城市，四海之奇珍、八方之异果皆集于开封。开封的工艺文化在张择端的《清明上河图》中有精彩的描绘。特别是开封的饮食文化，《东京梦华录》中更有详细的记载，不仅有宫廷菜、官府菜、酒宴菜、寺庵菜和市井菜之别，仅市井菜又分许多派系。至此，开封菜作为中国烹饪的主流已经形成了完整的体系。北宋灭亡后，东京的能工巧匠也随之南下北上，东奔西走，把开封的工艺和烹饪技术带到了南宋苏杭、金朝及四面八方。开封人为中国的工艺文化和饮食文化的发展做出了极大的贡献。

央视网

家乡的年味儿
河南开封

『非遗』概览

——千年传扬直到今

非物质文化遗产是一个民族古老的生命记忆和活态的文化基因。开封是国务院首批公布的历史文化名城，是中国书法名城、中国最大的地方剧种豫剧的发源地、著名的戏剧之乡，是中国唯一的清明文化传承基地，先后被国家有关部门命名为中国民间文化艺术之乡、中国盘鼓之乡、中国木版年画之乡，历史文化底蕴深厚。千百年来，勤劳智慧的开封人民不但创造了大量宝贵的物质文化遗产，也创造了弥足珍贵的非物质文化遗产。从总量上看，开封市非物质文化遗产资源极为丰富。

目前，开封市朱仙镇木版年画、开封汴绣、汴京灯笼张、撂石锁、开封盘鼓、麒麟舞、二夹弦、大相国寺梵乐、杞人忧天的传说共9个项目入选国家级“非遗”名录；卧拐秧歌、锣戏、北宋官瓷烧制技艺、义兴牌匾制作技艺、针灸铜人、黄派查拳等44个项目入选省级“非遗”名录；豫剧祥符调、微书、堆金玻璃画等190个项目入选市级“非遗”名录；4人被命名为国家级“非遗”项目代表性传承人，52人被命名为省级“非遗”项目代表性传承人，227人被命名为市级“非遗”项目代表性传承人。

为了保护、挖掘非物质文化遗产，开封市建立、完善了国家级、省级、市级、县（区）级四级“非遗”名录体系，还建成了朱仙镇木版年画、开封汴绣、汴京灯笼张、撂石锁等一批“非遗”专题展示场所。民间文学、传统美术、传统音乐、传统戏剧、传统体育、传统技艺、传统医药等各类“非遗”项目遍及全市。有些“非遗”项目保存着原生态模式，具有较高的经济、社会价值，已形成文化品牌，成为开封的名片。

• 汴京灯笼张：世代传绝技 古灯耀汴梁 •

汴京灯笼张

灯笼，又名彩灯、花灯等，是中国传统民间工艺品，也是人们在喜庆节日寓意吉祥的装饰品。2008年，古城开封一个传统工艺家族“汴京灯笼张”，成为国务院公布的第一批国家级非物质文化遗产的扩展项目，成为独具开封特色的“非遗”文化符号。

在中国关于灯笼的上千年传说中，最早的“灯彩”始于秦代，而张灯祭神则始于汉代。传说天帝的一只神鸟迷路了，被百姓误杀，天帝震怒，命令天兵在正月十五这一天到人间放火。天帝的女儿不忍心看无辜百姓受难，就偷偷告诉了人们。于是大家就在正月十四、十五、十六这三天挂彩灯、放爆竹、燃烟火，以此糊弄天帝。后来约定俗成，正月十五元宵节，家家户户都张灯结彩，元宵节也就成了灯节。

北宋时期，开封作为国都，人口逾百万，富丽天下无，每年的元宵灯会更是盛况空前，蔚为壮观。赵匡胤皇帝不仅亲自安排开封府在元宵节期间放夜灯，还登上宣德门城楼与民同乐。当年东京城里到处彩灯闪耀，火树银花，人山人海，摩肩接踵，人间的街市好像天上的星河一般，有人说这是中国乃至世界上最早的狂欢节。而在当时，首都东京（今开封）的制灯艺人便能巧妙运用兽角、翎毛、琉璃、皮革、丝绸等，将灯制成牡丹、莲荷、曼陀罗等形状，更有车舆灯、寿字灯、梅花灯、海棠灯、孔雀灯、狮子灯、西瓜灯、葫芦灯等。北宋以后，开封制灯艺人和作坊代代相传，且在制作工艺、材料及花灯内容题材上逐步发展与创新。“汴京灯笼张”即是制灯艺人中的佼佼者。

晚清时期，作为省治的开封出现了“汴京灯笼张”的招牌。汴梁灯笼张第一代先祖张太全（1743—1803），少年拜师学艺，青年时代成为开封城内制作彩灯的能手，是汴梁灯笼张的创始人，当时官府门前高悬的宫灯及府内悬挂的各种彩灯，大多出自他手。他对宋代精品彩灯有独到的研究，善于从民间传说和戏曲中选材设计画面，成为一代名家。他的儿子张艺广（1772—1842），彩灯图案雕刻堪称一绝。

汴京灯笼张　摄影：赵炜周

他制作的鲤鱼灯，利用走马灯原理，使旋转产生的灯影达到鱼进龙出的动感视觉，下部的水纹图案木版雕刻还现出皮影戏的艺术效果，被认为是晚清开封的彩灯代表作。张家第三代传人张精业，善从休闲游乐中选材，他制作的风车灯在迎风转动时，速度很快，但灯内蜡烛在重力作用下不斜不倒，也不影响发光，让人称绝。

清道光二十一年（1841），黄河发生水患，张家第四代传人张弘自开封迁至山东济宁，给河道总督府当“活户”，也就是官府使用的工匠艺人。清同治八年（1869），张弘父子返回开封，在理事厅街西口路北创建“敬文斋”装裱花灯店，制作宣纸花灯和宋式木版灯画灯。清光绪二十七年（1901），慈禧太后与光绪皇帝自西安启程回京途中抵达开封，并在开封行宫住跸32天。受河南巡抚松寿等地方官员指派，张弘率工匠修葺、装饰、布置装修了慈禧入住的行宫。张弘之子嘉献、嘉信、嘉义随父进行宫做帮手。据《庚子西狩丛谈》记载：行宫陈设极壮丽，入内瞻仰一周，俨然有内廷气象。由此“汴京灯笼张”名声大震。

新中国成立后，灯笼张第五代传人张嘉义和第六代传人张金汉制作的彩灯曾参加过1959年、1964年、1984年、1985年开封市第一届至第四届元宵灯会，获得广泛好评。张金汉8岁就跟着父亲学习制作灯笼，他做过钳工、电工，懂得修表技术，后又师从著名画家蔡德全学习绘画，更在花甲之年学会了电脑制图、绘图。他不仅继承了家传技艺，做出了复杂的“八仙过海走马灯”，还屡屡创新，运用现代科技，创作出了几百种新款彩灯。他制作的“锦鸡报春”灯，只要向鸡嘴中投入一枚硬币，锦鸡便会扭头、张嘴、展翅、鸣啼、摆尾。他制作的“天将神犬灯”，二郎神一手持戟，一手牵一条纯黑神犬，投入一枚硬币，神犬即可发出“神犬汪汪，祝君旺旺”的声音。而他制作的“猪八戒吃西瓜灯”，投入一枚硬币，猪八戒会说20分钟的吉祥词语，还会耳动、吃瓜、摇扇子……

张金汉最有代表性的杰作是“千手观音灯”。该灯四面与原物相差无几，体内有大灯，每只手上还有一盏小灯，灿如星辉，下面的莲花宝座也是盛开的荷花灯。这个灯中极品，是现代科技与民间艺术相结合的产物，已经载入彩灯发展的史册。1995年9月，联合国教科文组织、中国民间文艺家协会授予张金汉“中国民间工艺美术家”称号。2004年11月“敬文斋灯坊”被命名为开封市宋都彩灯艺术研究基地。2006年张金汉（时年65岁）被评为中国民间文化杰出传承人。

作为灯笼张的第六代传人，张金汉对第七代传人张俊涛和张俊丽尽心培养，总是口传心授、亲自示范，使得汴梁灯笼的制作工艺代代相传。如今，“汴京灯笼张”民间艺术博物馆坐落在理事厅街这条安静的胡同里。这个博物馆目前有灯笼品种100多个，灯笼数量400余盏，成为展示“汴京灯笼张”彩灯文化的重要平台乃至河南省弘扬中华传统文化的重要窗口，全国各地前来参观、学习者络绎不绝，还有不少慕名而来的海外人士。

汴京灯笼张第七代传承人张俊涛，为了将“汴京灯笼张”种类繁多的传统彩灯制作技艺传承下去，针对不同对象设置相应的传承方案，仅校园传承就分为小学、中学、大学三种方案，加深了青少年对中国传统文化的认知。为了宣扬汴京灯笼这一非物质文化遗产，自2010年起，张俊涛频繁参加全国非物质文化遗产生产性保护成果大展、北京中华世纪坛“中国文化之旅”成果展、百名非物质文化遗产项目代表性传承人北京展演、第二届中国非物质文化遗产博览会、“根与魂”中国非物质文化遗产展演、深圳文化产业博览会等大型全国性展演活动；并先后为清华大学、河南博物院、华南农业大学、河南大学、开封市特殊教育学校等举办公益讲座数十场；多次接受中央电视台、香港卫视、人民日报等媒体的专访；为首都媒体参访团、全国非物质文化遗产专家团、各类社会团体数十批次提供接待及讲解服务，获得了广泛好评。除了对“汴京灯笼张”彩灯制作工艺进行资料性整理和记载，如何在原汁原味地保留传统彩灯技艺的同时，加入时代的因素和符号，让传统文化焕发新的生命力，是张俊涛面向未来的深刻思考。他说：“制作传统彩灯是综合艺术，更是民间技艺的综合载体，几乎所有的民间工艺都

灯笼

可用到彩灯制作上，感觉自己一辈子也研究不完。我希望有更多的人来关注传统彩灯，来学习彩灯制作，更希望有更多的人将中华民族的传统彩灯传承下去，让彩灯的光辉照亮古城、照耀世界。”

• 开封盘鼓：中天后土起涛声 •

开封盘鼓，古称迓鼓，是开封市特有的一种汉族鼓乐表演艺术，是充满汉族劳动人民对美好生活向往和朴素审美情趣的民间艺术形式，于2008年入选国家级非物质文化遗产保护名录。

早在一千四百年前的北魏时期，我国北方地区的军队中就已流行迓鼓。河北磁县的北魏墓葬中曾出土了一批军士打扮的击鼓俑，其形状及演奏方式与开封盘鼓很接近。

北宋时期，迓鼓就已在开封流行。据《东京梦华录》记载，宋代皇城的军队里有一种杖鼓，是用于朝廷庆典的集体鼓乐形式。皇宫里还有一种鼓乐，称作迓鼓，在礼仪迎宾时集体表演。到了明代，迓鼓就已成了开封民间舞蹈的总称。明人朱有墩在《黄钟·醉花阴》散套中曾描述了开封城内表演迓鼓的情形。明代以后，“迓鼓”一词在开封消失了，但无论是纯鼓乐形式的迓鼓，还是由迓鼓伴奏的民间舞蹈，直到今天，仍在开封民间盛行而不衰，只不过今天被称作“开封盘鼓”，而“迓鼓舞”则已成为一种没有名称的汉族民间舞蹈罢了。

开封盘鼓 摄影：朱绪荣

央视网

开封盘鼓声震天

开封盘鼓所用乐器以鼓为主，配以大镲、马锣等铜器。鼓队无固定编制，规模可大可小，一般按“鼓二镲一”的比例组合。最小的鼓队有十几人，大的鼓队可有几十人甚至百余人组成。鼓队所用的木框扁鼓均为同一种形制：鼓面约45厘米，木框高约30厘米，呈棋子形。演奏时，将鼓的背带斜挎在左肩，鼓置于腰前，鼓面向上，用双鼓槌击奏。击鼓方式有击鼓面、击鼓面边缘、击鼓框、双槌互击几种。铜器多用大镲（民间称之为帽儿镲），亦有配用手镲、水镲的。传统鼓队中常配有四面或八面马锣。演奏中，锣手常将马锣抛向空中，马锣落下后，接在手中继续演奏，称之为撂马锣。

各鼓队无论规模大小，均有一人手持一面写有“令”字的三角形小旗担任指挥，称作令旗。平时鼓队的训练中，令旗负责向年轻鼓手传授鼓谱，讲解各种技巧。正式表演时，则通过手中的小旗指挥鼓队的起止、强弱、速度等，同时还要指示鼓谱的节奏特征，以保证鼓队鼓点清晰、整齐。因此，令旗在鼓队中的作用十分重要。

开封盘鼓有原地演奏与行进演奏两种表演方式。原地演奏时，鼓队常围成一个圆圈，令旗位于圆心，鼓手们面向令旗而背对观众。当鼓队为民间舞蹈伴奏时，鼓队位于表演场地的一侧，面向表演场地。令旗位于鼓队与舞蹈演员之间。行进演奏时，小的鼓队常走成四横排，第一、四排是镲，中间两排是鼓，令旗位于一、二排之间。为了能看到令旗，第一排镲手常面向令旗，退着步子行进。较大的鼓队常排成四路纵队，中间是鼓，两边是镲，令旗在最前面，面向鼓队，退步行进。

由于开封盘鼓的节奏并不是规整的进行曲节奏（不是规整的“双拍子”节奏），鼓手们无法用“齐步走”的统一步法前进。因此，在鼓队长距离的行进演奏中，只要求鼓点整齐，不要求步法一致。当鼓队行进至观众较多的地方或接近预定的表演场地时，鼓队会按照令旗的提示，进入“表演性”的演奏状态。这时，全体鼓手的步法按鼓点的节奏统一起来，该迈步时同时迈步，该停步时同时停步。鼓队行进的速度明显放慢，而击鼓的动作幅度加大，整个鼓队时走时停，时起时伏，动作整齐、豪放，极富舞蹈性。全体鼓手既是乐器的演奏者，又是挎着鼓的舞蹈表演者。这种舞蹈性的器乐演奏，具有十分热烈的气氛和极强的艺术感染力，常能赢得观众的阵阵喝彩。

提起盘鼓，开封人都会想起刘震。他作为这项非物质文化遗产的代表性传承人，为开封盘鼓声震华夏做出了积极贡献。

长期以来，开封盘鼓在民间多用于庆典、祭祀、求雨等民俗活动。清末大旱之年，开封还出现了200面盘鼓游长街、走四门的壮阔场景。但清代以后，盘鼓在开封一带开始衰落，鼓谱多散落民间，偶然见到的盘鼓队表演，鼓谱都是口头传播的。开封盘鼓作为黄土地上最优秀的民间文化之一，已经看不到当年红火的场面。

1984年，联合国开展民间文化的继承调查，开封市群众艺术馆派刘震去调查开封鼓谱。他查阅资料，对盘鼓的渊源、风格特点、鼓点等进行整理；为了切磋盘鼓技艺，他奔波于郊区和乡村，搜集盘鼓套路、动作；为了能将散落在民间的表演收集齐全，他不辞劳苦地向民间艺人请教，走访乡间的老鼓手，聆听讲解，细心记录，精心整理出了民间鼓队史、老艺人史、鼓谱记录。这些来自民间的珍贵资料、曾流落于民间的艺术，就这样生生地被刘震“捡”了回来。

为了重振开封盘鼓的雄风，把开封盘鼓的名声打出去，刘震开始组建盘鼓队。经过排练，他带着盘鼓队到北京参加龙潭庙会举行的全国第五届民间花会大赛。在这次比赛中，刘震带的盘鼓队获得了一等奖。从此，开封盘鼓开始名扬天下。

1991年9月，太原举行国际锣鼓节，参赛的有9个国家，我国共9个省、市代表队参赛，开封盘鼓一举荣获最高奖金奖；同时，在第二届中国民间艺术节上，6项奖项的桂冠悉数被刘震带领的开封盘鼓队收入囊中。

随后，开封盘鼓在全国民间花会大赛中连续参赛9届，获9个金奖；在国际秧歌节上连续参赛4届，获4个金奖；在全国广场民间舞蹈大赛和全国鼓舞大赛中均获金奖。

1994年，开封盘鼓走出国门，到日本三重县世博会上表演。当地人民被开封盘鼓的魅力所征服，惊呼开封盘鼓为“神鼓”。同年，在中央电视台春节联欢晚会上，开封18名少年盘鼓手表演了《鼓钹争春》，将开封盘鼓技艺展示给全国人民。

1997年，开封盘鼓参加香港回归祖国大型文艺晚会，进行开场盘鼓舞表演；1998年，赴美国迪斯尼乐园表演6个月，给美国观众留下深刻印象；1999年，又夺得中华鼓王大赛金奖，并赴澳门参加澳门回归祖国的庆典仪式；2010年，又参与了上海世博会的表演……

在国庆50周年大典上，由120名开封农民组成的盘鼓队，淋漓尽致地演绎了中原汉子的豪迈气概，给国人留下了深刻印象。

“击之如雷，动之如涛，鼓中有舞，舞中有鼓”，极富感染力的开封盘鼓逐渐在全国播响。开封盘鼓已从原来的民间文化形式，登上了全国乃至世界艺术的大舞台，并接二连三获得了几十个国内、国际大奖，为古都开封赢得了“盘鼓艺术之乡”的美名。

• 大相国寺梵乐：此音只应天上有 •

梵乐又称佛乐或梵呗，是佛教弘扬教法和赞颂佛菩萨等美好事物的一种独具宗教特色的音乐。建寺1500多年的大相国寺，有乐僧代代相传的《手抄秘籍乐谱》6册共182首曲目传承至今。2008年6月，大相国寺梵乐被评定为国家级非物质文化遗产。

大相国寺的僧侣属于佛教的密宗，寺中供奉释迦牟尼佛。作为皇家寺院的开封大相国寺，在北宋时期梵乐达到鼎盛，每逢大型庆典，均邀请八方百人著名乐僧协同演奏。合奏规模宏大，演奏气势恢宏，当时堪称天下无双。其中有演唱的赞子（也称梵呗）、大型套曲（皇家祭祀典礼所用乐曲）和佛教大型佛事所用乐曲，以及一些佛事专用乐曲，如《普庵咒》

大相国寺梵乐团排练场景

《白马驮经》等，还有描述北宋大都会繁华城市生活和欢乐祥和的民间音乐。最早记录大相国寺梵乐的是宋朝梅尧臣的《宛陵集》：“刘原甫观相国寺净士院吴道子画，杨惠之塑像，又乐僧鼓琴，闽僧写真，予解其诧。”《东京梦华录》卷六也详细记载了正月十六名流骚客夜游大相国寺、赏梵乐的情景。

以大相国寺佛乐为主的梵乐是汉传佛教音乐的典型代表，在千百年的演绎过程中，加入了强烈的中原音乐文化元素，所以中原地区的老百姓很喜欢。佛教中与人间最为密切的梵乐自然也就表现出了丰富的内容和多样的风格，宫廷音乐、寺庙音乐和民间音乐的精华都被乐僧们萃取并吸收，创作出的演奏曲目多达200多个。1927年佛毁僧散，乐谱散失，所幸流落民间数十年的《大相国寺佛乐手抄秘谱》三卷本由河南省艺术研究院无偿回赠给大相国寺，它和残存的《师旷六律》等乐谱，至今在全国乃至世界佛教音乐中仍是瑰丽的奇葩。

开封作为八朝古都，大相国寺作为千年古寺，均历尽沧桑，也阅尽繁华，梵乐表演也成为我国古代佛教文化宝库中一颗璀璨的明珠，但后来由于种种原因渐渐消匿。近年来，大相国寺充分挖掘优秀传统文化，使久已失传的梵乐表演得以重现。在中央音乐学院专家和有识之人的指导下，大相国寺梵乐团中的乐器都严格按照相关资料和史料进行制作，如筌篌是严格按照北宋制式进行制作的，材料用的是兰考的泡桐。此外，古琴、琵琶等材料也是用兰考的泡桐，特别是梵乐中特有的乐器筹、锡管（北宋时称为银管）等，使梵乐的乐器具有浓郁的开封特色。筹是表演所使用的各种乐器中最为独特和少见的乐器，是梵乐表演中主要的演奏乐器之一，其韵律兼具箫之哀婉、笛之悠扬，却又别具一格，闻之颇有超凡脱俗之感；锡管的声音高昂细腻，穿心透骨。国家级非物质文化遗产（梵乐）代表性传承人释隆江以奏筹和锡管见长，他传承教授的弟子已有几十人。

大相国寺梵乐主要在六种情形下演奏：一是日常佛事，一般只有唱念咏赞等声乐曲。逢农历初一、十五进香献乐，则比日常佛事增加乐器以示隆重。二是佛教盛大节日如释迦牟尼圣诞等。寺院住持均向各个寺院发出邀请，数百名乐僧心怀虔诚集中在一起演奏梵乐，笙管齐鸣，钟鼓震天，从清晨到日暮绵延几日。三是为历代皇帝祝寿献乐。四是民间节日如春节、元宵节、端午、中秋等普天同庆，梵乐欢快热烈。五是法会时的演奏。六是做水陆道场时演奏。

2002年6月16日，大相国寺梵乐团重新组建，梵乐演奏、学术研讨等使大相国寺梵乐重现人间。

2004年12月4日，澳门回归5周年庆典活动，大相国寺梵乐团一行53人赴澳门进行为期3天的演出访问。祈福演出活动使澳门各界人士加深了对开封文化、宗教的了解，为今后开封、澳门两地在旅游、文化、宗教方面的交流和合作打下了良好的基础。

2006年11月，大相国寺梵乐团僧众赴韩参加中韩第四届佛教音乐文化研讨会。此研讨会为亚洲范围内最高规格的佛教音乐文化研讨盛会。

近年来，大相国寺梵乐团在国内一线城市音乐厅及大剧院举行了多场成功的演出，并在韩国及我国的台湾、澳门进行了学术交流。2013年9月5日，大相国寺梵乐团在我国香港伊利沙伯体育馆举行了成功的专场演出。2014年12月1日，大相国寺梵乐团在中央音乐学院演奏厅为近300名国家佛乐、古乐专家进行了专题演奏。2015年5月，千年梵呗再次唱诵到香港。2016年2月10日，大相国寺梵乐团在方丈释心广大和尚的带领下，启程前往欧洲进行六市巡演。

多年来，大相国寺梵乐团的演奏，在国内外受到了广泛关注和欢迎，较全面地展示了北宋时期为国开堂的皇家寺院佛乐演奏的风范，突出体现了中国佛教以“世界和平生命和谐”为主旨的文化价值。

二夹弦：夹在马尾上的“半碗蜜”

二夹弦是开封一个独特的地方戏剧种类，在当地却有个很有意思的名字，叫“半碗蜜”。2008年，“半碗蜜”被国务院列入国家级非物质文化遗产名录。

大家一定会纳闷：为什么叫二夹弦？为什么又有“半碗蜜”的俗称呢？原来这个地方戏的伴奏乐器主要是四胡。四胡顾名思义有四根弦，每两根中间夹一束马尾进行拉奏，故称为“二夹弦”。又由于它的唱腔亮丽、委婉、甜美，人们一听就陶

二夹弦演出场景 摄影：蔡中青

醉得像喝了蜂蜜一样，因此有人就形象地叫它“半碗蜜”，并被人们广泛接受。

“戏剧之城”开封不是二夹弦的原产地。二夹弦在清朝中后期起源于河北，发展于山东菏泽，曾广泛流行于苏、鲁、豫、皖四省交界地区，一百多年前，传入当时的河南省府开封，在西门里城隍庙戏楼首演成功。二夹弦广泛汲取百家之长：曲调上，吸收了黄河船歌、渤海渔民号子、打夯号子、民歌小调及花鼓、琴书等劳动人民生产生活中的积极文化因素；剧目上，多表现男女爱情和宣扬伦理道德，农村题材较多，乡土气息浓厚，群众喜闻乐见；技法上，以大本嗓子吐字，假声拖腔，即句尾用鼻音和胸音的有机结合，模仿手工纺车音色的特殊效果，形成了真假声频繁交替的二夹弦声腔特色；节奏上，高亢明快表现力强，使人有淋漓痛快之感。

在开封这块文化底蕴丰厚的土地上，二夹弦得到了发扬光大。开封不仅成立了全国唯一的二夹弦剧团，还培养出了很多优秀的专业演员，推出了很多优秀剧目，并且成为开封传统戏剧中地方戏的亮点品牌，这其中掺入了许多开封人自己的文化元素和艺术感悟，它表现出的浓郁的生活气息和喜剧色彩，深受老百姓的喜爱和欢迎。

开封二夹弦剧团成立于1956年，当时名家荟萃，阵容强大，声誉卓著，深受观众喜爱。20世纪60年代二夹弦优美的曲调曾经走进电影《李双双》，赢得过广泛赞誉。极左路线时剧团被强行要求改唱京剧“样板戏”，一直到拨乱反正后，才重获新生，进入了五六年异常红火和频出成果的黄金时期。当时，传统戏尚未恢复，剧团重整旗鼓，精心排练了《江姐》《蝶恋花》《梁山伯与祝英台》《莫愁女》等优秀剧目。其中《江姐》更是大受欢迎，演出足迹远涉鲁、苏、皖、鄂、冀、陕等省，一天要连演6场，场场爆满，一票难求，演员根本来不及卸装。1984年，二夹弦剧团因种种原因整顿停办了。

开封二夹弦剧团曾经培养造就了一大批著名演员，他们塑造的艺术形象，至今仍为老戏迷们所津津乐道。如被田汉称作“水上漂”的张素云，以及被称作“小货郎”的田爱云，都是因为塑造的艺术形象深入人心而一举成名。

田爱云不仅是剧团兴衰的见证人，是二夹弦重新振兴的实践者，还是开封二夹弦的“杰出传承人”。为抢救这个稀有濒危的地方剧种，2002年初，田爱云毅然卖掉房产，筹措资金，招生办学，为二夹弦培养新人。当年的6月6日，仅有16名学生的开封二夹弦戏校在魏都路的一个旧仓库里开学了。两年后，戏校已有近50名学生，生旦净丑行当齐全，乐队整齐、熟练，已经排练出《绣花女传奇》《莫愁女》《恩仇记》等几部传统剧目。2004年6月，她克服难以想象的困难，恢复组建了开封市二夹弦实验剧团，坚持到各地演出。2005年开封市二夹弦剧团在解散20年后正式恢复演出，开封二夹弦在郑、汴两市和中央音乐学院的表演，得到了广泛关注，受到专家学者的好评。

开封二夹弦从一个百年前的外来剧种演变成为独具特色的开封地方戏，在我国地方戏剧届具有广泛的代表性，被誉为“中国地方戏曲发展的一个缩影”。

• 河南坠子：简板坠胡河南哼 •

2008年11月，“国家级非物质文化遗产保护项目河南坠子发源地——开封”授牌仪式隆重举行。河南坠子是全国十大曲种之一，为什么说开封是它的发源地呢？

河南坠子又称“坠子书”，是从开封的三弦书衍生而来的。清嘉庆年间（1796—1820），在开封城东招讨营的小乔庄，有位民间艺人叫乔治山，原是唱三弦

河南坠子

书的，闲暇时常用马尾在三弦上拉，渐渐就成曲成调了，他又拉又唱，越练越精，尤以唱《玉虎坠》最为拿手，被称为“唱坠子书”的。乔治山名声大震，坠子也由此诞生。

清同治年间（1862—1874），坠子由郊乡传入省城开封。进城后它吸收曲艺道情、颖歌柳、三弦书等曲种的优点，把颖歌柳的伴奏乐器小鼓三弦改制成坠胡，由弹拨乐改为弦乐，旋律的根本变化，促成了唱腔的重大变革。因为主要伴奏乐器是坠子弦，也就是坠胡，又是用河南方言演唱的，这一新兴的曲艺形式便被称为“河南坠子”。

清宣统元年（1909），开封成立了中国第一个坠子研究会。1928年，《双秃闹房》《锯大缸》等坠子唱段被上海百代唱片公司灌成唱片，于是河南坠子走向全国。

“溜腔”的使用是河南坠子形成和成熟的标志。河南坠子以其新鲜活泼的特色、朴素的乡土风味和浓厚的生活气息，吸引着其他曲种的艺人参与进来，使它在民国初年后短短四十年时间里就流传到了邻近的山东、安徽和北京、天津、上海、沈阳、兰州、西安、武汉、重庆以及香港等地，成为流行最广的曲艺之一。辛亥革命后，河南坠子呈现出两大亮点：一是出现了女艺人，已知最早的女艺人是从开封相国寺出道登场的张三妮和尹凤宝等。二是出现了男拉女唱或男女对唱的方式。1930年以后，河南坠子进入兴盛时期。在五四运动、抗日战争和解放战争期间，河南坠子编创了不少思想进步和鼓舞斗志的好作品。新中国成立后，整理出了许多优秀的传统节目，也编写了许多反映现实生活的新作，如《借髢髢》《偷石榴》《王庆卖艺》《梁祝下山》等长中篇200余种。更可喜的是，还出现了一大批名家名作，如王树德的《黄道翻身桥》、刘宗琴的《李逵夺鱼》、赵铮的《摘棉花》和《双枪老太婆》、宋爱华的《双赶车》等。另外，在改革音乐、表演艺术等方面，也取得了显著成就。

河南坠子在唱腔音乐上有起腔、平

腔、送腔、尾腔四部分，在唱法上有三字崩、五字嵌、七字韵、巧十字、拙十字、寒韵、滚口白等，说唱方式上有单口、对口和群口，各有其适宜的节目。表演河南坠子时，伴奏者用脚梆和坠胡，而说唱演员手中的乐器则有所不同，如原唱道情的多用简板，原唱三弦书的多用铰子，原说大鼓书的多用矮脚书鼓，醒木则多在说唱长篇书时使用。

2006年5月20日，河南坠子被国务院列入第一批国家级非物质文化遗产名录。

• 兰考麒麟舞：祈福纳祥的民间舞蹈 •

说到耍狮子舞龙灯，你一定司空见惯了，可麒麟舞你却未必见过。在全国闻名的开封市兰考县，你就能看到这一独特的民间舞蹈形式——麒麟舞。2008年，兰考麒麟舞被列入国家第二批非物质文化遗产传统舞蹈类名录。

麒麟，是中国古代传说中的一种瑞兽，雄为麒，雌为麟，龙头鹿角，马蹄牛尾。虽然形相古怪，可老百姓打心眼里敬重和喜欢它，把它和凤、龟、龙共称为“四灵”。它头上有角，角上长肉，因而善良仁慈有仁德，据说它能活两千年，故寓意长寿，还能驱邪避鬼。关键是它经常不辞辛苦地做“麒麟送子”的好事，所以老百姓对这只圣兽情有独钟，把它当作祥瑞的象征，称它为“四灵之首”。

舞蹈大多来源于人类的生活和生产活动，麒麟舞也不例外。“麒麟舞”是我国最早的拟兽类舞蹈，据说远在春秋战国时期，就在豫东兰考一带广泛流传了。按可查询的传承谱系至少可追溯到明代，距今也有500多年的历史了。

开封一带公认的传说是麒麟舞起源于周朝末年，地点就在现在兰考县红庙镇的黑龙潭，竟然还和孔子有关。据说当时的黑龙潭方圆百余里，深不可测。潭中有一条因犯天条被贬到下界的黑龙，它无恶

麒麟舞表演 摄影：赵孝斌

不作，兴风作浪，祸害百姓，人们苦不堪言。相传，一位叫作颜征的母亲在尼丘山遇一麒麟感应怀孕，又传一只麒麟在曲阜吐出一块玉版，于是孔子诞生了。这就是“麟吐玉书”和“麒麟送子”的来历。这天麒麟到孔家送子归来，路过黑龙潭时，就访得了黑龙作怪的事，毅然决定为民除害。麒麟奋起四蹄，喷出神火，与黑龙大战了三天三夜，最后杀死了黑龙，自己也因伤势过重而死。为纪念麒麟的功德，人们就创编了麒麟舞，寄托百姓消灾除害、祈福纳祥的美好意愿。随着中国历史上的五次大迁徙，一些中原人成了客家人，麒麟舞也从中原传播到了南方。据说唐宋时期，麒麟舞就传到了海丰、东莞、宝安和惠州一带。随着麒麟舞的向外传播，吸引了大批的东鲁先人来兰考安家落户，其中就有孔子的后代，这可从红庙镇有的农户门楣上的“东鲁世家”牌匾得到印证。

兰考麒麟舞是中原民间表演艺术中的一枝奇葩。它融音乐舞蹈、工艺美术和武术杂技为一体，在舞蹈形式、表现内容和道具制作等方面日臻完善。麒麟舞传统表演形式分为盘门、平地表演和桌上表演等三段内容，兰考县红庙镇樊庄队的演出共分“送子”“闹东海”“盘灯笼”“盘板凳”和“盘桌子”五场。麒麟舞也称为武麒麟，因为煞费体力，对队员的身体素质要求高，麒麟队往往就是武术队，麒麟的套路和武功套路一脉相承。一场麒麟舞全套表演下来，即便是地冻寒天，队员们也是大汗淋漓。麒麟由“麟头”“麟尾”两个舞手扮演，“麟头”最辛苦，是表演的灵魂。要把20多千克的麒麟头举在自己的头上舞动，“麟尾”抓着他的腰当身子和尾巴，两人一定要配合默契。配乐主要是打击乐，乐队一般有20多人。

麒麟舞晚上表演最好看，一般选在农闲、节日和吉日里。在强烈的打击乐和尖子号的伴奏下，浑身以绿色调为主的麒麟在人们的欢呼声中出场了。仔细的话，你会发现，麒麟不是传说中的独角，而是双角，它的麟甲闪闪发光，脖子上的挂铃和腰上的系铃“哗哗”作响。它憨态可掬，一会儿做着喜、怒、哀、乐、惊、疑、醉、睡等各种神态，一会儿又上蹿下跳，做着啃痒、抖毛、盘桌子、盘板凳、盘灯笼、登高、跌扑、望月等高难度动作。那只直径1米左右的双层绣球，外边是竹子编的，内壳糊上红纸，里面点着蜡烛。无论绣球怎么滚，蜡烛竟然一直都朝上，令人称奇。

兰考麒麟舞是祖先留给华夏子孙的一份宝贵文化遗产，兰考人为此做出了巨大贡献。1984年，全省共有14个麒麟舞表演队（班），兰考就有7个，目前仍有3个表演队。2006年，兰考县启动了非物质文化遗产保护工作，对麒麟舞进行了深入挖掘和整理，并在资金投入、培养传承人、更换演出道具等方面做了大量工作，两年后，申报国家级非物质文化遗产一举成功。

• 撂石锁：中国式举重 •

石锁，是用石头制成的长方体，其形状如古代门锁。古时考武状元要考弓、刀、石、马、步，石锁就成为习武之人必备的锻炼器材，行伍之人也把这个当作训练武术功力的一项很重要的基本功。

在民间传说中，石锁与李元霸有关。据说李元霸小时候性情古怪，经常惹是生非，他爹李渊不胜其烦，就命人造了把沉重的石锁，用锁链把他拴在上面。李元霸好动，每天掂着石锁到处跑，日久天长，力气大增，最后竟成为隋唐第一英雄。

传说毕竟是传说，真实性无法考证，但过去练武的人几乎都离不开石锁，石锁作为武术功力训练器材，确实早已在民间流传。近半个多世纪以来，石锁逐渐被冷落。撂石锁这项传统技艺能在开封的回族群众中世代传承，在当代能发扬光大并入选国家级非物质文化遗产名录，多亏了传承者——有“一代跤王”美称的沈少三。

沈少三，1928年3月出生于北京牛街，少年时随父亲举家迁到开封东大寺居住。他跟父亲学习中国式摔跤，之后随石锁高手周开元和马五庆学习撂石锁。其父亲因病去世后，沈少三成了家里的顶梁柱，在大相国寺门前“撂地”摔跤养家。为了吸

撂石锁

引观众，他在跤场经常演练撂石锁。

1953年，沈少三入选河南代表队，前往天津参加第一届全国少数民族传统体育运动会，其间他表演撂石锁引起了观众的极大兴趣。当时郭沫若也去观看，说“这个练的（人）少，别让失传了”。随后他被选入民族体育莅京代表队，在中南海怀仁堂为毛泽东等国家领导人做了表演。

以沈少三领衔，在开封，特别是在东大寺，回民们把练石锁当成了游戏，当成了玩耍，花样不断翻新，技艺不断发展，撂石锁成了开封东大寺独有的绝活。

1986年，第三届全国少数民族传统体育运动会在新疆维吾尔自治区乌鲁木齐市举行。撂石锁作为河南代表队的表演节目，引起了轰动。从第四届全国少数民族传统体育运动会开始，石锁成为表演比赛项目，沈少三获得了这个项目的一等奖，得铜鼓奖杯一个、奖牌一块。

再后来，开封成立了石锁表演队，石锁作为集体项目参加了第五至第八届全国少数民族传统体育运动会，均取得了一等奖的优异成绩。

2003年，国家体育总局武术运动管理中心科研部拟开发全国武术功力大赛，时任中国武术协会秘书长、科研部主任的康戈武到开封挖掘项目，首先看中了东大寺的撂石锁。开封市伊斯兰教协会秘书长、东大寺武术训练基地负责人郭宝光经过反复斟酌、考证，最终选取了“石锁上拳”这个项目代表石锁项目。根据其力量加技巧的特点，郭宝光精心编制了“石锁上拳”竞赛规则，并被采纳，石锁由民间爱好演变为全国武术功力大赛的规定竞赛项目，从此，被誉为“中国式举重”。

石锁的构造是前辈们经多少年、多少代使用经验积累而成的，有很深的讲究。整个石锁刻成后，前、后、底部的重量配合得很好，如果重量、厚薄不均匀，翻转时就受限制。把儿的粗细，要合使用者的手；把儿应稍低于头部，低的分寸要恰到好处，不然或容易断，或容易“咬着手”。

开封石锁撂法名目有数十种之多。按运动方式可分为翻花、接花、组合套花；按形态和肢体舒展程度可分为小花和大花。初学者练的石锁有7千克之重，功力深厚者玩的足足36千克。石锁可以一个人练，也可以两人对练，还可以众人齐练。那石锁从拳到肩，跃顶穿裆，忽而脑后，忽而眼前。石锁高高撂起，翻出打头花、托底花、云花（飘花），然后用拳头、肘、脚，甚至头去接着，接的花样有托塔、抱印、挂印、手托元宝、脚踢花篮、过桥、三指卧鱼，等等，花样之多，令人叹为观止。开封石锁的技法神奇绝妙、变化无穷、轻飘巧美，动作舒缓得当、动静结合、套路流畅，是技艺和力量的完美结合，在强身健体的同时，还能给人以美的艺术享受。

如今，开封石锁队经常应邀到外地演出，还曾在河南电视台《武林风》节目中展示。2008年7月，奥运火炬在开封传递之时，撂石锁被选定为表演节目，古老的中国武术项目与来自奥林匹亚的圣火交相辉映。

• 清明节与开封：历史和现实的交融 •

清明节是中华民族源远流长的传统节日，一幅《清明上河图》生动体现了开封与清明文化的独特历史渊源。千百年来，清明文化在开封代代传承，生生不息。作为中国清明文化传承基地，开封着眼于提升和挖掘清明文化的丰富内涵和独特魅力，彰显清明文化的时代魅力，形成了独具特色的清明民俗文化品牌，确立了开封清明文化在国内外的特有地位。

据说，清明节的起源与古代帝王将相“墓祭”之礼有关，它大约始于周代，已有2500多年的历史。清明文化在开封有着深厚的历史传承，在北宋时期形成了清明文化的高峰，当时的东京城（今开封）是集清明文化之大成的城市，寒食与清明两个节日完全融合为一体，并融进上古时“三月三”上巳节的某些娱乐功能。此时，清明节除了传统的祭祀祖先活动外，已经变成一个娱乐的节日。宋代清明节里，皇家和民间都会举办一系列活动，热闹程度不输于元宵节。孟元老在《东京梦华录》中记述当时东京城过清明节的气氛：“京师清明日，四野如市，芳树园圃之间，罗列杯盘，互相酬劝，歌舞遍满，抵暮而归……”据宋朝史籍记载：“清明前后十天，城中士女艳妆饰，金翠琛缡，接踵联肩，翩翩游赏，画船箫鼓，终日不绝。”人们带着食物，来到郊野，投身大自然之中。国画大师张择端的《清明上河图》以传神的妙笔，描绘了清明节这天北宋都城东京东南郊区汴河两岸的繁华景象：气势磅礴的虹桥上熙熙攘攘，水运大动脉汴河两岸商铺云集，百业兴旺，河中百舸争流，运输繁忙。道路上乘车的，坐轿的，挑担的，饮酒的，踏青的，劳作的，人物百态尽入画卷，还有郊野春意盎然的大好风光，无不显示出“汴京富丽甲天下”的盛况。

宋代清明节还有一个重要习俗，就是颁新火。古代四季都要举行一次大的仪式，把旧火灭掉，重新钻木取火，取除旧布新之意。到了宋代，从贵族到高官都能得到新火。由于老百姓也有除旧布新的愿望，后来，开封府开始举行向京城百姓颁发新火的活动。清明节这一天，开封府举行正式的仪式，在仪式上钻木取火，钻出新火后，先分发给有关部门，再由有关部门分发给老百姓。开封府举行这个仪式时，全国各州县也开始举行颁新火仪式。明清之后，大规模颁新火的仪式渐渐消失。

时光越千年，开封这座历史文化名城，不仅使清明文化得以传承，而且还给予了创新，使清明文化实现了历史与现实的完美结合，被誉为集清明文化之大成的城市。开封着力打造清明文化的传承载体，依据张择端的《清明上河图》建造了国家级主题公园清明上河园，突出宋文化品牌，把清明文化、民俗风情、休闲娱乐等巧妙地融为一体，生动再现了清明文化的神韵。经过十多年的努力，清明上河园已成为开封新的文化旅游标志，吸引着数以万计的海内外游客，被中国民间文艺家协会命名为“中国清明文化名园”。从

开封府清明颁新火 摄影：余建

央视网
宋韵清明 开封有约

2009年起，开封举办的中国（开封）清明文化节，已经成为国家级节会，成为中国清明文化的知名品牌。漫步清明时节的开封，当你踏上清明上河园内的汴河虹桥，众多身着宋服的“宋民”来来往往，汴河两岸漕运繁忙，车水马龙，商贾云集，生动再现了北宋都城东京清明时节繁荣忙碌的景象。在开封府门前，清明颁新火仪式将由“包大人”主持。而民俗作为重头戏，将生动再现踏春大巡游、赠柳、蹴鞠等只存在于历史记载和影视作品中的场景。每年清明文化节期间举办“山花奖”展演大赛、“舞动生活”广场舞大赛、“我们一起看春天”交友会、斗茶文化系列展演、大宋御河宋词乐舞才艺展示大赛、清明东京禹王台庙会等重点民俗文化活动，还原出一幅幅精彩的民俗文化生活图。

目前，开封以更加丰富多彩的文化内涵、更具传统韵味的文化特色、更显开封气派的文化品位、更具时代魅力的文化形式，向海内外展示中国清明文化的传承与创新，展现古都开封宋韵春色、盛世清明的如画美景。

祥符调：豫剧中的“母亲调”

开封的文化积淀和戏曲沃土相当丰厚。世世代代的开封人，懂音律、喜演唱，时至今日，清晨傍晚仍爱聚集公园、湖边和街头广场唱戏自娱。北宋时，瓦肆勾栏、酒楼正店遍布城区。孟元老在《东京梦华录》一书中写道：“构肆乐人，自过七夕，便般《目连救母》杂剧，直至十五日止，观者增倍。”元代是杂剧的鼎盛时期。由于元杂剧的突起和繁荣，促使我国文学从上古、中古阶段加速向近代过渡，从此我国文学史上出现了一个新的黄金时代。这个时代最负盛名的剧作家就是关汉卿，他的中年时代就是在开封一带度过的，“玩的是梁园月，饮的是东京酒”，他笔下的许多杂剧都是以汴梁为背景的。

明代，开封的戏曲同样非常繁荣。到了清代，南曲、北曲都云集开封地域争奇斗艳，其中一些声腔与当地的民歌、小调融合在一起，嬗变出一个新的艺术品种——土梆戏。由于它诞生在古祥符（开封县）的地面上，后人便亲切地称它为祥

豫剧皇后陈素真剧照　摄影：张锡佑

符调。

祥符调的演唱风格与宋代“路歧人”一脉相承，又吸取了在开封一带盛行的锁南枝、傍妆台、山坡羊、耍孩儿、驻云飞、醉太平、寄生草等民歌腔在内的其他戏曲艺术，经过数百年的发展，逐步形成了豪放粗犷、高亢激越、古朴醇厚、委婉明丽的风格。它的唱腔以音阶“5”为主音，以正宗的中州音韵和开封、商丘的语音为基础，在传统演唱中多用假嗓（二本腔），声音高细，花腔较多，比豫东调唱腔细腻。另外，它和豫剧其他流派一样还有共同的艺术特点，如唱腔流畅、节奏鲜明，吐字清晰、极具口语化，易为听众听清；在剧情上，矛盾冲突尖锐，故事有头有尾，人物性格鲜明，紧贴百姓生活，显示出特有的艺术魅力。

在豫剧老艺人中有句行话：“祥符调，不用问，不是蒋门是许门。”这是指祥符调成为独立剧种崛起之后，到乾隆末年，形成了蒋门和许门两大科班。蒋门科班的基地在朱仙镇，许门科班的基地在开封以北的清河集（今属封丘县）。他们在各自门下，都培养出许多优秀的弟子，实力雄厚，其活动范围相当广泛，有“内十外八”之说。也许有人要问，祥符调作为一个“调”怎能算是独立剧种呢？这不奇怪，很多剧种至今还称“调”，如越调、彩调、采茶调等。

清道光二十一年（1841），黄河决口，泛滥成灾，蒋门和许门所在地一片汪洋。蒋门当时的掌门人叫蒋扎子，被迫率领科班离乡背井向东迁徙，为了生计，走一处演一处，最后定居在商丘一带。为了适应当地观众的欣赏习惯，他们把祥符调结合当地的方言和吐字发声，在声腔上逐渐形成一个新的流派——豫东调。一些蒋门弟子为生活所迫，将祥符调经鲁西南的曹州传唱至豫北，形成了另一流派——高调。后来，又有一批蒋门弟子将祥符调传至沙河流域的漯河一带，形成了豫南流派——沙河调。由此可见祥符调的强劲生命力，它走到哪里，就在哪里生根开花并派生出新的艺术流派。这一由黄河决口逼出来的戏曲史实，虽不见于文字记载，但却在艺人中代代相传。许多上了年纪的演唱豫东调、高调、沙河调的老艺人，在谈起师父、师祖时，都不否认自己是蒋门之后，所以有人称祥符调是豫剧中的“母亲调”，这绝不是凭空杜撰的。

再说许门，黄河决口时的掌门人名叫许老六。当清河集泡在黄河水中人们无法生存时，他便率领科班坚持在开封附近活动，四处流浪，生活极其艰苦，但他始终没有将科班解散，而且从难民中招收一批又一批幼童，为祥符调培养了大批新人。这些许门弟子，人才辈出，后来大多成为祥符调舞台艺术的中坚力量，对祥符调的继承、发展、创新做出了重大贡献。

豫剧祥符调在民国初期逐渐繁荣起来，把它推向高峰的是樊粹庭和陈素真。樊粹庭被誉为“近现代豫剧之父”，陈素真则被誉为“豫剧梅兰芳”“豫剧皇后”和“梆子大王”。从1935年开始，两人共同创作出一大批经典剧目，对豫剧的舞台、唱腔、化妆、表演等进行全方位的革新，使它从农村的高台走上了省城的戏院，使豫剧艺术提高到了新的境界，奠定了豫剧成为中国最大的地方剧种之一的基础，同时也使祥符调得到了空前绝后的大发展。

豫剧的“五大名旦”都与祥符调有很深的渊源。陈素真、马金凤、阎立品都是在开封拜祥符调艺人为师而走上大师道路的；常香玉以豫西调为基础，借鉴祥符调的声腔特点，形成了“常派”，遂在开封成名；崔兰田和祥符调也有着不解之缘，曾受过樊、陈等人的帮助和教益。还有出生于开封县、与“五大名旦”齐名的桑振君，其唱腔也是以祥符调为基调的。

1938年6月，开封被日寇侵占，大批祥符调演员被迫离开开封四处流浪，他们在全国各地顽强生存，为豫剧艺术在全国的传播和发展做出了贡献。新中国成立后，豫剧祥符调再次迎来了新的发展，一大批卓有成就的演员活跃在全国各地，一大批脍炙人口的优秀剧目在全国广有影响。

作为祥符调的发祥地，开封有责任挖掘、继承祥符调这份珍贵的遗产，有责任找回本属于豫剧的这份优雅。

近年，开封市将“非遗”项目与地方文化结合，通过节庆展演，打造地方“非遗”特色活动品牌。积极推进“非遗”的保护与传承，提高全社会的保护意识，每年都开展“非遗”进校园、进社区、进乡村等展示、展演活动。还通过开设非物质文化遗产保护课堂，聘请优秀民间艺人进行教学，建立艺术实践或技艺教育基地，多渠道培养人才，使开封非物质文化遗产项目传承后继有人，并积极推动“非遗”项目开展文化交流。

2016年起，开封市开始行使地方立法权。《开封市非物质文化遗产保护条例》立法工作已正式启动，保护开封非物质文化遗产从此有法可依，众多的“非遗”项目也将通过有效的法律形式被挖掘好、保护好、传承好。这对继承和弘扬开封优秀传统文化，保持和延续其传统格局和历史风貌，促进“开封文化”向“文化开封”转变，都将具有重要而深远的意义。

加强开封市非物质文化遗产保护工作，挖掘非物质文化遗产潜在价值，以宋文化为主导，以中原文化为背景，创新独具开封特色的文化品牌，对于繁荣发展文化事业和文化产业，促进复兴，出彩中原，将起到积极的促进作用。

城市名片

——一城宋韵半城水

开封拥有灿烂的文化，丰厚的历史文化遗产，文化魅力始终是开封最大的魅力，“文化开封”是这个城市的第一品牌。作为国务院首批公布的历史文化名城，4 000多年的建城史，造就了开封“文物遗存丰富、城市格局悠久、古都风貌浓郁、北方水城独特”的特色，形成了别具优势的文化旅游资源。开封坚持把文化引入城市建设的方方面面，将文化作为城市精神、资源和生产力要素去挖掘和培育。正确处理新区建设和老城区改造的关系，确立了“保护、修缮、适度开发老城区，高标准建设西区”的方针，把文化注入古城保护和新区开发，以展示城市的文化品位、文化风格与文化理念。在老城区改造中，尽量不建或少建住宅，使古城风貌得到更好的保护，促使老城区机关、工业企业、人口随着新区建设逐步外迁。

近年来，以文化全面发展和社会全面进步为目标，开封市委、市政府大力传承和弘扬开封的宋文化内涵，紧紧抓住宋文化这个核心，重点做好水系工程、宋都风貌保护工程，确立了“大宋文化体验之都，北方水韵休闲之城” 的总体定位，努力把开封建成一座没有门票的宋文化主题公园。

郑汴一体化给开封插上了经济腾飞的翅膀。市委、市政府把汴西新区建设作为加快全市发展的突破口，并采取了一系列有效措施，强力推进郑汴一体化发展，取得了明显成效，努力把开封建设成为特色鲜明、独具魅力、富有品位的休闲之都、浪漫之都和中原地区的文化旅游胜地。

大美开封

菊花名城——满城尽带黄金甲

很多城市都有市花，但没有一个城市其市花和城市的秉性如此相符。

所有的市花都有城市的特性，但没有一个城市的市花能获得如此多的吉尼斯世界纪录。

所有的市花都和城市有着割不断的关联，但没有一个城市的市花能如此带动城市全面发展。

这就是开封的市花——菊花。

开封地处中原，气候、土壤、光照等条件都非常适宜菊花生长，早在战国时期开封就有菊花种植。在唐代，菊花在开封已被广泛种植，而且开封人匠心独运，从“家家菊尽黄”的黄色菊花品种中培育出“梁园独如霜”的白色菊花。到北宋时期，开封菊花的品种、数量、栽培技艺独领风骚，宫廷和民间养菊、赏菊之风蔚为盛行。养菊技术也总结出了成套的经验，菊花种植和栽培由实践上升到了理论，诞生了世界上第一部菊艺专著《菊谱》。孟元老在《东京梦华录》中记载了汴京城重阳菊会的盛况，这堪称我国最早的菊花花会。

菊花名城 花海人潮 摄影：朱沙鸥

1983年5月27日，开封市第七届人大常委会第十七次会议表决通过了菊花为开封市的市花，每年10月25日至11月25日（从2000年起改为每年10月18日至11月18日）举办菊花花会（2012年起更名为菊花文化节）。自此，菊花成为开封的象征。

菊花文化节每年举办一届，迄今已成功举办35届，成为推动开封文化、旅游、经贸深度融合的大型综合性经济文化活动，也成为开封提升城市品位、建设国际文化旅游

央视网

名人名城 开封

菊香御街 摄影：李克君

名城的亮丽名片。每年秋天，满城菊香，开封人一次次地创造出震动世界的菊花奇迹——

2010年菊花花会期间，开封菊艺大师绑扎出全长220米的“菊花长龙”，创造了吉尼斯最长花卉结构世界纪录。

2011年，全长2011米，由两万余盆、40万朵菊花裱扎成的“中华菊毯”在开封诞生，一举刷新了墨西哥人在2010年创造的长1915.6米的鲜花毯的吉尼斯世界纪录。

2012年，920人在长卷上使用真、草、隶、篆四种不同书体书写“菊”字，刷新了世界纪录，吉尼斯世界纪录驻中国认证官当场宣布，这是世界上规模最大的书法课。

2013年，开封以一条长94.36米、宽84.78米的芬芳四溢的“菊毯”，再次刷新吉尼斯世界纪录，打造出了世界上最大的鲜花毯。

2014年，1213个不同品种的菊花同时展出，一举刷新吉尼斯世界纪录，摘得“世界品种最多菊花展”桂冠。

2015年，开封菊艺大师培育出“世界上嫁接品种最多的大立菊”，一个大立菊有641个品种、1000多个花朵，并通过吉尼斯官方认证，一时间，它的“靓照”在网络上被无数次转发。

2016年，《天下菊花》邮票大全以同一题材邮票数最多（1606枚），成功创建吉尼斯世界纪录。

…………

如果说菊花文化节刚开始举办时，还

龙亭公园 菊开盛世 摄影：康泰

只是开封一座城市“曲高和寡”般的独唱低吟，那么随着菊花文化节节会品牌的日渐成熟，越来越多的人开始“情不自禁”响应跟唱，并汇聚成一首气势磅礴、动人心魄的大合唱。每年菊花文化节期间，满城菊韵菊香，引来无数游人，带来无限商机，催生无尽的经济和社会效益：

与美丽的开封菊花相约绽放的中国收藏文化（开封）论坛，迄今已经走过10个年头，成为国内收藏界一年一度的盛事。

2012年10月，素有“餐饮界奥斯卡”之称的中国厨师节在开封举办。在此期间，开封也推出闻名遐迩的菊花宴，菊花入佳肴，豫菜添新香，为世人带来不一样的舌尖盛宴。

2014年10月，被誉为“客家人奥运会”的第二十七届世界客属恳亲大会在开封举行，来自世界各地的2500多名客属乡亲寻根谒祖、恳亲联谊，取得了丰硕的合作成果，并为开封带来了980亿元的投资贸易项目。

2015年10月17日，在金菊盛开的开封，由“一带一路”沿线30多座知名旅游城市共同组建的“一带一路”城市旅游联盟宣告成立。在开封的大力倡导下，30多座城市携起手来，从开封出发，满怀信心地抱团闯“丝路”。

2017年，在第七届中国菊花精品展菊花专项评比中，开封菊花艳压群芳，共获得大奖5个、金奖5个、银奖7个，奖牌总数、金牌总数均居第一位。

2014年，为期一个月的杭州·开封“两宋”菊花艺术节受到广泛关注，开封菊花“名震”杭州。近年，在市政府的组织下，开封菊花以“办会”形式组团跨出家门，在杭州、北京、上海、南京、晋城、武汉等10多座城市举办了菊展。

菊花文化节成为开封文化产业的“催化剂”。从“老三篇”龙亭、铁塔、大相国寺的推陈出新，到“新三篇”清明上河园、中国翰园和开封府的横空出世，到2013年、2014年的“一河两街三秀”“一湖两巷三园九馆”的举世惊艳，再到2015年、2016年每年十个重点文化项目的落地，借助市场化运作和文化产业项目有计划、有步骤地实施，开封文化产业规模不断扩大、质量不断提升、内涵不断丰富、产业链条不断延伸，已成为支柱产业，年旅游综合收入超200亿元。

菊花文化节成为开封城市营销的“金名片”。在百度搜索引擎中键入“菊花文化节”一词，与之相关的词条达17万条。每年金秋时节，中国开封菊花文化节都会成为海内外游客津津乐道的话题。2014年11月，在广西壮族自治区梧州市举行的第五届中国民族节庆峰会上，中国开封菊花文化节被评为“最具国际影响力节会”。2017年，第35届菊花文化节取得巨大成功，开封市被国际节庆协会评为“最具魅力节庆城市”。

菊花文化节成为开封吸引投资的“强磁场”。作为“文化搭台，经贸唱戏”的典范，菊花节会作为开放招商的平台，在开封已有20余年的历史。1994年30亿元的投资额开了开封菊会招商的先河。20余年来，菊花文化节招商活动日渐丰富，影响不断扩大，效果逐年提升，“百名苏商进开封”“百名浙商看开封”“闽粤客商进开封”等专题邀商活动人气火爆。中国开封第33届菊花文化节期间，开封市举办了2015豫台产业合作洽谈会，共签订109个合作项目，总投资775亿元。

菊花文化节成为开封富民惠民的“聚宝盆”。可以治病强身的菊花枕，生动传神的菊花官瓷，备受欢迎的菊花酒、菊花茶、菊花精油……借助菊花文化节平台，开封市大力推进菊花产业化，取得了可观的经济效益，也有力带动了城市发展、居民增收。目前，全市现有国内菊花品种1600种、国外菊花品种200余种，菊花种植面积达3000亩，菊花企业30多家，菊花种植户600余户，年种植菊花750万盆，其中精品菊花100万盆，年产值近1亿元。菊花相关产品也不断推陈出新，食用菊、饮用菊、药用菊等实现了产业化生产，菊花酒、菊花茶、菊花食品及菊花精油、香精、香料等产品已经面市，深受市场欢迎。每年的菊花文化节还为开封带来超过

400万人次的游客和超过20亿元的旅游综合收入，各大景区游客摩肩接踵，餐馆、酒店一座难求，都充分说明了菊花文化节释放出的强大生产力。

• 宋都古城——梦回千年醉世人 •

开封是八朝古都，是中国八大古都之一，历史悠久，文化灿烂，城市格局形成早。特别是北宋时期的东京城，“八荒争凑，万国咸通”，是中国政治、经济、军事、科技和文化中心，是当时世界上最繁华的国际大都市。一千多年来，开封城市格局和中轴线始终未变，宋都古城风貌保存至今。这在全世界所有古城里，都是很罕见的。

大宋文化前承汉唐、后启明清，以其异彩纷呈的独特魅力名扬于世，一度占据中华文明体系的核心和主体地位。大宋文化是中国历史上为数不多、灿烂夺目、国人引以为傲的中华文化名片。北宋在开封建都168年，开封是能够集中反映历史上北宋王朝流风遗韵和宋文化的唯一范本。让“大宋皇城”古韵再现，还原“东京梦华”，打造出国内一流、国际知名的重要旅游城市，是开封在实现文化旅游大市向文化旅游强市跨越中的最新定位。

开封历史以宋文化的影响最为深远，我们深入挖掘历史文化资源，不断增强文

古城暮色 摄影：睢桂梅

化创新能力，努力把整座城市打造成为没有门票的宋文化主题公园。例如，依托清明上河园二期工程，推出了大型水上实景演出《大宋·东京梦华》，成为展示宋文化魅力和“夜游开封”的重要载体。清明上河园、开封府、包公祠等重点文化建设项目都是近年来的上乘之作。目前，鼓楼复建已经完成，樊楼、古州桥遗址开发、瓮城修缮等项目也都在紧锣密鼓地进行，依托龙亭公园兴建北宋皇宫大殿的构想也正在变成现实。此外，投资14亿元的开封城墙保护修缮和绿化景观工程，投资15亿元的繁塔禹王台景区开发、大宋博物馆及城摞城展示馆、刘青霞故居整修等项目，也将成为新的旅游热点。

纵观开封的历史，是在发达的城市经济基础上培育出灿烂的文明，而灿烂的文明又反过来促进了经济的繁荣。开封市委、市政府按照省委、省政府加快建设文化强省的战略部署，紧紧抓住被确定为全省文化产业发展和文化体制改革试点城市、旅游景区管理体制改革试点城市的机遇，进一步理清思路、制订规划、理顺体制、创新机制、整合资源、打造品牌，加快文化旅游资源优势向产业优势转化的步伐，先后编制完成了《文化旅游强市建设纲要》《文化产业发展规划》《旅游产业发展规划》《宋都古城风貌保护与重现工程规划》等一系列中长期规划，确立了文化旅游产业在整个经济社会发展中的战略地位，努力使城市的历史文脉得以更好地传承和发展。展望前景，我们将依托古城园区的资源优势和产业基础，以宋都古城风貌保护与重现工程为核心，主打宋都古城的文化品牌：以项目、环境提升宋文化韵味，保护古城内遗存的明清古街巷；集中建设一批精品文化工程，努力发展文化旅游业、工艺美术业、休闲娱乐业、饮食文化业、文艺演出业、会展收藏文化业、新兴文化产业等七大重点文化产业，注重文化旅游业和休闲娱乐业在古城园区文化产业融合发展中的催化作用；成立具有竞争优势的文化集团公司，使文化产业发展与国民经济发展相和谐、与社会发展相和谐，真正把开封建设成为一个“大宋文化体验之都”。

如今，开封古城范围内的宋都古城文化园区已经被国家确定为文化改革示范园区。园区内宋文化内容丰富多彩，拥有丰富的宋代历史遗存，其中，国家级文物保护单位有铁塔、北宋东京城遗址、繁塔等；省级文物保护单位有相国寺、禹王

多彩的古城　摄影：苏禹欣

台、宗公祠等；市级文物保护单位有挑筋教碑、古州桥遗址、孟子游梁祠、午门石狮、一赐乐业教清真寺旧址等。地下历史遗址有新郑门遗址、古州桥遗址、汴河故道遗址等，馆藏珍贵宋代文物650件。还有各个历史时期的文化遗存，如开封城墙、山陕甘会馆、刘青霞故居、延庆观、河南留学欧美预备学校旧址、开封东大寺、龙亭等，总量达837处。宋代历史文化名人众多，在国内外有重大影响的历史文化名人达4 500余人。可谓名人荟萃，灿若群星，如开国皇帝赵匡胤、清正廉明的包青天、满门忠烈的杨家将、图强变法的王安石，还有柳永、苏轼、寇准、范仲淹、欧阳修、向敏中、宋徽宗、张择端、李清照等。园区的非物质文化遗产资源总量涵盖14类80项，其中，国家级8项，省级23项，市级49项。国家级非物质文化遗产项目朱仙镇木版年画、汴绣、汴京灯笼张、开封盘鼓等，起源于北宋时期的开封并传承至今。具有宋特色的民间文化产品种类多达326种，如汴梁根雕、开封菊花、滕派蝶画、绘画葫芦、捏面人、吹糖人等。园区内手工艺和民间艺术彰显宋文化的绚丽多彩，有汴绣、北宋官瓷、朱仙镇木版年画、金银饰品工艺品、书画艺术类工艺品等。社会文化和艺术表演团体众多，民俗活动场所263处，古民居民间建筑近1.9万处，民俗展示311种，民间表演艺术团体中戏剧类113个、曲艺类122个、杂技魔术类60个、音乐舞蹈类132个、武术类115个，重大节庆活动14个。有各级书法家协会会员数千人，其中，中国书法家协会会员121人，同比居全国第一。园区的文化旅游资源丰富、宋韵独特，是具有宋韵特点的休闲娱乐旅游胜地，景在城中，城在景中，城景交融，宋文化特色突出。

•北方水城——半城清波蕴精神•

开封素有北方水城之称。公元前340年，魏惠王引鸿沟之水入城，造就了魏都大梁130多年的辉煌，也使开封城与悠悠碧水结下不解之缘。千百年来，水是这座城市鲜明的特征，也曾主宰过这座城市的命运。时至今日，那如明珠般散布在城市角角落落的方方水域，仍然是这座古城里最具魅力、最富灵气的风景。作为北方水城，开封水域辽阔，河湖面积达170公顷，占老城区面积的四分之一：包公湖、龙亭湖、铁塔湖、阳光湖，波光荡漾；广济河、黄汴河、惠济河、利汴河，水系贯通。登龙亭而望，只见雕梁画栋的御街，大道如弦的中山路，曲折蜿蜒的湖岸，画舫清幽的湖面，让人情不自禁地陶醉于“两水夹明镜，一桥落彩虹”“一城宋韵半城水”的意境之中。

1284年，年轻的马可·波罗从黄河源头沿河而下抵达开封。他在《东方见闻录》中这样描述开封的水运盛况：“汴河直通运河，北连通州（北京）、南通杭州，城内六条水系，和我的故乡威尼斯何其相似。”

开封是一座因水而兴亦因水而衰的城市，在它的建城史上，滔滔而下的黄河水，不时而起的战争烽火，一次次毁灭了位于中原腹地的古城开封的名胜古迹，甚至使整座城市遭遇灭顶之灾。高大的宫墙坍塌了，繁华的街市消亡了，低矮的民居毁灭了，宽阔的河道淤塞了，只有古老的繁塔、铁塔，经历一次次战火、水患、地震、雷击，依然一南一北顽强地挺立着，犹如这座城市坚强的脊梁，支撑着这座城市复兴的希望。坚强的开封人民，在一次次洪水退后，在战争结束后，回到故园，以这两座巨塔为坐标，以英雄般的气魄和百折不挠的毅力重建家园，在一次次被冲毁被淤平的废墟上重建开封城。有了城墙就有了家，高高的城墙护佑着开封人，让

央视网

六大古都“水”之开封

一城宋韵半城水 亦诗亦画汴梁城 摄影：杨建军

他们以自己的方式安享生活，让历史的长河在这个城市继续流淌。

为保护古城风貌、凸显“北方水城”特色，开封市委、市政府确定了“四河”连通“五湖”的宋都水系工程，通过水系将市内的旅游景区串联起来，使游客在桨声画舫中游览千年古城。这一工程全长8400米，分三期进行，全线以反映宋代民俗文化为主题，由水景、绿化和仿宋景观建筑构成。

开封水系工程夜景 摄影：邢然

御河水上游项目是这一工程的重要环节，也是推动宋都古城保护和重现的重要内容。其总投资约6亿元，全长1.9千米，将著名的包公湖、龙亭湖和清明上河园三大景区连通起来，沿途又分为冬凝园、秋韵园、夏荫园、春花园、集锦园5个景观段，并在沿河两岸设立5个演艺地点，每晚表演。今天，历时7年打造的开封御河水上游已经亮相，游人可乘坐宋式游船畅游北宋“东京城”，体验“梦回千年”的宋都之旅。画舫悠然渡客去，杨柳夹岸笙歌来。游客乘船沿着御河行驶，只见宋风浩荡，宋韵满眼，不仅可欣赏“回廊仙台”“红梅翠竹”“芦花飞雪”“木栈曲桥”等景观，还能欣赏原汁原味的宋词乐舞和民间戏曲、民俗表演。

在开封古城区，五湖六河绕汴京。而今天，在高起点建设开封新区的过程中，开封人一如既往钟情于水，致力于把新区打造成水波荡漾的宜居新城。汴西新区开始打造北方水城新景观，位于汴西新区的开封西湖乘势而起。它北起连霍高速公路，南邻晋安路，东至开封市护城大堤，西到马家河北支，南北长度达5千米，东西1.2千米，占地面积约6000亩。漫步湖边，但见水波浩渺，曲径通幽，景色宜人。这

开封新区 腾飞之桥 摄影：赵炜周

里已经成为开封人休闲娱乐、散步健身的最佳场所之一，成了开封人引以为傲的心灵乐园。